니시무라 야스히로 저·김성훈 역

그림으로 배우는
서버 구조

図解まるわかり サーバーのしくみ
(Zukai Maruwakari Server no Shikumi: 6005-4)
©2019 Yasuhiro Nishimura
Original Japanese edition published by SHOEISHA Co.,Ltd.
Korean translation rights arranged with SHOEISHA Co.,Ltd.
in care of JAPAN UNI AGENCY, INC. through KOREA COPYRIGHT CENTER.
Korean translation copyright © 2020 by YOUNGJIN.COM

이 책은 (주)한국저작권센터(KCC)를 통한 저작권자와의 독점계약으로 (주)영진닷컴에서 출간되었습니다. 저작권법에 의해 한국 내에서 보호를 받는 저작물이므로 무단전재와 복제를 금합니다.

ISBN 978-89-314-6327-9

독자님의 의견을 받습니다

이 책을 구입한 독자님은 영진닷컴의 가장 중요한 비평가이자 조언가입니다. 저희 책의 장점과 문제점이 무엇인지, 어떤 책이 출판되기를 바라는지, 책을 더욱 알차게 꾸밀 수 있는 아이디어가 있으면 팩스나 이메일, 또는 우편으로 연락주시기 바랍니다. 의견을 주실 때에는 책 제목 및 독자님의 성함과 연락처(전화번호나 이메일)를 꼭 남겨 주시기 바랍니다. 독자님의 의견에 대해 바로 답변을 드리고, 또 독자님의 의견을 다음 책에 충분히 반영하도록 늘 노력하겠습니다.

이메일   support@youngjin.com
주 소   (우)08512 서울특별시 금천구 디지털로9길 32 갑을그레이트밸리 B동 10층
            ㈜영진닷컴 기획1팀

저자 니시무라 야스히로 | **번역** 김성훈 | **총괄** 김태경 | **진행** 최윤정
표지 디자인 임정원 | **내지 디자인 및 편집** 이경숙 | **영업** 박준용, 임용수, 김도현
마케팅 이승희, 김근주, 조민영, 이은정, 김예진, 채승희, 김민지 | **제작** 황장협 | **인쇄** 예림인쇄

저자 머리말

우리 사회는 다양한 시스템에 의지하고 있습니다. 그만큼 시스템이나 IT는 다양해지고 복잡해졌지만, 짧은 시간에 개요를 이해하고 싶은 분들도 많을 것입니다.

사실 세상의 시스템 대부분은 서버를 중심으로 하는 구조로 구성되어 있습니다. 서버를 시스템이나 IT 세계로의 입구로 생각하면 이해하기 쉬워집니다.

이 책은 다음과 같은 분을 독자로 상정했습니다.

- ◆ 서버나 시스템에 대한 기본적인 지식을 쌓고 싶은 분
- ◆ 기업이나 단체에서 이용되는 서버나 시스템을 알고 싶은 분
- ◆ 정보 시스템에 관련된 일에 종사하는 분, 종사할 가능성이 있는 분
- ◆ 윈도우와 리눅스의 차이점을 알고 싶은 분
- ◆ 시스템으로서의 AI, IoT, 빅데이터, RPA 등을 알고 싶은 분

이 책에서는 서버나 시스템에 관한 기초 지식, 주변도 포함한 기술 동향, 기업이나 단체에서 활용되고 있는 각종 서버와 시스템, 도입 사례, AI나 IoT 등 디지털 기술의 최신 동향도 설명하고 있습니다. 물론 IT에 관한 지식이 없는 분이라도 읽을 수 있습니다.

서버나 시스템은 소규모에서 대규모에 이르기까지 다양합니다. 또한, 비즈니스에서 서버나 시스템의 역할은 큽니다. 비즈니스의 흐름과 함께 서버와 시스템도 진화했습니다. 모든 것을 망라하기는 어렵지만, 가능한 한 현재 및 가까운 미래의 동향도 이해해 두기를 바랍니다.

AI나 IoT 등이 급속하게 확대되면서, 전에 없이 정보 통신 기술이 주목받고 있습니다. 많은 분들이 서버나 IT의 세계에 흥미를 갖게 함과 동시에, 이 책에서 얻은 지식을 비즈니스에 활용해 주었으면 합니다.

2019년 4월 니시무라 요시히로

역자 머리말

이제 인터넷이 없으면 일상생활이 힘들게 느껴질 만큼 세상이 변했습니다. 인터넷이나 네트워크 이면에서 각종 서버와 시스템이 그만큼 서비스를 제공하기 때문이겠지요. 서버에는 여러 가지 종류가 있습니다. 이 책에서는 서버를 여러 관점에서 설명함으로써 종합적으로 파악하게 해 줍니다.

일상생활이나 업무에서 늘 이용하는 PC나 스마트폰, 태블릿 등은 모두 서버와 여러 가지 정보를 주고받습니다. 어떤 서버는 정보를 내보내기만 하고, 또 어떤 서버는 정보를 수집하기만 합니다. 우리는 그러한 관계성으로부터 서버를 이해할 수도 있습니다.

이 책은 서버의 기본 및 종류별 역할, 하드웨어 시점에서 본 서버, 애플리케이션이나 업무 시스템에서 본 서버 등 서버의 모습을 다각도로 설명할 뿐만 아니라, 보안, 장애 대책, 운용 및 도입과 비용 측면도 빼놓지 않고 다루고 있습니다. 또한, 가상화·클라우드·빅데이터·IoT 등 최신 기술 동향도 소개합니다. 서버와 관련된 다양한 정보를 짧은 시간에 경험해 볼 수 있다는 것도 이 책의 큰 장점이라고 할 수 있습니다.

계속해서 새로운 서버 기술과 개념이 등장하고 있지만, 완전히 이전과 동떨어진 것은 아닙니다. 이 책으로 서버에 관해 큰 줄기를 잡아 놓는다면 미래에 등장할 서버 기술을 이해하는 밑거름이 될 수 있을 것입니다. 이 작은 책은 서버에 관심을 가진 분들께 최적의 길잡이입니다.

끝으로, 원고를 꼼꼼히 확인하고 다듬느라 고생하신 편집자분께 깊이 감사드립니다. 번역 작업이 생각보다 오래 걸렸는데, 믿고 기다려 주셔서 이 자리를 빌려 감사드립니다. 이 책이 아무쪼록 독자 여러분이 서버와 시스템을 이해하는 데 도움이 되면 좋겠습니다.

2020년 10월 김성훈

차례

저자 머리말 / 3
역자 머리말 / 4

Ch 1 서버의 기본
사령탑으로서의 3가지 형태

1-1 서버를 이해하는 것은 시스템을 이해하는 것
시스템, 서버 / 14

1-2 서버는 시스템의 사령탑
이용 형태 / 16

1-3 클라이언트의 요청에 대응하여 처리하는 형태
클라이언트, 수동적인 이용 형태 / 18

1-4 서버가 능동적으로 처리하는 형태
능동적인 이용 형태 / 20

1-5 높은 성능을 활용하는 형태
AI, 빅데이터 / 22

1-6 서버에 접속하는 기기
클라이언트 PC, 디바이스 / 24

1-7 순발력인가 지구력인가
순발력, 지구력 / 26

1-8 시스템 모델화 및 구성
모델화 / 28

1-9 기본적인 시스템 구성
시스템 구성 / 30

실습 코너 32

Ch 2 하드웨어로서의 서버
다양성과 PC와의 차이

- 2-1 PC와의 구성 차이
  고신뢰성, 고가용성 / 34
- 2-2 PC와의 성능 차이
  표시 성능, I/O 성능 / 36
- 2-3 서버 OS
  Windows, Linux, UNIX / 38
- 2-4 서버의 사양
  전원, 다중화 / 40
- 2-5 다양한 형태
  타워, 랙 마운트, 블레이드, 고밀도 / 42
- 2-6 서버의 표준, PC 서버
  PC 서버, x86 서버, RISC / 44
- 2-7 서버의 등급
  상위 기종, 표준 / 46
- 2-8 네트워크의 기본은 LAN
  LAN, TCP/IP, WAN, Bluetooth / 48
- 2-9 서버 설치 장소
  데이터 센터, 온프레미스 / 50
- 2-10 클라우드 서비스의 종류
  SaaS, IaaS, PaaS / 52
- 2-11 클라우드의 장점과 주의할 점
  유지 보수, 비용, 비밀 정보 / 54
- 2-12 메인프레임, 슈퍼컴퓨터와의 차이
  메인프레임, 슈퍼컴퓨터 / 56
- 2-13 서버 전용 소프트웨어
  미들웨어, DBMS / 58

실습 코너 · · · · · · · · · · · · · · · · · 60

Ch 3 서버로 무엇을 하는가?
가상화와 주변 기기

- 3-1 처음은 시스템, 다음은 서버
  시스템, 서버 / 62
- 3-2 시스템 규모에 따라 구성은 변한다
  성능 견적, 사이징 / 64
- 3-3 정말 서버가 필요할까?
  투자 대비 효과 / 66
- 3-4 서버는 산하의 컴퓨터를 어떻게 보고 있을까?
  IP 주소, MAC 주소 / 68
- 3-5 컴퓨터 간 데이터 통신
  TCP/IP, UDP / 70
- 3-6 라우터와의 기능 차이
  라우터 / 72
- 3-7 서버 가상화와 데스크톱 가상화
  가상 서버, VDI / 74
- 3-8 텔레워크, 근로 방식 개혁의 실현
  씬클라이언트, 텔레워크, 근로 방식 개혁 / 76
- 3-9 네트워크 가상화
  패브릭 네트워크 / 78
- 3-10 바로 사용할 수 있는 서버
  어플라이언스 서버, 가상 어플라이언스 / 80
- 3-11 서버의 디스크
  RAID, SAS, FC, SATA / 82
- 실습 코너 · 84

Ch 4 클라이언트에 대응하는 역할
산하 컴퓨터의 요청에 대응하는 서버

- 4-1 사용자의 시선에서 생각한다
  클라이언트-서버, 사용자의 시선 / 86
- 4-2 파일 공유
  파일 서버 / 88

4-3 프린터 공유
　　 프린트 서버 / 90

4-4 시각의 동기화
　　 NTP 서버 / 92

4-5 IT 자산 관리
　　 자산 관리 서버 / 94

4-6 IP 주소 할당
　　 DHCP / 96

4-7 IP 전화를 제어하는 서버
　　 SIP 서버, VoIP / 98

4-8 개인 인증을 지원하는 서버
　　 SSO 서버, 리버스 프록시, 에이전트 / 100

4-9 업무 시스템 서버
　　 부하 분산, 애플리케이션 서버 / 102

4-10 기간계 시스템 ERP
　　　ERP, 애플리케이션 서버, 가동계, 개발계 / 104

4-11 디지털 기술의 대표 선수 중 하나 IoT 서버
　　　IoT / 106

4-12 파일 서버로 보는 Windows와 Linux의 차이
　　　서버의 역할, 기능 추가 / 108

실습 코너 · 110

Ch 5 메일과 인터넷
메일과 인터넷에서 이용되는 서버

5-1 메일과 인터넷을 지원하는 서버
　　 SMTP, POP3, DNS, Proxy, Web, SSL, FTP / 112

5-2 메일을 보내는 서버
　　 SMTP 서버 / 114

5-3 메일을 받는 서버
　　 POP3 서버 / 116

5-4 웹 서비스 제공에 꼭 필요한 서버
　　 웹 서버, HTTP / 118

- 5-5 도메인과 IP 주소의 연결
  DNS / 120
- 5-6 브라우저와 웹 서버 사이의 암호화
  SSL / 122
- 5-7 인터넷을 통한 파일 전송 및 공유
  FTP / 124
- 5-8 외부에서 메일을 보고 싶을 때 이용하는 서버
  IMAP 서버 / 126
- 5-9 인터넷 통신의 대행
  Proxy 서버 / 128
- 실습 코너 · 130

Ch 6 서버로부터의 처리와 고성능 처리
디지털 기술의 서버

- 6-1 조직의 시선으로 생각한다
  서버로부터의 처리, 높은 성능을 활용한 처리 / 132
- 6-2 시스템 운용 감시
  운용 감시 서버 / 134
- 6-3 IoT와 서버의 관계
  IoT / 136
- 6-4 RPA와 서버의 관계
  RPA / 138
- 6-5 지속적인 업무 개선
  BPMS, 업무 자동화 / 140
- 6-6 AI와 서버의 관계
  AI / 142
- 6-7 빅데이터와 서버의 관계
  빅데이터, 구조화 데이터, 비구조화 데이터 / 144
- 6-8 빅데이터를 지탱하는 소프트웨어 기술
  하둡(Hadoop) / 146
- 실습 코너 · 148

Ch 7 보안과 장애 대책
위협에 대응하는 대책, 장치와 데이터에서의 차이

- **7-1** 시스템에서 무엇을 지키고 싶은가?
  정보 자산, 공개 정보, 비밀 정보 / 150

- **7-2** 위협에 따른 보안 대책
  부정 액세스, 데이터 유출 / 152

- **7-3** 정보 보안 정책을 의식한다
  정보 보안 정책 / 154

- **7-4** 내부와 외부의 벽
  방화벽 / 156

- **7-5** 완충 지대
  DMZ / 158

- **7-6** 서버 내 보안
  디렉터리 서비스 서버, 액세스 제어 / 160

- **7-7** 바이러스 대책
  바이러스 감염, 바이러스 대책 / 162

- **7-8** 장애 대책
  폴트 톨러런스, 다중화, 부하 분산 / 164

- **7-9** 서버의 장애 대책
  클러스터링, 로드 밸런싱 / 166

- **7-10** 네트워크와 디스크의 장애 대책
  티밍, RAID / 168

- **7-11** 데이터 백업
  풀 백업, 차등 백업 / 170

- **7-12** 전원 백업
  자가발전, UPS / 172

- 실습 코너 · 174

Ch 8　서버의 도입
구성 · 성능 견적 · 설치 환경

- **8-1** 변해가는 서버 도입 ①
  클라우드, 온프레미스, 보수 / 176

- **8-2** 변해가는 서버 도입 ②
  디지털 기술, 디지털 트랜스포메이션 / 178

- **8-3** 시스템 구성에 관하여 생각한다
  시스템 구성 / 180

- **8-4** 서버의 성능 견적
  성능 견적 / 182

- **8-5** 성능 견적 사례
  가상화 환경에서의 견적 / 184

- **8-6** 서버를 어디에 어떻게 둘 것인가
  설치 장소 / 186

- **8-7** IT 전략과의 정합성 확인
  IT 정책 / 188

- **8-8** 서버는 누가 관리하는가?
  서버 관리자, 어드미니스트레이터 / 190

- **8-9** 서버의 사용자는 누구인가?
  사용자 관리, 워크그룹 / 192

- **8-10** 시스템 개발 공정으로 보는 서버 도입
  워터폴, 애자일 / 194

실습 코너 · 196

Ch 9　서버의 운용 관리
안정적인 가동을 실현하기 위해서

- **9-1** 가동 후 관리
  안정 가동, 장애 대응, 운용 관리, 시스템 보수 / 198

- **9-2** 장애의 영향
  영향 분석, 영향 범위, 영향도, CFIA / 200

- **9-3 운용 관리의 기본**
  안정 가동, 장애 복구 / 202
- **9-4 운용 관리의 모범**
  ITIL / 204
- **9-5 서버의 성능 관리**
  성능 관리, 퍼포먼스 / 206
- **9-6 소프트웨어 업데이트**
  기능 추가, 버그 수정, WSUS / 208
- **9-7 장애 대응**
  장애, 커맨드 / 210
- **9-8 시스템 보수와 하드웨어 보수의 차이**
  시스템 엔지니어, 커스터머 엔지니어 / 212
- **9-9 서비스 수준 체계**
  SLA / 214
- 실습 코너 · 216

Ch 10 사례와 미래
경영에 공헌하는 IT와 가까운 미래의 서버

- **10-1 기업에 서버는 얼마나 있을까? 사례 연구 ①**
  클라우드화 / 218
- **10-2 기업에 서버는 얼마나 있을까? 사례 연구 ②**
  오픈화 / 220
- **10-3 경영과 사업에 공헌하는 IT**
  효율화, 생산성 향상, 전략적 활용, 자동화·무인화, 새로운 경험 / 222
- **10-4 가까운 미래의 서버와 시스템**
  가상화, 다양화 / 224
- 실습 코너 · 226

용어집 · 228
찾아보기 · 234

Chapter 01

서버의 기본

사령탑으로서의 3가지 형태

1-1 시스템, 서버

서버를 이해하는 것은 시스템을 이해하는 것

시스템과 서버

사회에는 다양한 **시스템**이 작동하고 있습니다.

개인이 이용하는 시스템으로는 온라인 쇼핑 주문 시스템, 은행이나 편의점의 ATM 시스템, 티머니 등의 교통 시스템이 일상에 가까운 존재입니다(그림 1-1).

비즈니스 관점에서 보면 기업이나 단체에서의 업무 시스템이 가장 먼저 머리에 떠오를 것입니다. 편의점이나 마트의 POS 시스템, 공장의 생산을 관리하는 시스템, 휴대전화 통화를 관리하는 시스템, 인공위성을 이용하는 과학기술 시스템 등 예를 들면 끝이 없습니다.

이렇게 다양한 종류와 규모의 시스템을 하나로 묶어서 이해하기란 어려운 일입니다. 그러나, 어떠한 시스템이든 일정한 규모의 역할을 하기 위해서는 반드시 **서버**가 있어야 합니다.

서버의 역할

대부분의 시스템은 외관인 하드웨어를 보면, 서버와 산하의 컴퓨터, 그리고 이를 연결하는 네트워크 기기로 구성되어 있습니다. 서버는 그중에서 **중심적 역할**을 하고 있습니다(그림 1-2).

또, 내용물인 소프트웨어를 보면, "무엇을 하고 싶은가, 무엇을 시키고 싶은가"에 따라 애플리케이션 소프트웨어가 움직입니다. 서버는 **애플리케이션 소프트웨어를 동작시키는 주역**이기도 합니다.

이렇듯 서버는 시스템에서 중요한 역할을 담당하고 있습니다. 서버를 통해 시스템을 살펴봄으로써 다양한 시스템을 이해하기 쉬워지는 동시에, 하고 싶은 일을 실현하는 시스템을 상상해 볼 수 있습니다.

그림 1-1 사회에 존재하는 다양한 시스템

온라인 쇼핑의
주문 시스템

은행이나 편의점의
ATM 시스템

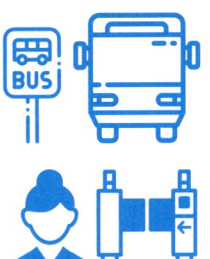

티머니 등
교통기관의 시스템

그림 1-2 서버의 역할

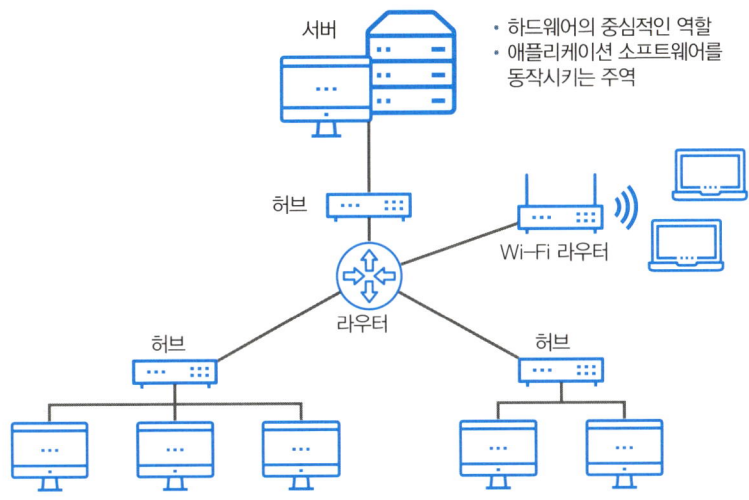

※ 서버와 산하 컴퓨터 사이에는 라우터와 허브 등의 네트워크 기기가 있다.

Point
- ✔ 사회에는 다양한 시스템이 있지만, 일정 이상의 규모라면 반드시 서버가 존재한다.
- ✔ 서버는 시스템 안에서 중심적인 역할을 한다.

1-1_ 서버를 이해하는 것은 시스템을 이해하는 것   15

1-2 이용 형태

서버는 시스템의 사령탑

사령탑으로서의 존재

앞 절에서 서버는 시스템에서 하드웨어와 소프트웨어 양면에서 중요한 역할을 한다고 설명했습니다. 이것을 스포츠 세계로 비유하면 '사령탑'과 같은 존재입니다. 많은 선수가 동시에 움직이는 축구나 럭비, 그 밖의 경기에서는 사령탑이 누구인지가 늘 화제가 됩니다. 상황을 분석해 선수들에게 적절하게 지시하고 선수의 질문에 답하는 등 서버는 바로 그런 존재입니다(그림 1-3).

최근에는 AI의 활용으로 아직 일부이지만 판단을 필요로 하는 일도 할 수 있게 되었습니다.

스포츠 세계와 다른 부분이 있다면 **정신적인 지주가 아니라는 것**입니다. 어디까지나 철저히 기술적 혹은 매니지먼트 입장에 있습니다.

서버의 3가지 이용 형태

서버에는 다음과 같이 3가지 이용 형태가 있습니다(그림 1-4).

- ◆ **클라이언트의 요청에 대응하여 처리하는 형태**
  서버에 접속된 클라이언트 PC 같은 산하 컴퓨터의 요청에 대응해 수동적으로 처리한다.
- ◆ **서버에서 능동적으로 처리하는 형태**
  서버가 산하 컴퓨터나 디바이스에 대해 능동적으로 처리한다.
- ◆ **높은 성능을 활용하는 형태**
  서버 자체가 고성능 하드웨어이므로, 그 특징을 살려 처리한다. 최근 주목받는 기능이다.

이후, 각각에 대해 설명을 진행하지만, 물론 이 3가지를 조합해서 사용하기도 합니다.

그림 1-3 서버는 스포츠에서의 사령탑과 같은 존재

그림 1-4 서버의 3가지 이용 형태

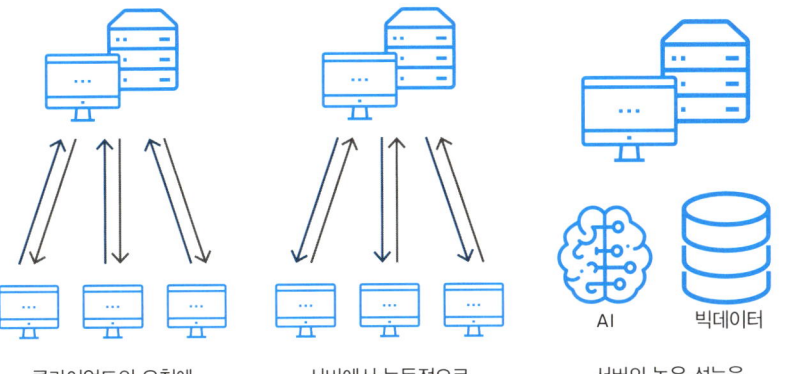

클라이언트의 요청에 대응하여 처리한다.

서버에서 능동적으로 처리한다.

서버의 높은 성능을 활용한다.

Point
- ✔ 서버는 시스템에서 사령탑과 같은 존재다.
- ✔ 서버에는 크게 3가지 이용 형태가 있다.

1-3 클라이언트, 수동적인 이용 형태

클라이언트의 요청에 대응하여 처리하는 형태

서버의 기본적인 이용 형태

서버라고 하면 **클라이언트**의 요청에 대응하는 것이 기본적인 이용 형태입니다. '클라이언트-서버'라고 부를 때는 그러한 역할을 기대합니다. 시스템은 산하의 클라이언트 PC 등의 요청에 대응하는 처리를 합니다. 클라이언트가 서버에 요청하는 것부터 시작되고, 서버는 요청받은 처리를 **수동적으로 실행**합니다.

특징으로는 다음 3가지를 들 수 있습니다(그림 1-5).

- ◆ 서버 한 대에 클라이언트는 여러 대
- ◆ 서버와 클라이언트가 공통된 소프트웨어를 이용하는 일이 많다(서버용, 클라이언트용으로 나뉘는 경우도 있다).
- ◆ 클라이언트가 서버에 수시로 요청을 보낸다.

수동적인 이용 형태의 대표적인 예

수동적인 이용 형태의 대표적인 예로는 다음과 같은 것이 있습니다(그림 1-6).

- ◆ 파일 서버
- ◆ 프린트 서버
- ◆ 메일이나 웹 서버
- ◆ IoT 서버(디바이스가 수시로 데이터를 올리는 경우)

지금까지 일반적으로 서버라고 불리던 것은 여기에서 설명한 **클라이언트의 요청에 대응하는 형태에 속하는 것**을 알 수 있습니다. 기업이나 단체의 업무 시스템도 대부분 이 형태입니다. 그러나 그뿐만이 아니라는 것이 현대 서버와 시스템의 흥미로운 점입니다. 이어서 서버에서 능동적으로 처리하는 형태를 알아보겠습니다.

그림 1-5 수동적인 이용 형태의 특징

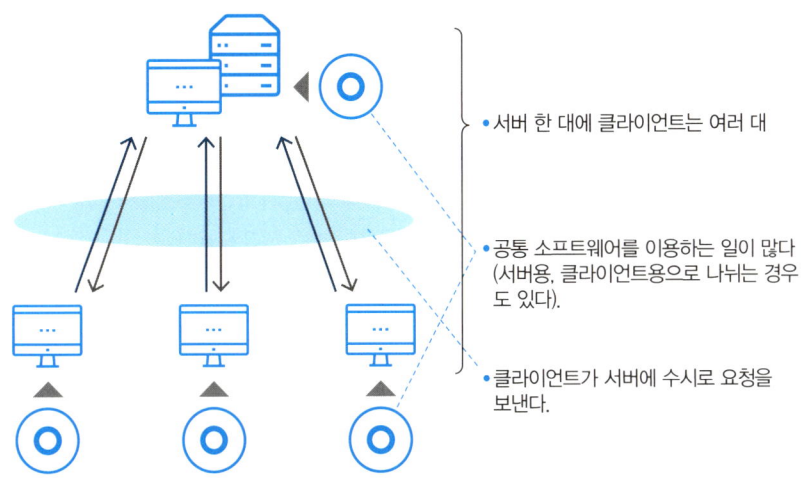

- 서버 한 대에 클라이언트는 여러 대
- 공통 소프트웨어를 이용하는 일이 많다 (서버용, 클라이언트용으로 나뉘는 경우도 있다).
- 클라이언트가 서버에 수시로 요청을 보낸다.

그림 1-6 수동적인 이용 형태의 대표적인 예

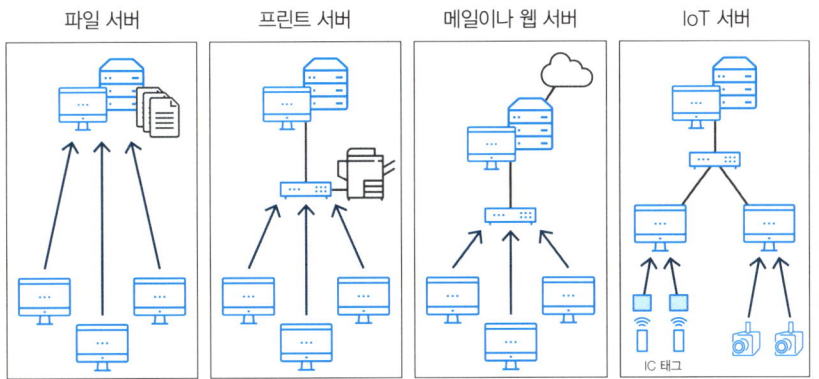

파일 서버　　프린트 서버　　메일이나 웹 서버　　IoT 서버

Point
- ✔ 서버는 클라이언트–서버라는 말처럼 산하 컴퓨터가 보내는 요청에 대응하는 형태로 파악하는 경우가 많다.
- ✔ 대표적인 예로 파일 서버, 프린트 서버, 메일 서버 등을 들 수 있다.

1-4 능동적인 이용 형태

서버가 능동적으로 처리하는 형태

클라이언트 컴퓨터나 디바이스에 능동적으로 처리하는 형태

클라이언트가 요청해서 처리할 때와 비교하면, 명확한 차이는 **서버에서부터 처리를 시작하고 실행**한다는 점입니다. 즉, 서버가 클라이언트 PC나 산하의 컴퓨터, 디바이스에 명령해서 처리하는 형태입니다.

특징으로는 다음 3가지를 들 수 있습니다(그림 1-7).

- ◆ 서버 한 대에 클라이언트 여러 대
- ◆ 서버와 클라이언트에서 반드시 공통된 소프트웨어를 이용하는 것은 아니다.
- ◆ 서버 측에서 처리 시점을 정하여 실행한다.

능동적인 이용 형태의 대표적인 예

능동적인 이용 형태의 대표적인 예로 다음과 같은 것이 있습니다(그림 1-8).

- ◆ 운용 감시 서버
- ◆ RPA 서버
- ◆ BPMS 서버
- ◆ IoT 서버(IoT 디바이스를 호출하는 경우 등)

위의 예를 보면 일반적으로 친숙하진 않지만, **기업이나 단체의 시스템이나 업무 운영에서 중요한 역할을 하는 서버**임을 알 수 있습니다.

그림 1-7 서버에서 시작되는 처리의 특징

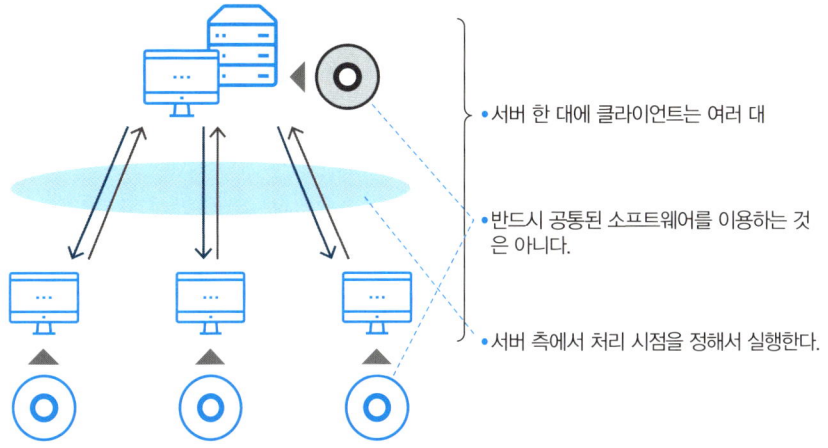

- 서버 한 대에 클라이언트는 여러 대
- 반드시 공통된 소프트웨어를 이용하는 것은 아니다.
- 서버 측에서 처리 시점을 정해서 실행한다.

그림 1-8 능동적인 이용 형태의 대표적인 예

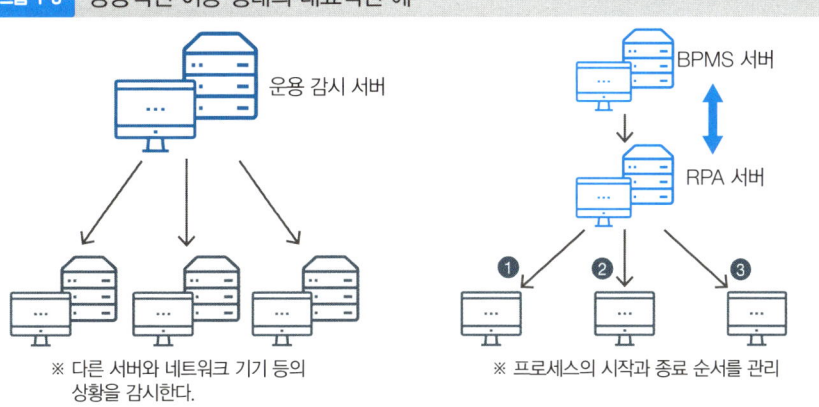

※ 다른 서버와 네트워크 기기 등의 상황을 감시한다.

※ 프로세스의 시작과 종료 순서를 관리

Point
- ✔ 서버에서 클라이언트에 대한 능동적인 대응은 기업이나 단체의 시스템과 업무 운영에서 중요한 역할을 하며, 앞으로 늘어날 것으로 예상된다.
- ✔ 대표적인 예로 운용 감시 서버, RPA 서버, BPMS 서버 등을 들 수 있다.

1-5 AI, 빅데이터

높은 성능을 활용하는 형태

고성능 처리의 특징

이전 절까지의 서버와 산하 컴퓨터의 구성에서는, 처리를 실행하는 것이 클라이언트를 기점으로 하느냐, 서버를 기점으로 하느냐에 차이가 있었습니다.

여기서 설명하는 것은 이전까지와는 다른 관점에서 보는 처리입니다.

자세한 것은 2장에서 소개하겠지만, 서버는 PC와 달리 **높은 성능을 가지고 있습니다**. PC를 일반 자동차라고 하면, 서버는 용도에 따라서 성능이나 규모를 바꿀 수 있으므로 F1, 전철, 대형 트럭 등에 비유할 수 있습니다. 이 차량들은 일반 자동차와는 다른 차원의 높은 성과를 거둘 수 있습니다.

특징은 다음과 같습니다(그림 1-9).

- ◆ 서버와 클라이언트의 구성과 서버 단독에 가까운 구성도 있다.
- ◆ 서버 측에서 독자적인 처리를 실행한다.
- ◆ PC에서는 할 수 없는 높은 성능이 요구된다.

높은 성능을 활용하는 형태의 대표적인 예

대표적인 예로 다음과 같은 것이 있습니다.

- ◆ AI 서버
- ◆ 빅데이터 서버

위의 예를 보면, 향후의 확대를 기대할 수 있는 분야임을 알 수 있습니다.

지금까지 서버를 이용하는 형태를 크게 3가지로 나누어 소개했습니다. '클라이언트-서버'라는 이미지에 얽매이면, 서버에서의 능동적인 처리나 높은 성능을 활용하는 이용 형태가 보이지 않게 될 가능성이 있습니다. 현재 서버를 이용하는 방법에는 여러 가지 가능성이 있음을 의식해 두세요(그림 1-10).

그림 1-9 고성능 처리의 특징

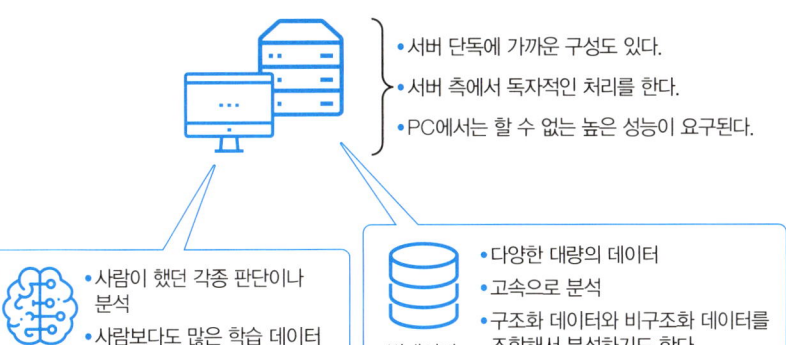

그림 1-10 서버의 다양한 형태

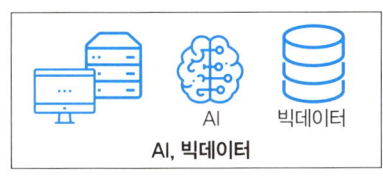

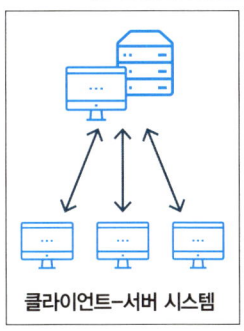

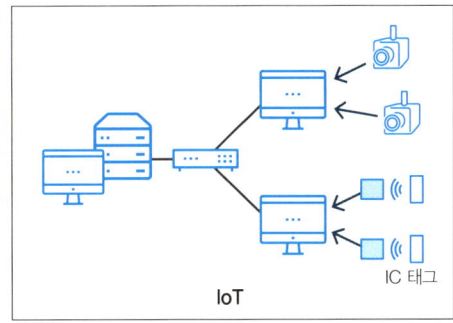

> **Point**
> ✔ 서버의 높은 성능을 살린 형태는 앞으로 한층 더 확대될 가능성이 높다.
> ✔ 서버의 이용 형태는 클라이언트–서버뿐만 아니라 다양한 가능성이 있다.

1-6 클라이언트 PC, 디바이스

서버에 접속하는 기기

다양한 종류의 클라이언트

'어떤 기기를 서버에 연결하는가?'라는 질문에 많은 분들이 **클라이언트 PC**라고 대답할 것입니다. 예전부터 클라이언트-서버라는 호칭이 있을 정도이므로 이는 모범적인 답안입니다.

물론 클라이언트 PC에도 데스크톱 PC, 노트북 PC 등 여러 가지가 있습니다. 예전에는 이 2가지가 대표적이었습니다. 하지만, 현재의 리모트 환경(원격 환경)을 고려하면 노트북 PC에 더해 태블릿도 있습니다. 또 그 폭을 넓히면 스마트폰 등도 포함할 수 있습니다(그림 1-11).

리모트 환경에서 접속하는 경우에는 5장에서 설명하는 IMAP 서버 등이 필요한데, 이런 환경을 구축하는 기업이나 단체도 늘고 있습니다.

디바이스의 다양화

이 책에서는 처음부터 서버와 산하 컴퓨터, **디바이스**라고 표현해 왔습니다.

그 이유는 클라이언트 PC뿐만 아니라 IoT 기기 등도 서버에 접속하는 디바이스에 포함하고 싶었기 때문입니다. 예를 들어, [그림 1-12]처럼 각종 카메라에서 얻은 영상을 서버에서 해석할 수 있습니다.

IC 태그 자체에는 디바이스라고 부를 만한 기능은 없지만, **IC 태그의 데이터를 서버에 불러와 처리**할 수 있습니다.

즉, 현재 시스템을 고려할 때 서버에 접속할 수 있는 디바이스는 PC나 스마트폰 외에도 다양해지고 있다는 것입니다.

예를 들어, 드론이나 네트워크에 접속할 수 있는 로봇 등도 디바이스에 포함할 수 있습니다.

그림 1-11 다양화하는 클라이언트

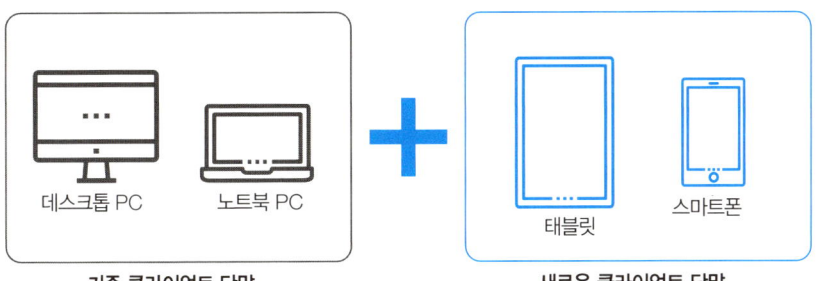

클라이언트라고 하면, 이전에는 데스크톱 PC와 노트북 PC를 가리켰지만, 리모트 환경이 향상되면서 태블릿이나 스마트폰도 포함하게 되었다.

그림 1-12 IoT 시대에 다양해지는 디바이스

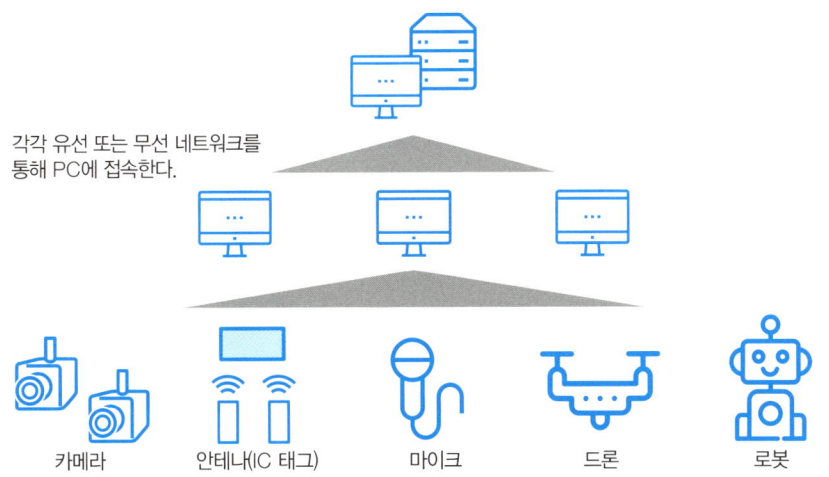

각각 유선 또는 무선 네트워크를 통해 PC에 접속한다.

Point
- ✔ 서버에 접속하는 기기로는 PC가 대표적이지만, 태블릿이나 스마트폰 등 원격 환경을 통해 다양해지고 있다.
- ✔ IoT라는 관점에서는 카메라, IC 태그, 마이크, 드론, 로봇 등 목적에 맞는 다양한 디바이스가 서버 산하에 접속된다.

1-7 순발력, 지구력

순발력인가 지구력인가

애플리케이션의 시점

서버를 생각할 때 무엇을 하고 싶은지, 무엇을 시키고 싶은지가 중요하다고 앞에서 설명했습니다. 이번 절에서는 애플리케이션의 시점에서 생각해 보겠습니다.

일반적으로 이용하는 시스템은 다음과 같이 2가지로 나눌 수 있습니다.

- ◆ **입출력을 중요시하는 시스템**
  입력한 데이터에 대해 처리 결과를 신속하게 돌려주는 시스템
- ◆ **집계나 분석을 중요시하는 시스템**
  개별적으로 입력된 데이터의 집계나 분석을 중요시하는 시스템

[그림 1-13]은 현실에서 2가지 중 하나를 더 중시한다는 것을 보여 주지만, 대부분의 시스템은 양쪽을 모두 겸비하고 있습니다.

순발력과 지구력

입출력을 중시하는 시스템은 응답이 중요하므로 스피드 퀴즈처럼 **순발력**을 중시합니다. 집계와 분석을 중시하는 시스템은 전체 데이터의 입력 상황을 보면서 처리를 진행해 나가기 때문에, 오랜 시간에 걸치는 입학 시험과 같이 **지구력**이 필요합니다(그림 1-14).

어느 쪽이든 처리를 잘못하는 것은 허용되지 않습니다.

최근 주목받고 있는 프로세스를 중시하는 시스템은 후자에 해당합니다.

지금까지 서버의 3가지 이용 형태나 접속 기기에 관해서 이야기했습니다. 이와 더불어 서버의 내용으로 애플리케이션의 특성도 상정할 수 있으면, 시스템이나 서버의 검토는 확실히 진전될 것입니다.

그림 1-13 입출력을 중시하는 시스템과 집계·분석을 중시하는 시스템

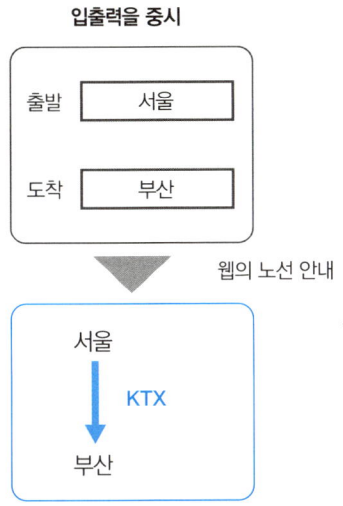

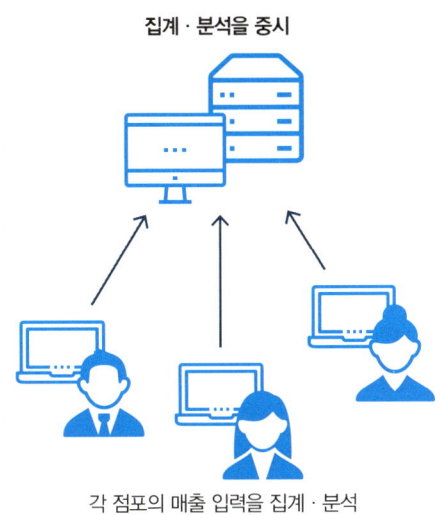

그림 1-14 순발력이 요구되는 타입, 지구력이 요구되는 타입

Point
- ✓ 애플리케이션의 시점에서는 입출력을 중시하는 시스템인지, 집계·분석을 중시하는 시스템인지로 생각하면 이해하기 쉽다.
- ✓ 전자는 순발력이 요구되고, 후자는 지구력이 요구된다.

1-7_ 순발력인가 지구력인가 27

1-8 모델화

시스템 모델화 및 구성

모델화의 예

지금까지 설명한 내용을 [그림 1-15]와 같이 각종 시스템에 접속하는 기기와 하고 싶은 일을 바탕으로 정리해 보겠습니다. 마지막 항목에는 각 시스템에서의 서버 이용 형태를 나타냈습니다.

예를 들어 서버가 클라이언트 PC나 각종 디바이스에서 데이터를 얻고 갱신하는 모델이라면 사용되는 디바이스는 다양할 것입니다. 만일 입출력을 중시하는 시스템이라면, 순발력을 발휘하는 빠른 서버가 필요하리라 예상할 수 있습니다. 또, 시스템의 물리적인 이미지도 떠오를 것입니다.

이처럼 축을 정해서 **모델화**를 하면, 관계자가 시스템이나 서버에 관한 기대나 요구를 구체적으로 확인할 수 있는 동시에, 필요하지 않은 기능도 명확하게 할 수 있습니다.

모델화에서의 주의점

모델화를 할 때는 무엇을 하고 싶은지, 어떤 처리가 필요한지에 관하여 **관계자 간의 공통된 인식을 갖는 것**이 중요합니다. 여기서는 이해하기 쉽게 접속하는 기기의 종류나 수량, 또 어떠한 데이터를 주고받을 것인가부터 시작해서 입출력 중시와 집계·분석 중시 2가지로 정리했습니다.

나아가 어떻게 사용하고 싶은가, 어떠한 시스템인가하는 서버의 내용인 소프트웨어적인 요구와, 하드웨어로서의 서버는 어떤 것이 적절한지 함께 검토해 나갈 필요가 있습니다(그림 1-16).

그러기 위해서는 **내용과 외형, 애플리케이션 소프트웨어와 하드웨어 양면에서 생각**해야 합니다.

그림 1-15 시스템 모델화 및 구성

시스템 모델화 사례 : 서버를 일단 제외하고 생각하면 이해하기 쉽다.

	접속하는 기기의 예					네트워크	하고 싶은 일(입출력)	이용 형태
영업 시스템	데스크톱	노트북	태블릿	스마트폰	카메라	유선, 무선 캐리어	영업 담당자가 고객의 데이터를 입력하고 상품을 준비한다.	수동적
	○	○	○	─	─			

	접속하는 기기의 예					네트워크	하고 싶은 일(입출력)	이용 형태
생산관리 시스템	데스크톱	노트북	태블릿	스마트폰	카메라	유선 LAN	공정 진행 상황을 카메라로 확인해서, 지연 등이 있는 경우 경보를 발생시킨다.	수동적
	○	─	─	─	○			

	접속하는 기기의 예					네트워크	하고 싶은 일(입출력)	이용 형태
심사 시스템	데스크톱	노트북	태블릿	스마트폰	카메라	유선 LAN	개인 대출 고객의 첫 심사를 AI로 한다.	수동적·고성능
	○	○	─	─	─			

	접속하는 기기의 예					네트워크	하고 싶은 일(입출력)	이용 형태
판매 예측	데스크톱	노트북	태블릿	스마트폰	카메라	유선 LAN	대량의 다양한 데이터를 분석하여 상품 투입과 배포 시기를 판단한다.	고성능
	○	─	─	─	─			

그림 1-16 소프트웨어와 하드웨어 시점에서의 요구

소프트웨어의 요구
- 어떻게 사용하고 싶은가 (순발력 중시, 지구력 중시)
- 어떤 시스템인가(수동적, 능동적, 고성능)

하드웨어의 요구
- 어떠한 서버가 적절한가
- 어떠한 디바이스가 필요한가

적절한 시스템과 서버가 정해진다.

Point
- ✔ 서버를 검토할 때 3가지 이용 형태를 기반으로 모델화해서 검토하면 이해하기 쉽다.
- ✔ 서버의 내용인 애플리케이션 소프트웨어, 외형인 하드웨어와 등장인물(접속 기기) 양면에서 생각한다.

1-9 시스템 구성

기본적인 시스템 구성

기본적인 시스템 구성의 예

지금까지의 설명으로 서버와 시스템에 관한 기본적인 내용은 이해하였을 거라고 생각합니다. 여기에서는 시스템 구성 예를 알아보겠습니다.

가장 단순한 구성은 **여러 대의 클라이언트 PC와 서버 한 대**로, 기업이나 단체의 부서 업무 시스템이나 파일 서버 등을 예로 들 수 있습니다.

[그림 1-17]에서는 서버를 위에 배치하고 아래에 클라이언트 PC를 두고 있습니다. 서버와 클라이언트 PC 사이에는 네트워크 기기인 라우터나 허브가 있어 LAN 환경으로 연결되어 있습니다. 일반적인 경우에는 기업이나 단체의 부·과·그룹마다 허브가 설치됩니다.

예를 들어, 허브의 LAN 포트 수가 24라면 24명마다 허브가 필요합니다. 실제로는 한 대의 클라이언트가 복수의 다양한 서버와 연결되어 있습니다.

증가하는 무선 LAN

최근 가정집에서 Wi-Fi를 이용하는 사람이 늘고 있는 것처럼, 사무실에서 무선 LAN*의 활용도 증가하고 있습니다.

[그림 1-17]과 [그림 1-18]을 비교하면, [그림 1-18]의 구성이 유선 LAN 케이블을 부설할 필요가 없다는 점에서 사무실 레이아웃이나 좌석의 자유도가 높은 것을 알 수 있습니다.

서버는 사령탑

[그림 1-17]과 [그림 1-18]을 보면, 서버가 시스템의 사령탑이라는 사실을 다시 한 번 확인할 수 있습니다.

2장에서는 하드웨어로서의 서버에 대해 설명합니다.

---

* 무선 LAN이 증가하는 배경에는 사무실 레이아웃의 자유도가 향상된 것에 더해, 무선 LAN 자체의 기술 향상, 서버와 클라이언트, 또 소프트웨어 처리 능력 향상 등도 있다.

그림 1-17 기본적인 시스템 구성

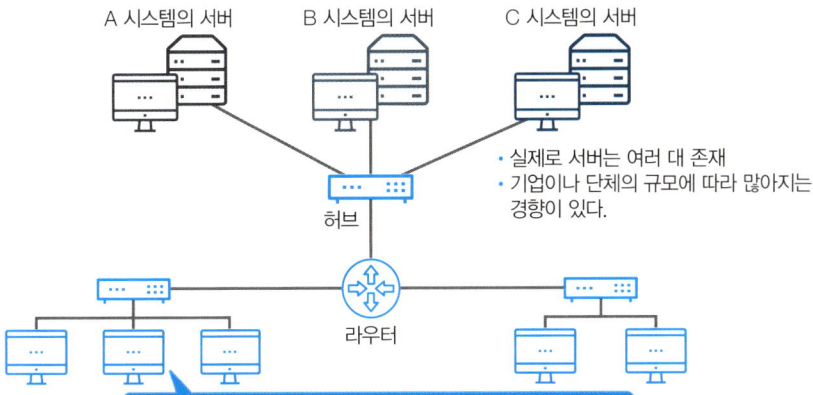

- 실제로 서버는 여러 대 존재
- 기업이나 단체의 규모에 따라 많아지는 경향이 있다.

클라이언트는 시스템에 따라 A, B, C 각 서버에 접속한다.
이 예에서는 한 대의 클라이언트로부터 1:3의 관계로 보인다.

그림 1-18 무선 LAN을 활용한 구성

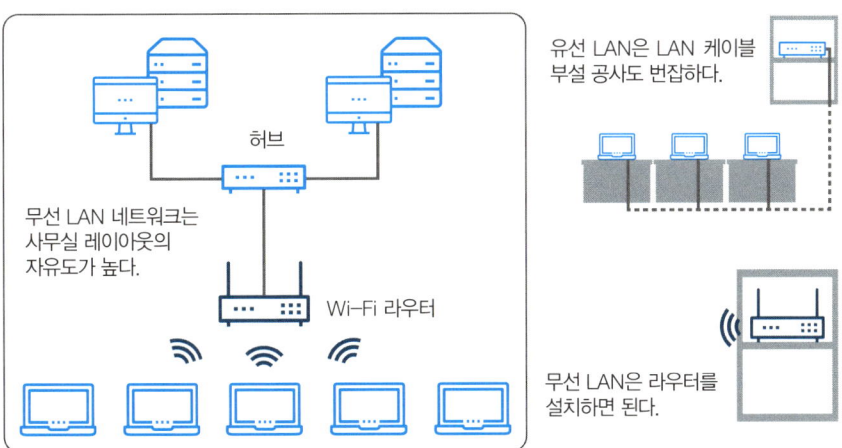

유선 LAN은 LAN 케이블 부설 공사도 번잡하다.

무선 LAN 네트워크는 사무실 레이아웃의 자유도가 높다.

무선 LAN은 라우터를 설치하면 된다.

Point
- ✔ 기본적인 시스템 구성의 예로 유선 LAN 네트워크에는 서버, 라우터, 허브, 클라이언트 PC가 있다.
- ✔ 최근에는 편의성으로 인해 사무실에서도 무선 LAN 접속이 증가하고 있다.

1-9_ 기본적인 시스템 구성 31

실습 코너

클라이언트-서버 애플리케이션 만들기

기업이나 단체의 조직에서는 정보를 공개해 공유하는 구조나 활동이 있습니다. 다음과 같은 예를 들 수 있습니다.

- ◆ 담당자가 관계자에게 정보를 기재한 메일을 일제히 전송한다.
- ◆ 전용 웹 사이트에 정보가 표시된다.
- ◆ 관계자가 열람할 수 있는 파일 서버 등에 정보 파일을 제공한다.
- ◆ 전용 정보 공유 시스템이 있다.

두 번째 예시인 브라우저로 웹 페이지를 보는 구조는 클라이언트가 서버에 처리를 요청하는 애플리케이션의 전형적인 예 중 하나입니다.
실제로 웹 페이지를 만들어 보도록 하겠습니다.
일단 2개 또는 3개 정도의 항목으로 해도 좋으니, 공유하고 싶은 정보를 적어 보시기 바랍니다. 숫자로 나타낼 수 있는 항목들이 좋습니다.

공유하고 싶은 정보의 예

- 공유하고 싶은 정보의 예

항목명	내용 또는 예
A 서비스의 계약 건수	오늘 기준 ○○건
A 서비스의 계약 금액	오늘 기준 5,000천원
B 상품의 매출액	어제 기준 1,500천원

- 공유하고 싶은 정보

항목명	내용 또는 예

(60페이지에서 계속)

2-1 고신뢰성, 고가용성

PC와의 구성 차이

서버는 멈출 수 없다

서버와 PC의 큰 차이점은 서버는 24시간 가동하여 운용하며, 멈출 수가 없다는 것입니다. PC는 사용자가 출근해서 전원을 켜고 퇴근할 때 전원을 끄는 것이 일반적이지만, **기본적으로 서버는 전원을 끄지 않습니다.**

만약 서버가 정지해 버리면, 대상 업무나 이용하고 있는 사용자 전체에 영향을 미칩니다. 따라서 서버는 멈출 수 없다는 것을 전제로 한 신뢰성이 높은 하드웨어로 구성됩니다.

PC와의 큰 차이점은 다음과 같습니다(그림 2-1).

- ◆ CPU, 메모리, 디스크 등 유닛별로 교환 및 증설이 가능하게 되어 있다.
- ◆ 각종 부품으로 다중화가 되어 있다.

구성상의 차이

PC는 메인보드 위의 좁은 공간에 CPU, 메모리, 디스크 등이 효율적으로 배치됩니다. 반면에 서버는 [그림 2-2]처럼 교환이나 증설에 대비해 정연하게 배치됩니다.

서버는 개별 부품의 **신뢰성이 높을** 뿐만 아니라, 만약의 경우에도 운용을 정지하지 않고 일부 유닛을 교환할 수 있는 시스템 등을 탑재한 타입도 있습니다. 또한, 증설하기도 쉬운 구조로 되어 있습니다.

서버는 원래 부품의 성능이 좋고, 게다가 다중화를 포함한 고신뢰성과 함께 가능한 한 운용을 멈추지 않는 구조이므로, 지속해서 이용할 수 있는 **높은 가용성**도 가지고 있습니다.

서버의 장애 대책에 관해서는 9장에서 설명합니다.

그림 2-1 서버와 PC의 차이

	서버	PC
1일 가동 시간	24시간[1]	사용자의 근무 시간 ※ 업무에서 이용하는 경우
신뢰성	• 기본적으로 멈추지 않는다. • 재시작도 가능한 한 하지 않는다.	문제가 있으면 적당히 재시작한다.
확장성	• 운용을 정지하지 않고, 각 유닛을 교환 　할 수 있는 타입도 있다. • 증설하기 쉽다.	• 교환 · 증설 시엔 운용을 정지한다. • 기기에 따라선 증설이 어렵다.
가용성, 내결함성	전원, 디스크, 팬 등을 다중화	대부분 다중화되어 있지 않다.

1 서버가 24시간 가동되는 것을 24/7(트웬티포 · 세븐), 24시간 365일 등으로 표현한다.

그림 2-2 서버의 구조

랙 마운트의 예

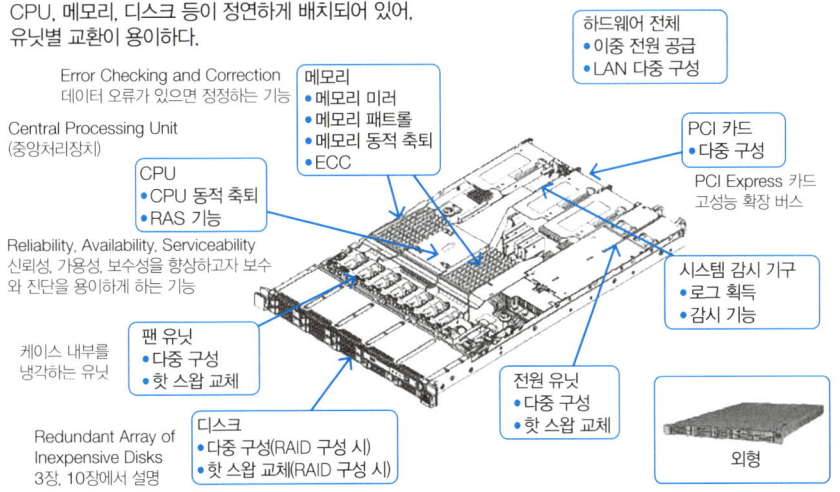

Point

✔ PC를 업무에 사용하는 경우 근무 시간 동안 가동하면 되지만, 서버는 24시간 356일 가동해야 한다.

✔ 운용을 멈추지 않게 하기 위해 PC와는 다른 구성으로 되어 있다.

2-2 표시 성능, I/O 성능

PC와의 성능 차이

요구되는 성능 차이

우리가 아무렇지 않게 사용하는 PC에서는 사용자의 조작이 제대로 반영됐는지 눈으로 볼 수 있게 하는 **표시 성능**이 중요합니다.

표시 성능이란 자신이 두드린 키보드의 키나 마우스 클릭 등을 정확하게 그리고 실시간으로 표시하는 것으로, 이 성능을 전제로 하여 **다양한 애플리케이션 소프트웨어의 처리가 이루어집니다.**

듣고 보면 당연한 말이지만, 그런 것을 의식하지 않고 사용할 수 있을 정도로 현대의 PC나 스마트폰의 성능이 뛰어나다는 것이기도 합니다.

한편, 서버에서는 다양한 처리가 적절히 이뤄지고 있는지가 중요합니다.

서버는 입력(Input)을 바탕으로 처리 결과를 출력(Output)하며, 끊임없이 I/O를 실행하는 가운데 시스템 전체의 상황, 부하를 감시하고 나아가 자신의 성능을 발휘할 수 있는지까지 생각합니다.

[그림 2-3]을 보면 차이를 알 수 있지만, 서버는 표시 성능보다 **I/O 성능**을 중시한다고 말할 수 있습니다.

유닛의 성능 차이

요구되는 성능 차이는 위와 같지만, 그뿐만 아니라 서버와 PC는 **각 유닛의 성능에도 큰 차이가 있습니다.**

서버는 처리량이 PC보다 훨씬 많기 때문에 성능과 신뢰성이 더 우수한 CPU, 메모리, 디스크 등으로 구성됩니다. 게다가 이런 유닛들의 탑재 수량이나 용량도 [그림 2-4]처럼 많아집니다.

이 같은 각종 유닛의 탑재 상황 차이로 볼 때, 서버가 PC보다 비싼 것은 어쩔 수 없겠지요.

그림 2-3   표시 성능과 I/O 성능

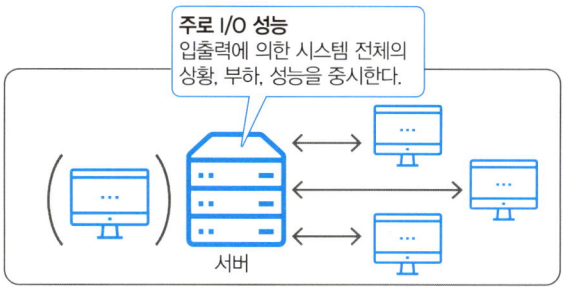

- 서버는 표시 성능보다 I/O 성능을 중시한다.
- 서버는 초기 셋업이나 장애 조사, 복구 및 유지 보수 시를 제외하고는 모니터를 연결하지 않는 경우도 있다.
- 클라이언트 PC를 모니터로 삼아 사용하는 경우도 있다.

그림 2-4   유닛의 성능 차이

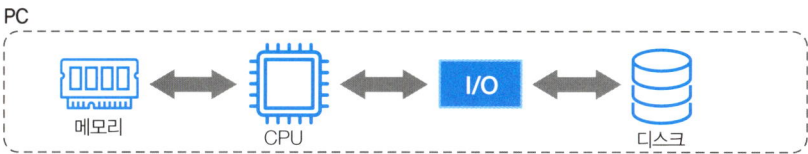

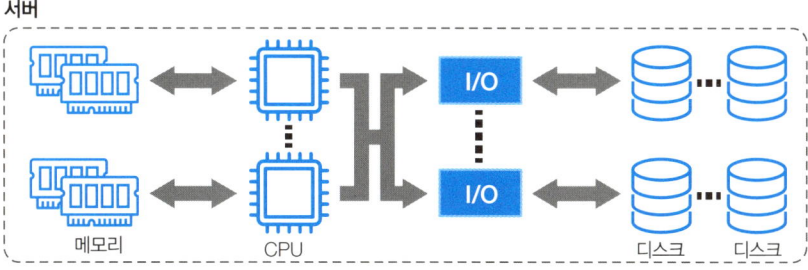

서버의 CPU, 메모리, 디스크 등의 성능과 신뢰성은 PC보다 높고 수량도 많다.

Point
- ✔ PC는 표시 성능을 중시하지만, 서버는 표시 성능뿐만 아니라 처리 성능(I/O 성능)도 중시한다.
- ✔ 서버는 CPU 등 개개의 유닛이 PC보다 고성능이다.

2-3 Windows, Linux, UNIX

서버 OS

3종류의 서버 OS

서버의 OS는 역사적인 변천을 제외하고 현재의 주류를 생각한다면, 다음 3가지로 요약됩니다.

- ◆ Windows Server(마이크로소프트가 제공)
- ◆ Linux(오픈소스 OS의 대표 격, 상용 OS로는 Red Hat 등이 제공됨)
- ◆ UNIX 계열(서버 제조사들이 제공)

20년 전에는 UNIX계열과 IT 벤더 각 사의 독자적인 서버용 OS가 주류였지만, Windows PC와 Linux가 성장하면서 현재 상황에 이르렀습니다. 간단하게 연표로 정리한 [그림 2-5]를 참조하세요. 서버 OS의 역사는 UNIX로부터 시작됩니다.

각 OS의 장점

Windows Server는 서버용 OS이지만, **Windows PC와 같은 사용자 인터페이스로 조작**할 수 있어 비교적 이해하기 쉽습니다. 또한, **기업이나 단체에서 필요로 하는 기능이 미리 패키지로 되어 있고 마이크로소프트의 지원도 있습니다.**

Linux는 Windows로 말하면 명령 프롬프트 화면을 사용하는 사람이 아직 많지만, 최근에는 다양한 GUI 툴이 이용되는 것 같습니다(그림 2-6). 무료 모듈이나 필요한 기능을 쌓아 가면 되기 때문에, **비교적 간단하고 저렴하게 시스템을 구축할 수 있습니다.**

일단 그렇다면 Windows가 무난하겠지요? 여러 가지를 조사한 후에, 필수적인 기능부터 Linux로 대응하는 선택지도 있습니다.

그림 2-5 서버 OS의 과거와 현재

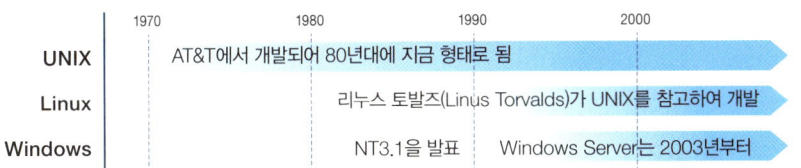

- 서버용 OS는 클라이언트로부터 오는 동시 다수의 접속에 응답할 수 있는 성능을 갖추고 있다.
- Linux는 역사적 배경에서 UNIX 계열과의 친화성이 높다.
- UNIX계는 과거의 소프트웨어 자산 활용이나 장기간 연속 운용에 대응하는 서버 OS로써 현재에도 강력한 지지를 받고 있지만, 일반적인 이용 용도에서는 동등한 기능을 가진 Linux의 이용이 늘고 있다.

그림 2-6 Windows Server와 Linux 화면의 예

Windows Server의 파일 접근 권한 설정 화면

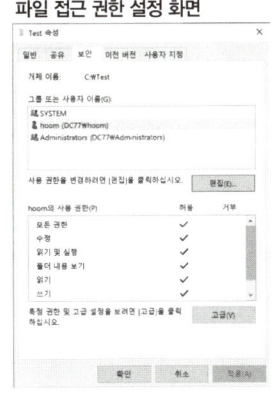

Linux의 파일 접근 권한 설정 화면

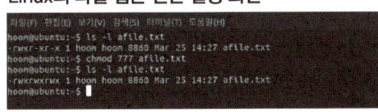

- Windows의 경우는 GUI로 설정한다.
- Linux와 UNIX 계열은 커맨드로 설정하는 사람이 아직 많다.
- chmod는 접근 권한(퍼미션)을 설정하거나 변경하는 커맨드
- 777은 모든 이용자가 대상 파일을 읽고, 쓰고, 실행하는 모든 권한을 가진다.
- 755의 경우 소유자는 모든 권한을 갖지만, 그룹과 그 밖의 이용자는 읽기와 실행으로만 제한된다.

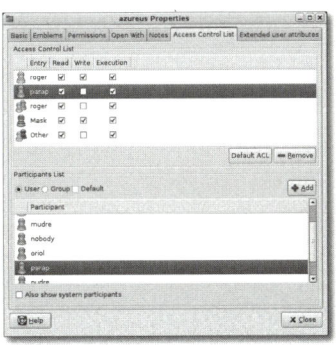

- Linux에서도 GUI 툴을 이용해서 설정할 수 있다.
- 왼쪽 그림은 Eiciel의 화면 예(https://rofi.roger-ferrer.org/)

Linux 접근 제어 목록 편집 도구 Eiciel의 예

Point
- ✓ 현재 서버용 OS는 Windows, Linux, UNIX 계열의 3가지가 주류를 이룬다.
- ✓ 그중에서도 Windows Server와 Linux의 점유율이 높지만, 필요나 목적에 따라서 도입이 진행된다.

2-4 전원, 다중화

서버의 사양

서버의 기본 사양

자동차 사양의 경우 카탈로그를 보면 전장의 치수, 중량, 승차 정원, 엔진과 배기량, 변속기 등이 나와 있습니다. 서버로 치면 CPU가 엔진에 해당하겠지요.

서버나 PC도 자동차처럼 기본적인 사양으로 형태(2-5 참조)와 크기, CPU 수와 종류, 메모리 용량, 내장 디스크 용량 등을 들 수 있습니다. 메모리나 디스크는 설치 가능한 수량·용량과 함께 장착된 수량·용량이 기재되는 것이 일반적입니다.

[그림 2-7]에서는 서버 사양의 예를 소개하고 있습니다. 이 밖에도 여러 항목을 나열할 수 있지만, 서버에서 주의해야 할 것은 **전원**이나 **다중화 기구***에 관한 항목입니다.

대형 서버는 많은 전력을 필요로 하므로 서버를 도입할 때 전원 공사가 필요한 경우가 있습니다. 서버 도입 현장에서는 서버를 구입해 놓고 공사 준비가 되지 않아, 이용하지 못 하는 일이 자주 있습니다.

서버 선정

서버 제조사나 판매 업체의 웹 사이트를 보면, 이전과 비교해서 서버를 고르기 꽤 쉬워졌다고 느껴집니다.

예전에는 서버를 선택할 때 필요한 처리 성능이나 데이터양 등을 계산하고 서버 성능과 대조해서 선정했습니다. 하지만 지금은 '**사용자 수**'나 '**용도**' 등으로도 검토할 수 있습니다(그림 2-8).

예를 들어, "우리 부서의 50명이 이용하는 파일 서버" 등의 정보가 있으면, 인원수와 용도에 따라 조견표와 같은 형식으로 추천 서버가 제시되므로 그중에서 선택할 수 있습니다.

그만큼 서버가 우리 생활에 가까운 존재가 되기 시작했다는 말이겠지요.

---

* 시스템에 장애가 발생했을 때를 가정한 예비 장치와 시스템

그림 2-7 서버 사양의 예

항목	개별 제품 사양
형태·크기	예: 타워형, 랙 마운트형 등
CPU 수·종류	예: 인텔XX, 1/2(최대 2개 설치 가능하고 현재 1개 설치됨)
메모리 용량	예: 최대 3,072GB
내장 디스크 용량	예: 10/20TB
전원 유닛	예: 250W, 300W, 450W 등
다중화 냉각팬	예: 유무

그림 2-8 서버 선정

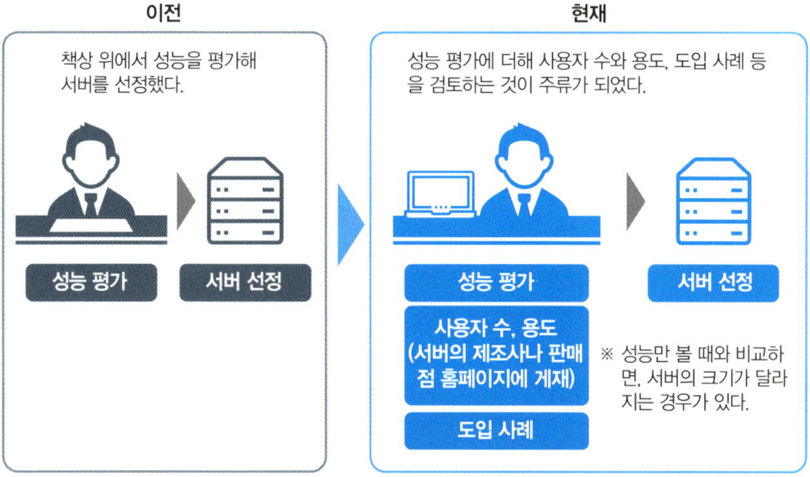

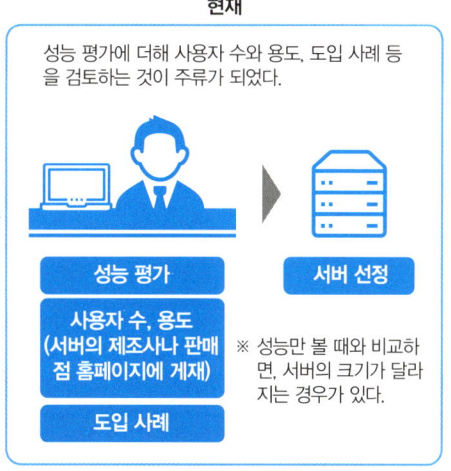

현재는 전문적인 지식을 가지고 있지 않아도 많은 사람들이 서버 선정을 할 수 있는 시대가 되었다.

Point
- ✔ 서버의 사양은 PC와 큰 차이는 없으나, 전원이나 다중화 장치는 체크한다.
- ✔ 최근에는 다양한 정보가 제공되고 있어, 전문적인 지식이 없어도 서버를 선정할 수 있게 되었다.
- ✔ 용도나 사용자 수 등으로 서버를 상상할 수도 있다.

2-5 타워, 랙 마운트, 블레이드, 고밀도

다양한 형태

형태에 따른 종류

서버는 형태에 따라 주로 3가지로 나눌 수 있습니다(그림 2-9).

- ◆ **타워**
  데스크톱 PC와 같은 직육면체 모양으로 PC를 크게 만든 형태

- ◆ **랙 마운트**
  전용 랙에 한 대씩 설치하는 형태로 확장성과 내장애성이 뛰어나다. 랙 안에서 숫자를 늘려 확장할 수 있고, 전용 랙으로 보호되므로 장애에도 강하다.

- ◆ **블레이드, 고밀도**
  랙 마운트의 파생 형태이며, 주로 대량으로 서버를 이용하는 데이터 센터용 형태이다. 공통 부품은 랙 쪽에 두고, 얇게 소형화된 서버를 좁은 공간에 집중적으로 설치할 수 있게 되어 있다. 집적률이 매우 높다는 특징이 있다.

그 밖의 형태

대형 컴퓨터의 메인프레임이나 슈퍼컴퓨터는 유닛별로 각각 **전용 케이스**를 갖고 있습니다(2-12 참조). 또한, CPU, 메모리, 디스크 등의 케이스가 분리되어 있습니다(그림 2-10).

메인프레임은 기업이나 단체에서는 정보 시스템 부서가 관리하는 전용 건물이나 층에 설치되는 것이 일반적입니다. 정보 시스템 업무에 종사하지 않는 사람이 보기는 어려운 설비지만, 기회가 있으면 꼭 봐두세요. 사람 키보다 큰 케이스가 늘어선 광경은 압권입니다.

그림 2-9 　다양한 형태

타워
타워는 소형 PC 서버(그래도 PC보다는 크다)부터 대형 UNIX 계열까지 크기가 다양하다.

랙 마운트
랙 마운트 형태는 전용 랙에 설치한다.

블레이드

고밀도

- 데이터 센터용으로 블레이드와 고밀도 등도 있다.
- 블레이드는 랙 마운트가 박형화 또는 소형화된 형태
- 고밀도는 랙 마운트가 더욱 진화한 형태

그림 2-10 　메인프레임과 슈퍼컴퓨터

메인프레임

메인프레임은 CPU, 메모리, 디스크 등으로 케이스가 나뉜다.

슈퍼컴퓨터

- 슈퍼컴퓨터는 컴퓨터의 정점이다.
- 최고의 성능을 추구하며, 메인프레임보다 크다.

Point
- ✔ 서버를 형태로 분류하면, 타워, 랙 마운트, 블레이드·고밀도의 3가지 종류가 있다.
- ✔ 메인프레임이나 슈퍼컴퓨터는 유닛마다 사람 키보다 큰 케이스에 나뉘어 늘어서 있다.

2-6 PC 서버, x86 서버, RISC

서버의 표준, PC 서버

PC 서버의 사양

PC 서버는 간단히 말하면, PC와 같은 구조로 PC가 대형화된 것 같은 서버입니다. IA(Intel Architecture) 서버 등으로 불리기도 합니다.

2019년 기준 국내 서버 출하액은 매년 증가하고 있고, 그중 약 80%를 PC 서버가 차지합니다(그림 2-11).

PC 서버는 이전에는 PC보다 성능이 나은 정도였기 때문에, 서버로서는 오랫동안 낮은 지위에 놓여 있었습니다. 그러나 최근 성능이 향상되고 다양화되면서 중·소규모 업무는 PC 서버로 대응이 가능하기 때문에 **서버의 표준**이 되고 있습니다.

좀 더 자세하게 말하면, Intel의 x86이라는 CPU나 그 호환 CPU를 내장한다는 점에서 **x86 서버**라고 불리기도 합니다.

CPU의 기본 설계를 CPU 아키텍처라고 부릅니다. 서버의 형태가 타워든 랙 마운트이든 탑재된 CPU가 x86 계열이면 x86 서버입니다. CPU 아키텍처의 개요에 관해서는 [그림 2-12]를 참조하세요.

PC 서버 외의 서버

CPU 아키텍처 이야기를 했는데, x86 이외의 대표 격으로 **RISC**라고 하는 아키텍처의 SPARC(Oracle, 전 선마이크로시스템즈)가 있습니다. 동일한 형태로 IBM의 Power 등이 있습니다. UNIX 계열용이고 처리 성능은 PC 서버보다 우수합니다.

덧붙여, 통계상 서버라고 할 때는 PC 서버, UNIX 계열 서버 외에 메인프레임이나 슈퍼컴퓨터도 포함합니다. PC에 대해서 그 나머지를 서버라고 하는 사고방식이 바탕이 되어 있습니다.

그림 2-11 국내의 서버 시장 개요

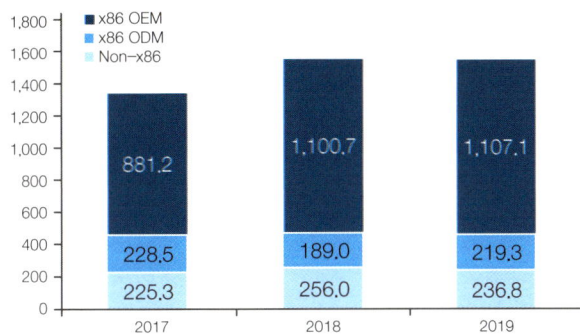

- 출처: 2019년 국내 서버 시장 동향 발표(한국 IDC, 2020년 4월 7일자 프레스 릴리즈)
  (URL: https://www.idc.com/getdoc.jsp?containerId=prAP46197420)

그림 2-12 CPU 아키텍처

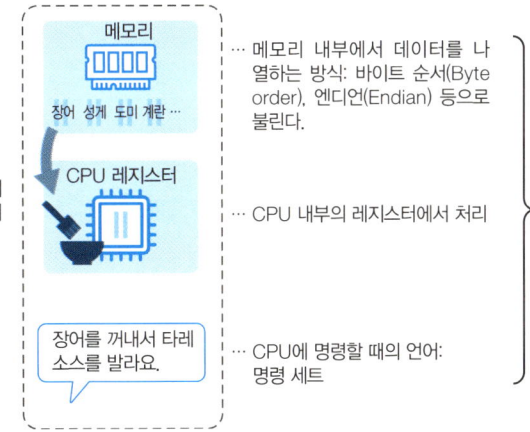

메모리 공간에 데이터(초밥)가 있다.

명령에 따라 CPU 내부의 레지스터(작은 접시)로 꺼낸 장어 초밥에 타레 소스를 바른다.

CPU에 장어 주먹밥을 꺼내서 타레 소스를 바르라고 명령한다.

··· 메모리 내부에서 데이터를 나열하는 방식: 바이트 순서(Byte order), 엔디언(Endian) 등으로 불린다.

··· CPU 내부의 레지스터에서 처리

··· CPU에 명령할 때의 언어: 명령 세트

⎫
⎬ CPU에 따라서 이 구조가 달라진다
⎭

Point
- ✔ PC 서버(x86 서버)는 성능이 향상되어 현재 서버의 표준이 되고 있다.
- ✔ PC 서버 외에 UNIX 계열 서버와 메인프레임, 슈퍼컴퓨터도 서버로써 자리 잡았다.

2-7 상위 기종, 표준

서버의 등급

상위 기종과 표준

서버에 메인프레임이나 슈퍼컴퓨터를 포함하면, 이것들을 최상위라고 평가하는 데에 이견은 없을 것입니다.

앞 절까지 형태를 포함한 다양한 종류의 서버를 설명했는데, 서버는 **상위 기종**과 **표준** 등으로 나눌 수도 있습니다(그림 2-13).

자동차는 크기와 배기량을 중심으로 하기 때문에 이해하기 쉽지만, 서버는 제조사에 따라 사고방식이 다릅니다. 참고로 기억해 두세요.

또한 크기가 큰 서버가 일반적으로 고가입니다.

상위와 표준의 구분

기본적으로는 고신뢰성과 고성능이라는 관점에서 나누지만, 그 분기점에는 몇 가지 사고방식이 있습니다.

조금 전의 최상위를 제외한 상위의 개념입니다.

- ◆ 다중화 장치가 충실한 형태를 상위로 한다.
- ◆ x86 서버를 표준으로, UNIX계 등을 상위로 한다.

이 부분은 제조사나 판매사의 라인업이나 판매 전략에 따른 것으로 통일이 되지 않았습니다. 하지만 상위와 표준을 판단하는 포인트는 [그림 2-14]와 같습니다.

- ◆ 형태는 제외하고 우선 CPU와 OS를 확인한다.
- ◆ 차이가 없으면 다중화 장치의 충실도로 확인한다.

결과적으로 대부분의 경우, 상위 기종은 가격이 비쌉니다.

그림 2-13 서버의 상위 기종과 표준

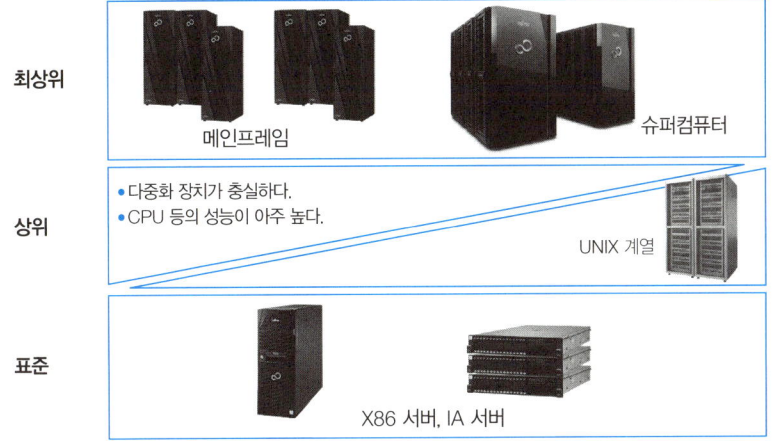

그림 2-14 상위와 표준을 구분하는 포인트

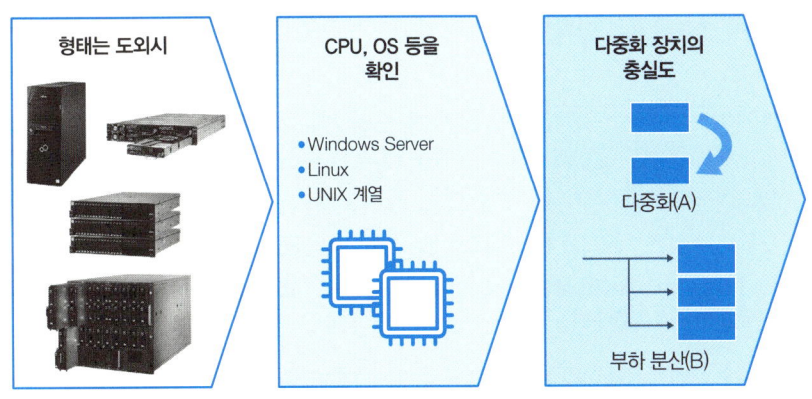

※ 일반적으로 크기가 큰 서버는 비싸다.

Point
- ✔ 서버는 각 제조사의 기준에 따라 상위와 표준으로 나뉜다.
- ✔ 상위인지 표준인지는 CPU나 OS, 다중화 장치 등으로 판단할 수 있다.

2-7_ 서버의 등급

2-8 LAN, TCP/IP, WAN, Bluetooth

네트워크의 기본은 LAN

기본은 LAN, TCP/IP

지금까지 서버와 클라이언트 등을 시스템 구성으로 설명해 왔지만, 네트워크 접속의 기본은 **LAN**입니다. **TCP/IP**로 불리는 네트워크의 공통 언어(프로토콜)로 통신합니다.

외형적으로는 LAN 케이블을 이용하는 유선 LAN과 케이블을 이용하지 않는 무선 LAN이 있습니다(그림 2-15).

LAN 이외의 네트워크로는, 넓게 보면 통신 사업자가 제공하는 **WAN**이 대표적이며, 좁게 보면 단말끼리의 **Bluetooth** 통신이 있습니다. 2가지 모두 끊임없이 고속으로 처리하는 통신에는 적합하지 않습니다.

증가하는 무선 LAN

이전에는 서버의 네트워크라고 하면 유선 LAN이 기본이었지만, 최근 **무선 LAN의 이용이 증가하고 있습니다.** 물론 서버와 네트워크 기기 사이는 기존과 같이 유선 LAN으로, 클라이언트와 네트워크 기기 사이는 무선 LAN으로 연결합니다. 그 이유로 다음과 같은 변화가 있습니다.

- ◆ 사무실에서 프리 어드레스(좌석을 고정하지 않는) 제도를 채용하는 기업이나 단체가 늘고 있다.
- ◆ 노트북, 태블릿, 스마트폰 등 외부에서 접속하는 기기 이용이 늘고 있다.
- ◆ 무선 LAN 기기 자체의 성능 향상, 서버, 클라이언트, 각종 소프트웨어의 성능 향상으로 네트워크 부하가 줄어든다.

향후에는 LAN 케이블이나 허브의 모습을 볼 기회가 줄어들 것입니다.

그림 2-15 LAN, WAN, Bluetooh의 구조

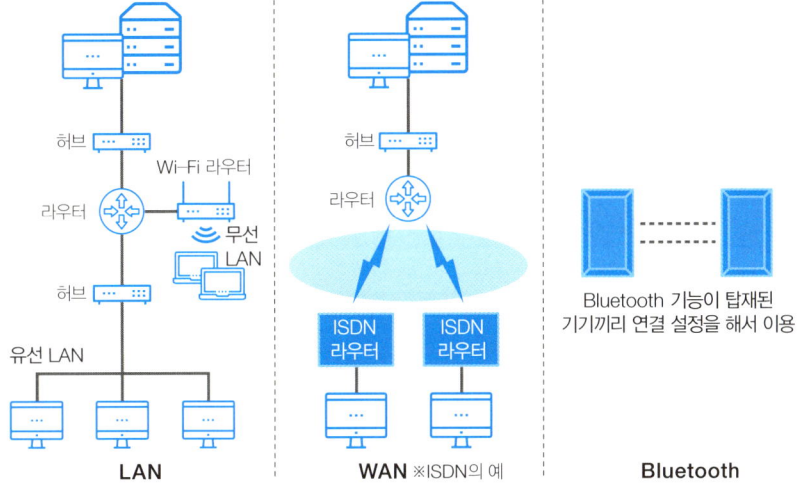

그림 2-16 무선 LAN이 늘어나는 배경

Point
- ✔ 서버 네트워크 접속의 기본은 LAN이다.
- ✔ 클라이언트에서 서버로의 접속은 무선 LAN이 증가하고 있다.

2-9 데이터 센터, 온프레미스

서버 설치 장소

사외에 설치하는 방식이 늘고 있다

이전에는 서버를 자사에 설치해 운용하는 방식이 주류였지만, 현재는 **데이터 센터**에 설치하는 경우도 늘고 있습니다. 또한, 자체 서버를 가지지 않고 데이터 센터의 서버를 빌리는 등의 선택지도 있습니다(그림 2-17).

자사에 직접 설치하는 방식은 **온프레미스**(On-Premise)라고 합니다. 사무실의 한쪽 구석에 있는 전용 랙 또는 정보 시스템 부문에서 관리하는 전용 층이나 랙에 설치하는 것이 일반적입니다.

운용 형태에 따른 장점과 단점

자사에 설치한 경우는 스스로 혹은 계약한 유지 보수업자가 관리합니다.

데이터 센터에 설치한 경우는 데이터 센터 사업자가 관리하므로, 사용자는 서버 관리에 신경 쓸 필요 없이 이용에만 집중할 수 있습니다. 온프레미스와 데이터 센터 이용에 따른 각각의 장점을 살펴봅시다.

- ◆ 온프레미스 이용
  자사에서 자유롭게 설정할 수 있지만, 유지 보수가 필요하고 데이터가 외부 네트워크로 나가지 않는다.

- ◆ 데이터 센터 이용
  유지 보수는 서비스 사업자에게 맡기는 방식으로, 데이터가 외부 네트워크로 나간다.

데이터 센터와의 계약을 선호하지 않는 기업이나 단체는 데이터가 외부로 나가는 것을 걱정합니다.

[그림 2-18]에 장점과 단점을 정리해 두었습니다.

그림 2-17 데이터 센터와 온프레미스의 차이

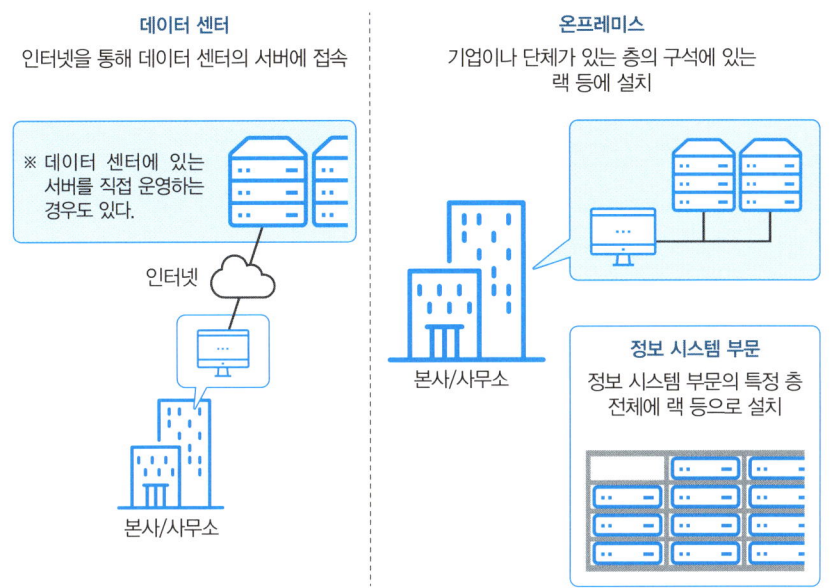

그림 2-18 데이터 센터와 온프레미스 이용의 장점과 단점

	장점	단점
데이터 센터	• 조건이 맞으면 바로 쓸 수 있다. • 유지 보수는 데이터 센터 사업자가 한다. • 직접 설치보다 비용이 낮아지는 경우가 많다.	데이터가 외부 네트워크로 나간다.
온프레미스	• 자사에서 자유롭게 설정할 수 있다. • 서버 도입에 관한 기술을 익힐 수 있다.	• 설치에 이르기까지 시간이 필요하다. • 직접 유지 보수해야 한다. • 비용이 낮아지지 않는다.

Point
- ✔ 서버는 자사에 설치하는 방식뿐만 아니라, 데이터 센터 사업자를 활용하는 선택지도 있다.
- ✔ 운용 형태에 따라 장점과 단점이 있다.

2-10 SaaS, IaaS, PaaS

클라우드 서비스의 종류

클라우드는 다양한 시스템의 기반이 되는 환경

클라우드는 자사의 서버와 관련된 IT 자산을 갖지 않고, 인터넷 건너편에서 서비스를 이용하는 개념을 가리키는 말로 알려졌습니다. 클라우드는 급속히 퍼져나가고 있으며, 지금은 **다양한 시스템의 기반을 이루는 환경**이 되고 있습니다.

[그림 2-19]는 온프레미스와 클라우드 방식에 따른 서버 설치 장소입니다.

클라우드의 3가지 중요 서비스

클라우드는 **SaaS**(Software as a Service), **IaaS**(Infrastructure as a Service), **PaaS**(Platform as a Service)가 현재의 주류입니다(그림 2-20).

그중 가장 이해하기 쉬운 것은 SaaS입니다. 사용자가 필요한 시스템을 통째로 제공받는 유형입니다. 예를 들어, 사용자는 서비스 사업자가 제공하는 교통비 정산 시스템을 인터넷을 통해 활용하지만, 애플리케이션뿐만 아니라 서버나 네트워크 장비 등도 의식하지 않고 사용하고 있습니다. 특히 **소규모 시스템**에서 SaaS를 선택하는 경우도 많아졌습니다.

IaaS는 OS 외에는 아무 것도 설치되지 않은 서버를 계약합니다. 사용자는 사용할 애플리케이션이나 관련된 데이터베이스 등의 미들웨어를 직접 설치합니다.

PaaS는 IaaS와 SaaS의 중간에 해당하는 형태로, 데이터베이스 등의 미들웨어와 개발 환경 등을 포함하고 있습니다.

위와 같이, "aaS"를 사용한 말은 MaaS(Mobility as a Service) 등과 같이 퍼지고 있습니다. BaaS라고 하면, Backend, Blockchain, Banking처럼 업계에 따라 의미가 달라지는 경우도 있기 때문에, 이러한 약칭을 사용할 때는 주의합시다.

그림 2-19 온프레미스에서 클라우드로

기업/단체의 온프레미스
온프레미스에서는 서버의 모습을 볼 수 있다.

클라우드 사업자
클라우드는 서버의 모습이 보이지 않으므로 존재를 의식하지 않는다.

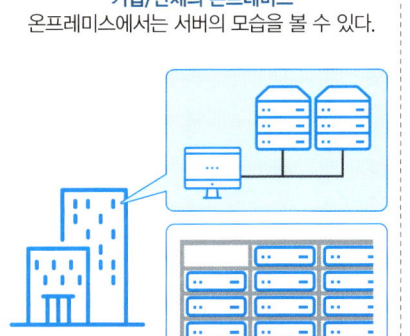
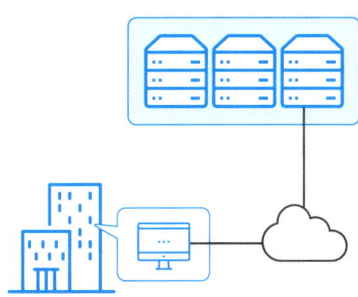

※ 클라우드 서비스를 제공하는 사업자의 데이터 센터에 인터넷을 경유해 액세스한다. 클라우드 사업자로는 아마존, 마이크로소프트, 구글, 후지츠, IBM 등이 격전을 벌이고 있다.

그림 2-20 SaaS, IaaS, PaaS의 관계

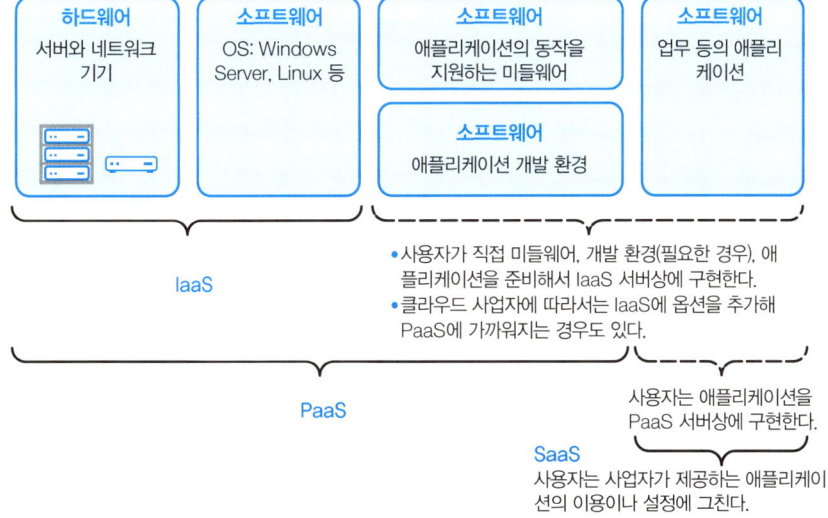

> **Point**
> ✔ 인터넷을 경유해서 시스템을 이용하는 서비스는 총칭해서 클라우드로 불린다.
> ✔ SaaS, IaaS, PaaS 등의 서비스가 대표적

2-11 유지 보수, 비용, 비밀 정보

클라우드의 장점과 주의할 점

클라우드의 장점

급속히 확대되기 시작한 클라우드 서비스에는 크게 다음과 같은 장점이 있습니다(그림 2-21).

- ◆ **유지 보수 불필요**
  특히 SaaS는 모두 포함하고 있어 사용하기만 되므로 간단하다. 서버나 네트워크 기기의 구입이나 유지 보수를 생각할 필요는 없다.

- ◆ **유연한 대응**
  업무의 확대나 축소로 서버를 증설하거나 축소할 때 임기응변으로 대응할 수 있다.

- ◆ **비교적 낮은 비용**
  직접 서버를 구입, 개발, 운용하는 것과 비교해서 비용을 낮출 수 있다.

클라우드 서비스 제공자는 비슷한 규모의 처리를 희망하는 다수의 사용자를 다루기 때문에, 서비스에 따라서는 확실히 비용면에서 이점이 생깁니다. 또한 SaaS, IaaS, PaaS 등 니즈에 맞는 서비스를 선택할 수 있습니다.

주의할 점

주의해야 할 것은 **데이터를 어떻게 다루는가** 입니다.

클라우드를 사용하면 그 안에서 흐르는 데이터는 서비스 사업자의 서버에 들어가게 됩니다. 따라서 비밀 정보나 개인 정보 등 높은 보안 수준이 요구되는 데이터를 외부에 내보내도 되느냐 하는 문제가 종종 논의됩니다(그림 2-22).

오늘날 대기업의 개인 정보 유출 문제도 관련이 있을 수 있습니다. 클라우드 서비스를 이용하지 않는 기업은 이런 점에 신경 쓰고 있습니다.

그림 2-21 클라우드의 장점

유지 보수 불필요 : 서비스 사업자가 유지 보수를 한다.

유연한 대응 : 업무 확대나 축소 등에 따른 증설과 축소에 임기응변으로 대응한다.

낮은 비용 : 서비스 사업자는 비슷한 고객을 많이 다루기 때문이다.

그림 2-22 주의할 점

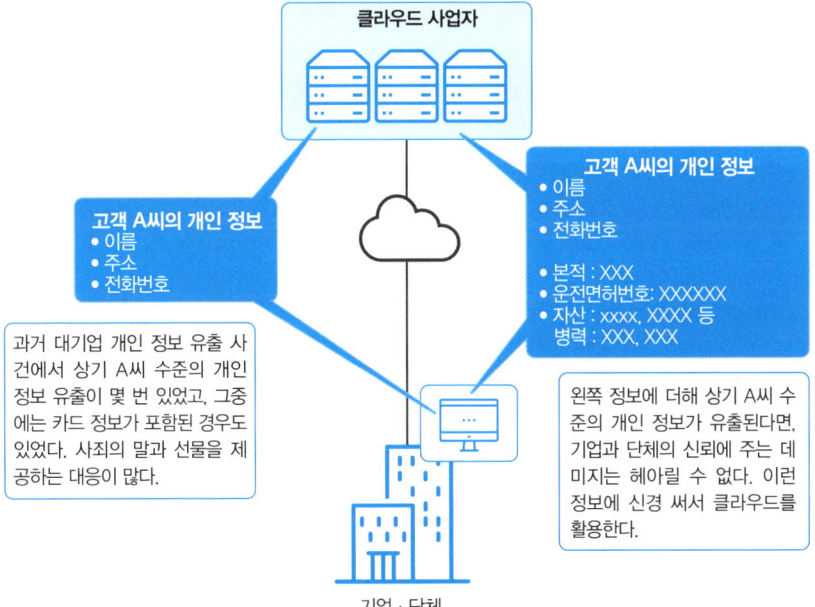

Point
- ✔ 클라우드 서비스는 유지 보수나 비용 관점에서 더욱 확대될 가능성이 크다.
- ✔ 서비스 사업자의 설비에 사용자의 데이터가 들어가므로, 취급할 정보에 따라서는 정보가 외부로 나간다는 사실에 서비스 사용을 주저하는 기업도 있다.

2-12 메인프레임, 슈퍼컴퓨터

메인프레임, 슈퍼컴퓨터와의 차이

메인프레임은 서버인가?

메인프레임은 범용기 또는 범용 컴퓨터라고도 불립니다. 대형 컴퓨터이고 상업 통계상으로는 서버의 일부이기도 합니다.

'범용'이라고 불리는 이유는 예전에는 과학 기술용, 상업용으로 나누어져 있었지만, 1960년대에 들어와선 모두 대응할 수 있게 되었기 때문입니다(그림 2-23).

필자의 개인적인 생각으로는 메인프레임은 일반 서버와는 다르다고 생각합니다. 그 이유는 다음과 같습니다.

◆ **OS와 하드웨어가 개별 사양이다**
일본 시장에서는 IBM의 z와 MVS, 후지쯔의 MSP와 XSP, NEC의 ACOS 등을 들 수 있다. 모두 각사의 범용기 전용 OS다.

◆ **유닛별로 케이스가 나누어져 있다**
CPU, 메모리, 디스크 등으로 각각 케이스가 다르다. CPU나 디스크 등은 수량에 따라 케이스가 나뉘는 경우도 있다. 최근에는 소형화에 대한 니즈에 따라 케이스를 하나로 한 집약형 제품도 있으며, 어느 쪽이든 일반 서버보다 넓은 공간이 필요하다.

◆ **신뢰성이 매우 높다**
일반 서버보다 신뢰성이 높다. 전체적으로 비용이 많이 드는 것도 사실이다.

컴퓨터의 정점 슈퍼컴퓨터

슈퍼컴퓨터는 과학기술계산용으로 특화된 컴퓨터로, 그 뛰어난 성능에서 실로 **컴퓨터의 정점**이라고 말할 수 있습니다.

슈퍼컴퓨터는 각 제조사가 그 시대 최고의 성능을 추구하는 컴퓨터입니다(그림 2-24).

그림 2-23 메인프레임의 특징

메인프레임

본 서버 #0

대기 서버 #1

- 기업이나 단체의 대규모 업무용으로 사용된다.
- 견고함이 특징이지만 비교적 비용은 비싸다.
- 본 서버와 대기 서버의 다중화된 구성을 취하는 일이 많다.

하드웨어 구성 개요

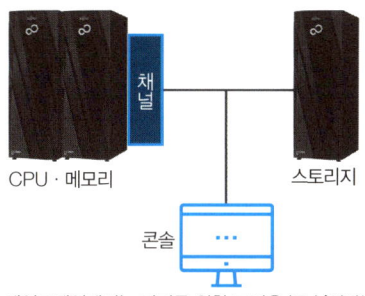

- 메인프레임에서는 관리를 위한 조작은 '콘솔'이라는 전용 입력 장치를 사용한다.
- 채널이라는 전용 장치를 통해서 CPU와 스토리지 등의 주변장치와 접속한다.

그림 2-24 슈퍼컴퓨터의 특징

- '슈퍼컴'이라고도 불린다.
- 계산기능, 통신성능, 기억용량을 추구한다.
- 최근에는 저소비전력도 테마로 삼고 있다.

> **관련 용어: 캐비닛**
>
> 하드웨어 전용의 외부 상자를 말한다. 서버 등의 케이스 기능으로써 다음과 같은 것을 들 수 있다.
> - 외부로부터의 충격을 완화
> - 방진, 방음, 일부는 방수에 대응
> - 열 대책

Point

- ✔ 메인프레임은 OS를 포함해 개별 사양으로 되어 있지만, 신뢰성은 매우 높고 가격도 비싸다.
- ✔ 유닛별로 케이스가 나뉘어 있어 넓은 공간이 필요하다.
- ✔ 슈퍼컴퓨터는 컴퓨터의 정점이다.

2-13 미들웨어, DBMS

서버 전용 소프트웨어

미들웨어란?

미들웨어는 소프트웨어를 계층적으로 표현할 때 OS와 애플리케이션 사이에서 **OS의 확장 기능이나 애플리케이션에 공통되는 기능을 제공하는 역할**을 합니다. 반대로 말하면, 각 애플리케이션에서는 공통되는 기능을 가질 필요가 없어집니다.

서버와 PC는 역할이 다르기 때문에 미들웨어에 필요한 기능은 달라집니다. 서버를 우체국이라고 했을 때, 우편물을 각 가정에 배달하거나 조정해서 외국에 보내는 역할을 담당한다고 하면, PC는 자택의 우편함에 들어 있는 우편물을 받거나 우체통에 넣는 역할을 한다는 차이가 있습니다.

미들웨어로는 **DBMS**, 웹 서비스 등이 대중적입니다.

[그림 2-25]에서는 하드웨어도 포함해 소프트웨어를 4계층으로 표현해 보았습니다.

미들웨어의 대표 선수 DBMS

DBMS(DataBase Management System)는 데이터를 보관하는 그릇으로써 **데이터를 주고받는 것부터 보관까지를 효율화**합니다.

대량의 데이터를 취급하는 시스템이라면 백야드에는 거의 반드시 DBMS가 존재한다고 해도 좋겠지요.

응용프로그램 개발자 입장에서는 DBMS에 공개된 인터페이스와 데이터 포맷을 맞출 수 있으면, Oracle이나 마이크로소프트의 SQL Server와 같은 DBMS가 데이터 저장, 검색, 분석 등의 공통 기능을 제공해 줍니다.

[그림 2-26]처럼 사용자에게는 업무 애플리케이션만 보이지만, 그 이면에는 DBMS가 있어 데이터를 처리하는 경우가 많습니다.

| 그림 2-25 | 소프트웨어 계층

애플리케이션	예: 업무 시스템, Excel
미들웨어	예: DBMS, 웹 서비스
OS	예: Windows, Linux
하드웨어	예: 서버, PC

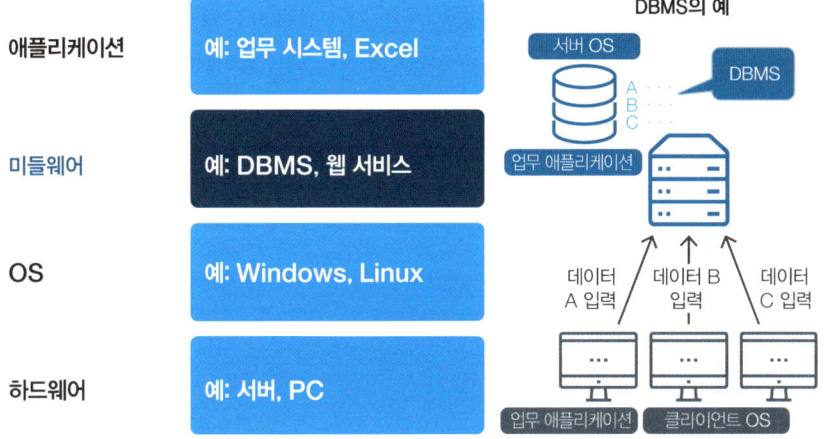

| 그림 2-26 | DBMS의 예

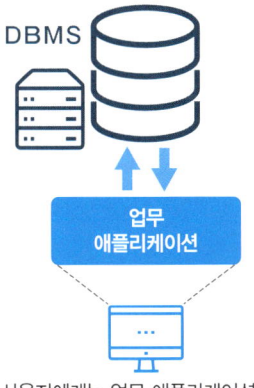

사용자에게는 업무 애플리케이션 화면만 보이지만, 이면에서는 DBMS가 동작하는 경우가 많다.

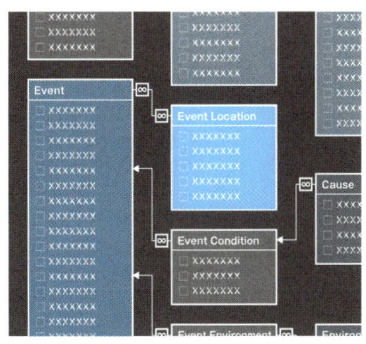

- 위 그림은 RDB(관계형 데이터베이스)의 예
- 데이터 중복이 없고 검색하기 쉽다.

Point
- ✓ 서버를 활용하는 애플리케이션은 미들웨어를 활용하는 것이 일반적이다.
- ✓ DBMS는 미들웨어의 대표 선수다.

실습 코너

클라이언트-서버 애플리케이션 만들기 – HTML 파일 작성

공유하고 싶은 정보를 바탕으로 웹 페이지를 만들어 봅니다. 실제 코드를 HTML에 따라 작성해 봅시다. 앞에서 설명한 예 중에서 2개의 항목을 공유한다고 하겠습니다.

- ◆ A 서비스 계약 건수 ○○건
- ◆ A 서비스 계약 금액 ○○원

공유하고 싶은 정보의 예

HTML 코드의 예

```
<html>
<head>
<title>정보 공유 샘플</title>
</head>
<body>
4월 1일 현재<br>
A 서비스 계약 건수……10건<br>
A 서비스 계약 금액……5,000,000원<br>
</body>
</html>
```

//
은 줄 바꿈을 의미한다.

사실감을 내기 위해 날짜와 구체적인 숫자를 추가했습니다. 또한, 보기 쉽게 만들기 위해 줄 처음에 기호를 붙였습니다.

확장자는 htm이나 html로 하고 적절한 파일명을 붙여 저장하세요. 저장한 파일을 브라우저로 열면, 다음과 같이 표시됩니다.

HTML 파일을 열었을 때 보이는 방식

```
4월 1일 현재
A 서비스 계약 건수……10건
A 서비스 계약 금액……5,000,000원
```

공유하고 싶은 정보를 실제로 기록해서 파일을 작성해 보세요.

(84페이지에서 계속)

3-1 시스템, 서버

처음은 시스템, 다음은 서버

시스템화 검토

1장 및 2장에서는 서버의 개요와 기본에 관해 설명했습니다. 3장에서는 서버뿐만 아니라, 서버 주변의 관련 기술도 살펴봅니다.

시스템화를 검토할 때는 처음에 어떤 시스템이 필요한지를 생각합니다.

이 책은 서버를 주제로 하고 있긴 하지만, 사실 서버 검토는 시스템에 대한 이미지가 구체화된 후에 시작합니다.

[그림 3-1]처럼 시스템 사용자나 기획자가 '이러한 시스템으로 만들고 싶다'고 머리에 그린 것을 구체화해 나가는 가운데 어떠한 서버가 필요한지 검토합니다.

이때 도움이 되는 것이 1장에서 본 3가지 이용 형태나 입출력, 집계, 분석 등의 모델화를 통한 정리입니다. 하나의 예이기는 하지만, 기준이 있기 때문에 시스템화 검토를 신속하게 진행할 수 있습니다.

'이러한 시스템으로 만들고 싶다'고 확실하게 그릴 수 있으면, 어떤 서버가 필요한지 예상할 수 있습니다.

검토할 시스템을 구체화

시스템에 대한 이미지가 잡히기 시작하면, 이번에는 이용자 수나 거점(사이트) 수 등 시스템 규모에 관한 구체적인 숫자를 파악합니다. 구체적인 숫자를 파악하면, 대략 어떤 시스템으로 만들 것인지 설명할 수 있을 것입니다. 그렇게 되면, 서버에 관해서도 더욱 구체적으로 보입니다(그림 3-2).

'이러한 시스템으로 만들고 싶다'는 생각만으로는 구체적으로 진행하기가 어렵지만, 각종 숫자를 더해 검토하고 지금까지 살펴본 관점에 맞춰 진행함으로써 요구되는 시스템의 구체적인 형태가 만들어집니다.

그림 3-1 시스템화 검토와 서버의 관계

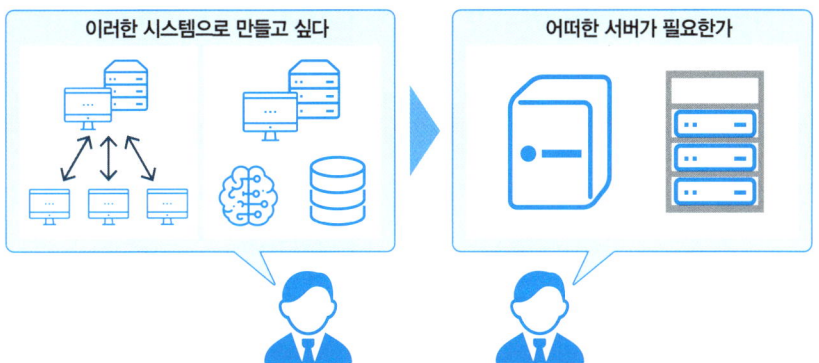

- 시스템에 대한 이미지가 구체화된 후에 서버 검토에 들어간다.
- 서버 검토를 먼저 하는 것이 아니다.

그림 3-2 구체적인 시스템 검토

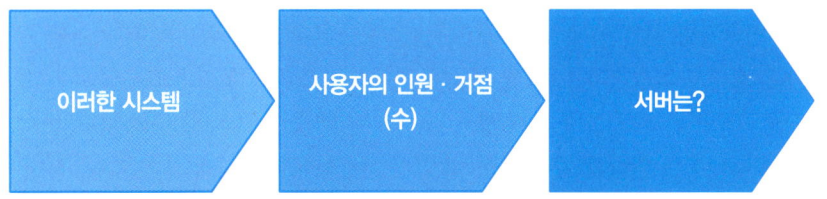

서버를 상상하기 위해서는 시스템 규모에 관한 숫자가 필요하다.

시스템의 개발 규모를 나타내는 2개의 단위

❶ 인월(Man Month)
1명의 엔지니어가 1개월 20일 종사할 필요가 있다고 하는 개념. 예를 들어, 4명이 6개월의 기간이 필요한 시스템이라면 24인월이 된다.

❷ 스텝 수
프로그램 개발에서 코드의 라인 수를 기준으로 나타내는 개념. 시스템에 따라 달라지지만, 1인월이 1,000~3,000 스텝 전후로 되어 있다. 전통적인 COBOL 등의 언어로 개발할 때 이용되는 개념으로, 최근에는 그다지 사용되지 않는다.

그 밖에 펑션 포인트, COCOMO 등의 기법도 있다.

Point
- ✔ 시스템화를 검토할 때 서버부터 생각하지 않는다.
- ✔ 처음에 시스템의 이미지를 그리고 나서 서버를 검토한다.

3-2 성능 견적, 사이징

시스템 규모에 따라 구성은 변한다

시스템 규모

예를 들면, 설립한 지 연수로 얼마 되지 않은 기업에서 고객 관리 시스템을 새롭게 도입하려 한다고 합시다. 이때 이전 절에서 설명한 바와 같이 시스템화를 검토해 가는 가운데 어떤 시스템으로 하고 싶은지를 명확히 해야 합니다.

중요한 것은 '어떤 하드웨어와 소프트웨어로 고객 관리 시스템을 실현할 것인가?'인데, 이것은 **시스템 규모에 따라 달라집니다**.

관리하는 고객 데이터가 1,000명인지 1만 명인지, 시스템에 동시에 액세스할 가능성이 있는 직원은 10명인지 100명인지 등 규모를 파악합니다. 실제로 이 정도로 숫자가 달라지진 않을 거라고 생각하지만, 시스템 규모는 서버 선정에 큰 영향을 미칩니다 (그림 3-3).

또한, 어느 정도 시간 안에 고객 데이터를 검색할 수 있어야 하는지 등 **시스템 성능에 대한 요구**도 있습니다. 시스템 성능에 관해서는 밀리초를 기준으로 합니다. 초고속 시스템이라면 1,000분의 몇 초에서 1,000분의 1초를 목표로 할 수도 있습니다.

외부 웹 사이트를 열람할 때는 다소 대기 시간이 있어도 기다릴 수 있지만, 사내 사이트나 시스템에서는 3초를 넘으면 단번에 평가가 내려가는 것으로 알려져 있습니다.

성능 견적과 사이징

위와 같이 구매 전 요건에서 어느 정도의 서버 성능이 필요한지 판정해서 수치로 산출하는 것을 **성능 견적**이라고 합니다. 성능 견적을 받아 CPU, 메모리 디스크, I/O 성능 등을 보고 서버를 선정하는 것을 **사이징**이라고 합니다(그림 3-4).

성능 견적과 사이징은 서버 이외의 기기에서도 사용되는 용어입니다. 이에 관해서는 8장에서 다시 자세히 설명하겠습니다.

그림 3-3 시스템 규모에 따라 서버는 달라진다

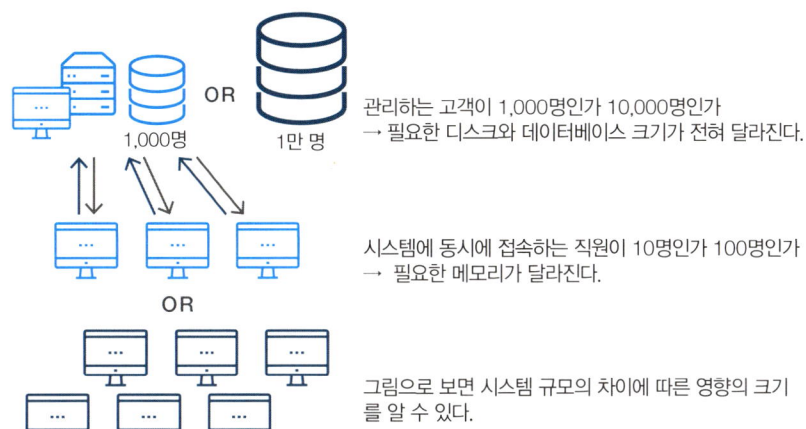

관리하는 고객이 1,000명인가 10,000명인가
→ 필요한 디스크와 데이터베이스 크기가 전혀 달라진다.

시스템에 동시에 접속하는 직원이 10명인가 100명인가
→ 필요한 메모리가 달라진다.

그림으로 보면 시스템 규모의 차이에 따른 영향의 크기를 알 수 있다.

그림 3-4 성능 견적과 사이징

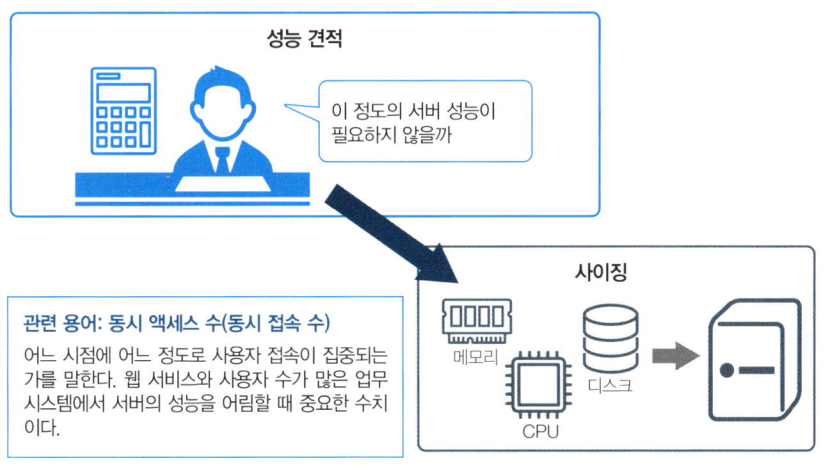

이 정도의 서버 성능이 필요하지 않을까

관련 용어: 동시 액세스 수(동시 접속 수)
어느 시점에 어느 정도로 사용자 접속이 집중되는 가를 말한다. 웹 서비스와 사용자 수가 많은 업무 시스템에서 서버의 성능을 어림할 때 중요한 수치이다.

Point
- ✔ 시스템 규모에 따라 선정되는 서버가 달라진다.
- ✔ 적절한 서버를 선정하는 것을 사이징이라고 하고, 그 전에 성능 견적이 필요하다.

3-3 투자 대비 효과

정말 서버가 필요할까?

PC로도 상당한 작업을 할 수 있다

예전과 달리 PC의 성능은 매우 높아졌습니다. 기종에 따라서는 옛날 서버급의 사양을 가진 PC도 있습니다. 지금은 PC로도 상당한 작업을 처리할 수 있게 되었다고 해도 과언이 아닙니다. 특히 소규모 시스템이라면 다음과 같은 포인트를 확인해 주었으면 합니다. 서버가 꼭 필요한 이유를 다시 한번 생각해 봅시다.

- ◆ 다수의 클라이언트가 데이터를 공유하는 도구로 사용한다.
- ◆ 시스템이 멈추거나 데이터가 사라지는 일은 절대 피하고 싶다.

스탠드얼론 PC의 경우에는 클라이언트-서버처럼 데이터를 **공유하는 도구로 사용할 수는 없습니다**. 또한, PC는 서버만큼 견고한 구조로 되어 있지 않습니다(그림 3-5).

재검토할 기회

검토하고 있는 시스템에서 공유하는 도구로써의 기능은 과연 필수적일까요? 예를 들어, 많은 직원이 사용할 수 있도록 생각했더라도 입력 타이밍이나 데이터를 조사해보면, 입력 처리는 여러 명이 하지만 동시에는 한 명밖에 사용하지 않는 경우도 있습니다.

불의의 고장이나 장애에 대해서도 DVD나 메모리 등으로 자주 백업해서 만일의 데이터의 소실을 막는 방법도 있습니다.

지금까지 언급하진 않았지만, 서버나 시스템을 도입할 때는 **투자 대비 효과**를 생각해야 합니다(그림 3-6). 새로운 업무 시스템을 추가로 도입하기 전에 기존 서버와 PC에 애플리케이션 소프트웨어를 설치하는 것만으로 충분하지 않은지 등 비용을 줄이는 방법을 검토하는 자세가 필요합니다.

그림 3-5 서버가 필요한 이유

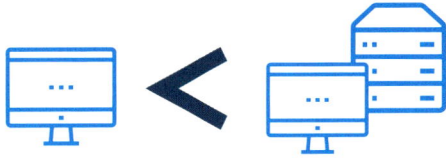

- 다수의 클라이언트가 데이터를 공유하기 위한 도구로써 사용한다.
- 시스템이 멈추거나 데이터가 없어지는 일은 절대로 피하고 싶다.

→ 서버가 필요

관련 용어: 초상류 공정

시스템 개발 공정에서 시스템 설계 이전의 다음 공정을 말한다.
- 시스템화 방향성
- 시스템화 계획
- 요건 정의

※요건 정의를 상류 공정으로 보는 시각도 있다.

투자 대비 효과를 생각할 때는 시스템화의 방향성이나 계획이 중요하다고 여겨진다.

그림 3-6 투자 대비 효과를 생각한다

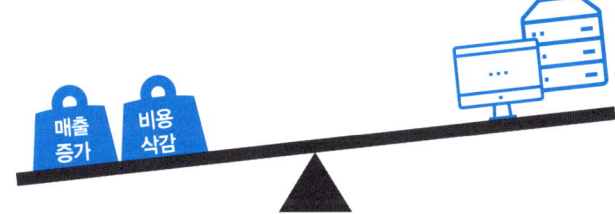

서버는 PC보다 비용이 더 들기 때문에 투자 대비 효과도 확인한다.

IT 투자 대비 효과

IT 투자 대비 효과 = 효과(액) ÷ 투자액

투자액은 필요한 비용이나 공수 등으로 산출할 수 있다. 효과(액)는 다음 사항 등을 조합해 산출한다.

- 매출 증가와 비용 삭감 등 구체적인 효과 수치
- KPI(Key Performance Indicator) 달성 상황
- CS 향상, ES 향상, 타사 벤치마크 등 가치의 탁상 평가

Point
- ✓ 소규모 시스템의 경우, PC로도 실현할 수 있는지 확인할 필요가 있다.
- ✓ 투자 대비 효과도 신경 쓰자.

3-4 IP 주소, MAC 주소

서버는 산하의 컴퓨터를 어떻게 보고 있을까?

서버와 산하의 컴퓨터 모두 같은 방식으로

서버와 산하의 컴퓨터 사이에서는 서로 **IP 주소**로 호출합니다.

IP 주소는 **네트워크에서 통신 상대를 식별하기 위한 번호**로, 0에서 255까지의 숫자를 점으로 구분해 4개로 나누어 표시합니다. 네트워크별로 지정하므로 다른 네트워크에 가면 같은 번호의 기기가 존재할 수도 있습니다.

사내 파일 서버 등에 접속할 때는 "\\x\server01"처럼 경로명을 지정하고, 외부 웹 사이트에 접속할 때는 "http://www.youngjin.com"처럼 URL을 지정합니다. 우리가 의식하고 있지 않을 뿐, 그 이면에는 IP 주소가 연결되어 있습니다.

IP 주소와 MAC 주소

IP 주소는 한마디로 컴퓨터 소프트웨어가 인식하는 컴퓨터 주소이고, **MAC 주소**는 하드웨어가 인식하는 주소입니다.

MAC 주소는 자신의 네트워크 내에서 기기를 특정하기 위한 번호입니다. 실물의 MAC 주소는 두 자릿수로 된 영숫자 6개를 5개의 콜론이나 하이픈으로 연결한 것입니다.

좀 더 세밀하게 들어가, [그림 3-7]에서 송신지 컴퓨터의 IP 주소로부터 MAC 주소를 확인하는 과정을 살펴보겠습니다.

애플리케이션이 IP 주소를 지정하고, 주소록을 바탕으로 MAC 주소를 확인합니다. 조금 복잡하지만 이번 기회에 기억해 둡시다.

[그림 3-7]에서 IP 주소와 MAC 주소가 확인되면, 목적지를 향해 데이터를 보냅니다. [그림 3-8]과 같이 한 단계 한 단계 착실하게 진행됩니다.

이러한 단계는 사용자가 의식하지 못하는 상태에서 순식간에 이루어집니다.

그림 3-7 IP 주소로 상대방을 지정해 MAC 주소를 확인

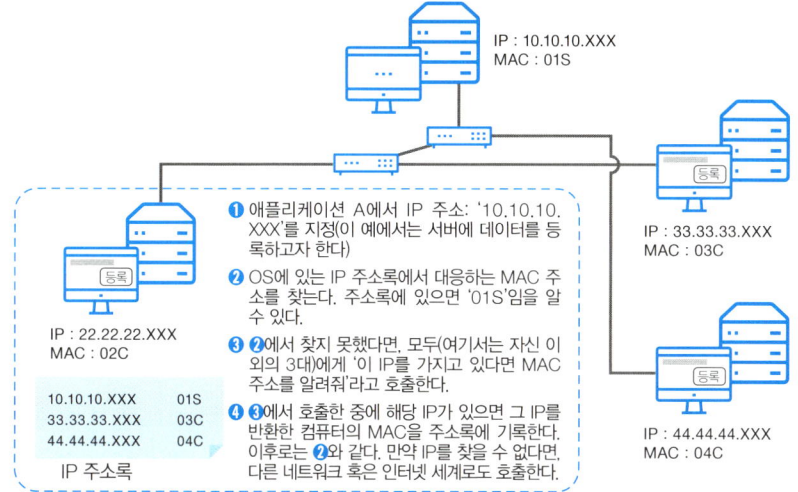

※ 보기 편하게 MAC 주소는 간단히 표시

그림 3-8 최종과 다음의 관계 – 1개씩 진행

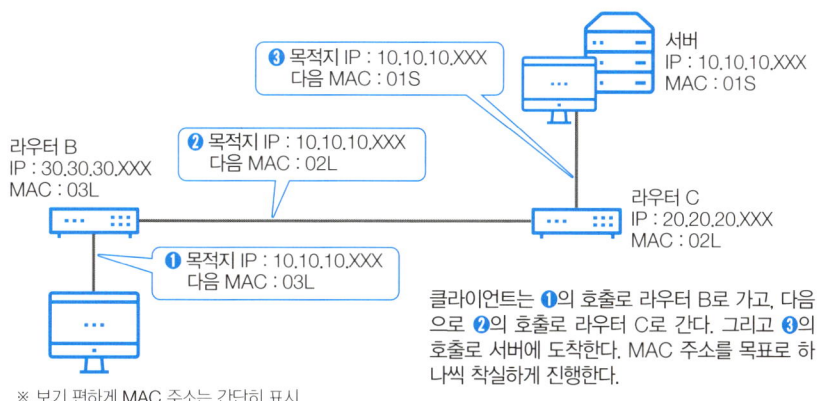

※ 보기 편하게 MAC 주소는 간단히 표시

클라이언트는 ❶의 호출로 라우터 B로 가고, 다음으로 ❷의 호출로 라우터 C로 간다. 그리고 ❸의 호출로 서버에 도착한다. MAC 주소를 목표로 하나씩 착실하게 진행한다.

Point
- ✔ 컴퓨터끼리는 데이터를 주고받는 상대를 IP 주소와 MAC 주소로 특정한다.
- ✔ IP 주소는 소프트웨어가 인식하는 컴퓨터의 주소이며, MAC 주소는 하드웨어의 주소에 해당한다.

3-5 TCP/IP, UDP

컴퓨터 간 데이터 통신

TCP/IP 4 계층

서버와 산하 컴퓨터의 데이터 교환에는 4계층으로 나타낼 수 있는 **TCP/IP 프로토콜**이 사용됩니다(그림 3-9).

서버와 산하 컴퓨터의 애플리케이션 소프트웨어 사이에는 데이터 포맷이나 송수신 순서를 정해 둘 필요가 있습니다. 예를 들어 웹에서 친숙한 HTTP, 메일의 SMTP나 POP3 등이 있는데, 이것들은 애플리케이션층 프로토콜이라고 불립니다.

서로 어떻게 데이터를 주고받을지는 애플리케이션층에서 결정합니다. 상대에게 데이터를 전달하는 것은 트랜스포트층의 역할입니다. 트랜스포트층에는 2가지 프로토콜이 있습니다.

전화처럼 한 번 상대방과 연결되면 끊길 때까지 송신지와 관계없이 계속해서 데이터를 주고받는 **UDP 프로토콜**과 데이터를 보낼 때마다 송신지와 데이터를 명시하는 TCP 프로토콜이 있습니다.

데이터를 주고받는 규칙을 정하고, 보내고 받는 방법을 결정한 다음에는 어떤 코스로 갈지 결정할 차례입니다. 인터넷층에서는 앞 절의 IP 주소를 이용해서 코스를 결정할 수 있습니다.

코스가 정해지면 마지막은 물리적인 부분입니다. 무선 와이파이, 블루투스, 유선 랜, 적외선 등 통신의 물리적인 층을 네트워크 인터페이스층이라고 합니다.

데이터의 캡슐화

이상 4개의 계층을 서버 또는 산하의 컴퓨터부터 차례대로 해설했습니다. 복습하면 애플리케이션층, 트랜스포트층(TCP와 UDP), 인터넷층, 네트워크 인터페이스층으로 모두 4개의 계층이 있었습니다.

데이터는 [그림 3-10]과 같이 각각의 층에서 헤더가 추가되어 **캡슐화**되어 다음 계층으로 넘어갑니다.

그림 3-9 TCP/IP 4계층

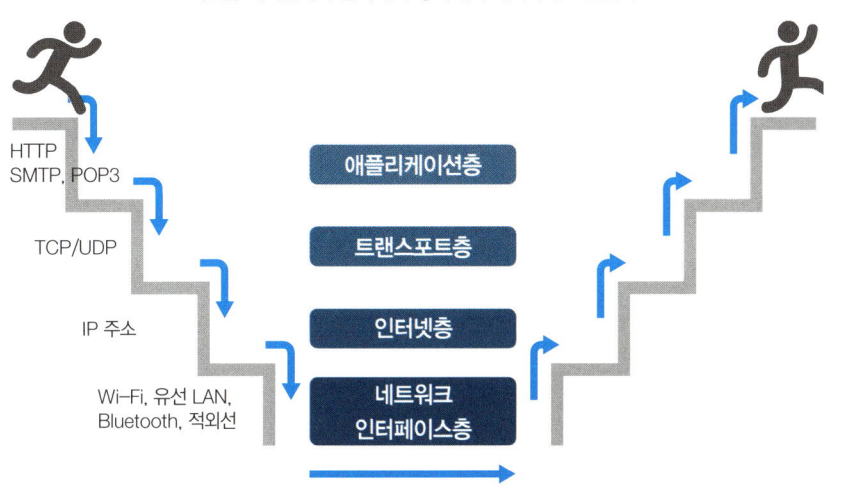

계단을 내려갔다가 올라와서 상대에게 데이터가 도달한다

- HTTP, SMTP, POP3 → 애플리케이션층
- TCP/UDP → 트랜스포트층
- IP 주소 → 인터넷층
- Wi-Fi, 유선 LAN, Bluetooth, 적외선 → 네트워크 인터페이스층

그림 3-10 데이터의 캡슐화

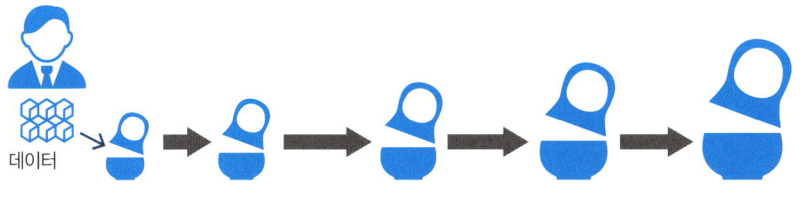

- 데이터
- 데이터가 없어지지 않도록 최초의 마트료시카에 넣는다.
- 애플리케이션층의 헤더를 추가해 다음 마트료시카에 넣는다.
- 트랜스포트층의 헤더를 추가해 다음 마트료시카에 넣는다.
- 인터넷층의 헤더를 추가해 다음 마트료시카에 넣는다.
- 마지막으로 네트워크 인터페이스층의 마트료시카에 넣는다.

상대방 네트워크에 들어가면 마트료시카는 하나씩 제거되고 마지막에 데이터로 돌아간다.

※ 러시아의 민속 공예품으로 유명한 마트료시카는 5개인 경우가 많다.

Point
- ✔ 서버와 산하 컴퓨터의 데이터 교환에는 TCP/IP 프로토콜이 사용되고 계층 구조로 되어 있다.
- ✔ 각 층에서 캡슐화되어 다음 계층으로 나아간다.

3-6 라우터

라우터와의 기능 차이

역할의 차이

서버는 산하의 컴퓨터나 디바이스와 함께 각종 데이터를 처리합니다. 물론 단독으로 고성능 처리를 할 수도 있습니다.

반면에 **라우터**를 비롯한 네트워크 기기는 다양한 컴퓨터를 연결하여 **데이터 처리를 실행할 수 있도록 도와줍니다**.

따라서 스탠드얼론을 제외하면 서버와 네트워크 기기는 일심동체로 떼려야 뗄 수 없는 관계에 있습니다.

좀 더 구체적으로 설명하면, 앞 절에서 TCP/IP 4계층을 이야기했습니다. 그중 인터넷층은 컴퓨터나 라우터 등과 같은 기기가 일하며, 네트워크 인터페이스층은 LAN 카드나 허브 등이 그 역할을 합니다.

라우터의 역할

여기서 라우터의 역할을 살펴보겠습니다.

3-4절에서는 IP 주소와 MAC 주소에 관해서 이야기했습니다. 서버에서 산하의 컴퓨터에 대해서 처리를 할 때 자신과 상대 컴퓨터의 IP 주소와 MAC 주소를 지정합니다. 피어투피어(P2P) 통신이 아닌 한 라우터를 경유합니다.

라우터는 **전송되는 데이터를 자신이 목적지로 보낼 것인지, 아니면 다음 라우터로 중계할 것인지** 항상 생각합니다. 후자의 경우는 적절하다고 판단되는 기기에 데이터를 전달합니다. 이 과정을 반복함으로써 상대 컴퓨터에 데이터가 전달됩니다(그림 3-11).

서버는 데이터를 처리하고 산하 컴퓨터를 관리하며, 라우터는 네트워크 운영에서 중요한 역할을 합니다.

덧붙여 서버에는 [그림 3-12]와 같이 **네트워크 기기의 가동 상황을 보는 기능**도 있습니다.

그림 3-11 라우터의 역할

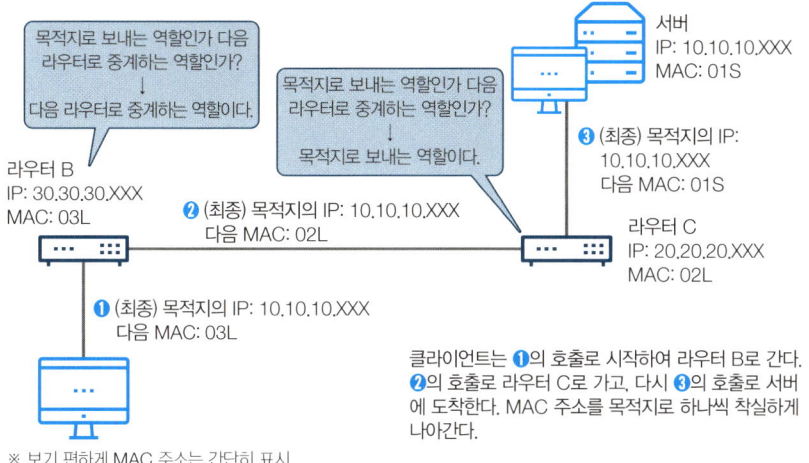

※ 보기 편하게 MAC 주소는 간단히 표시

그림 3-12 서버가 네트워크의 가동 상황을 볼 수 있다

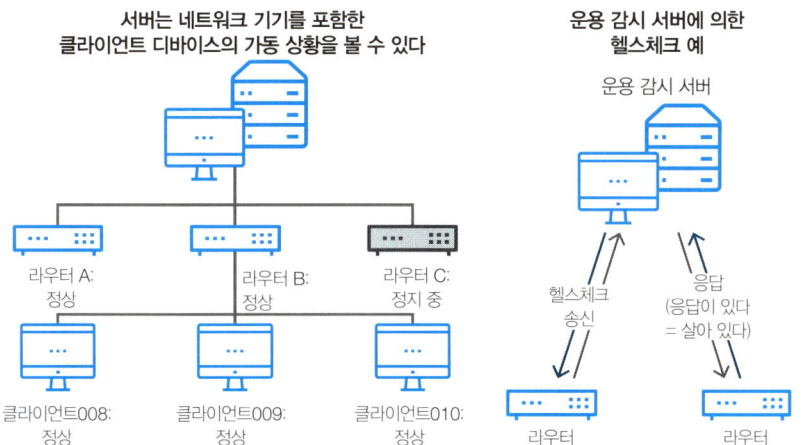

> **Point**
> ✔ 라우터는 네트워크에서 중요한 역할을 한다.
> ✔ 서버는 네트워크와 네트워크 기기의 가동 상황을 볼 수 있다.

3-7 가상 서버, VDI

서버 가상화와 데스크톱 가상화

역할의 차이

서버의 가상화는 물리적으로 1대의 서버 안에 복수 서버의 기능을 논리적으로 갖게 하는 것을 말합니다. **가상 서버**라고 불리기도 합니다.

[그림 3-13]은 2가지 서버의 기능이 들어가 있는데, 다음과 같은 장점이 있습니다.

- 2대를 설치할 장소를 1대로 끝냈으므로 설치 장소, 전력 소비 등 물리적 관점에서 우수하다.
- 가상화된 서버는 다른 서버에 복사하거나 이동하기가 비교적 쉬워 장애·재해 대책으로 효과적이다.

반면에, 단순히 물리 서버 1대를 가상 서버 2대로 나누면 **성능이 떨어진다**는 단점도 있습니다.

따라서 가상화를 할 때는 CPU나 메모리, 네트워크 기기 등의 성능을 높일 필요도 있습니다.

데스크톱 PC 가상화

서버 가상화뿐만 아니라, 클라이언트 PC의 가상화도 계속 발전하고 있습니다. 데스크톱 가상화는 **VDI**(Virtual Desktop Infrastructure)라고 불립니다.

몇 가지 가상화 형태가 있는데 주류는 서버 측에 가상화된 논리적인 데스크톱 PC를 두고, 물리적인 데스크톱인 클라이언트 PC에서 이를 표시하고 조작하는 것입니다(그림 3-14).

그림 아래쪽에 있는 데스크톱 PC는 가상화 환경이 있으면 내용물이 비어 있어도 문제가 없다는 것이 포인트입니다.

이어서 씬클라이언트나 근로 방식 개혁이라는 관점에서 VDI를 살펴보겠습니다.

그림 3-13 서버 가상화의 구조

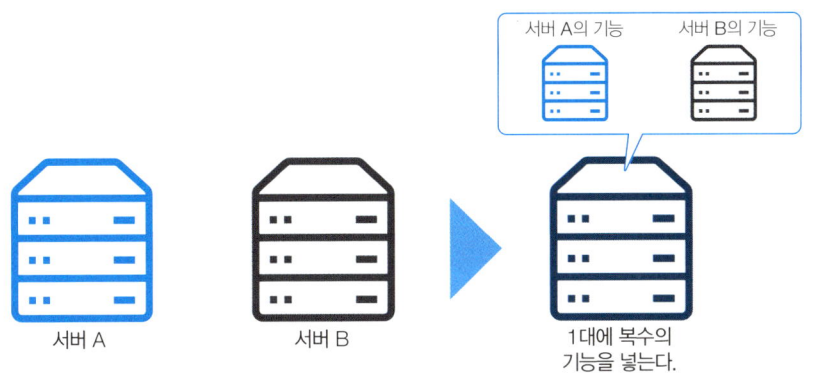

VMware, 마이크로소프트(Hyper-V), Xen, Citrix 등의 제품이 유명

그림 3-14 데스크톱 PC 가상화 구조

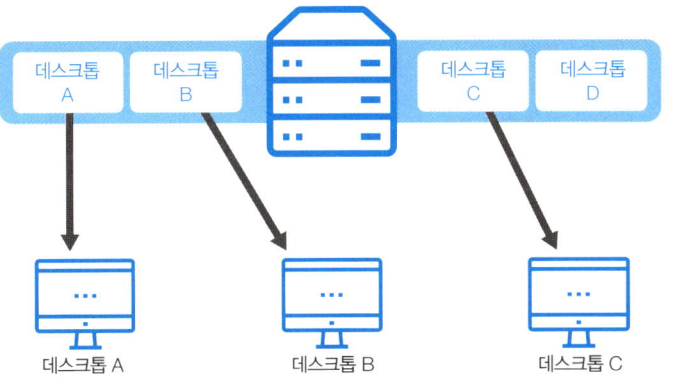

- 데스크톱 PC는 서버에 있는 가상의 '자신'을 호출해서 일한다.
- 데스크톱 PC는 가상화된 자신을 호출할 수 있는 최소한의 메모리와 디스크가 있으면 된다.

> **Point**
> - ✔ 서버 가상화는 1대의 서버에 논리적으로 복수의 서버 기능을 가지게 함으로써 비용 절감, 서버 집약, 장애 대책에 효과적이다.
> - ✔ 반면에 가상화되면, 응답 성능이 떨어지기도 한다.
> - ✔ 클라이언트 PC(데스크톱)의 가상화도 발전하고 있다.

3-7_ 서버 가상화와 데스크톱 가상화

3-8 씬클라이언트, 텔레워크, 근로 방식 개혁

텔레워크, 근로 방식 개혁의 실현

씬클라이언트의 보급

씬클라이언트(Thin Client)는 하드디스크 등을 탑재하지 않은 제한된 성능을 발휘하는 PC를 뜻하는 말로, 기업이나 단체의 보안 의식이 높아지면서 보급되어 왔습니다.

씬클라이언트를 이용하면 클라이언트 PC가 도난을 당해도 데이터가 들어 있지 않기 때문에, 막대한 피해에는 이르지 않습니다.

그러나 씬클라이언트 전용 PC는 개별 사양이 대부분이고 결코 저렴하지 않아 최근에는 표준 사양 PC를 씬클라이언트 형태로 활용하는 경우가 늘고 있습니다(그림 3-15). 보안 소프트웨어를 활용해 클라이언트 측의 디스크나 애플리케이션의 이용을 감시합니다.

씬클라이언트의 정의도 "**처리의 실행이나 데이터 저장 등을 서버에서 수행하는 클라이언트**"로 바뀌고 있습니다.

근로 방식 개혁의 주요한 요인, 텔레워크

클라이언트를 가상화하면, 네트워크에 접속해 어디에서나 업무를 처리할 수 있으며, 클라이언트 기기 자체도 하나에 구애받을 필요가 없습니다.

외출할 때 이용하는 노트북 PC나 태블릿, 집에 있는 개인 PC 등에서 서버에 있는 자신의 가상 클라이언트를 호출해 처리하면 됩니다. 이른바 **텔레워크**(Telework)나 리모트워크(Remote Work) 환경이 만들어지는 것입니다.

근로 방식의 개혁을 완수하기 위해서는 자택이나 외부에서 일을 해낼 수 있는 생산성 높은 환경이 필요합니다. 그러기 위해서는 언제 어디서나 같은 클라이언트 환경에서 일할 수 있는 VDI가 필수입니다.

[그림 3-16]을 보면 그 편리성을 알 수 있습니다.

| 그림 3-15 | 씬클라이언트의 구조

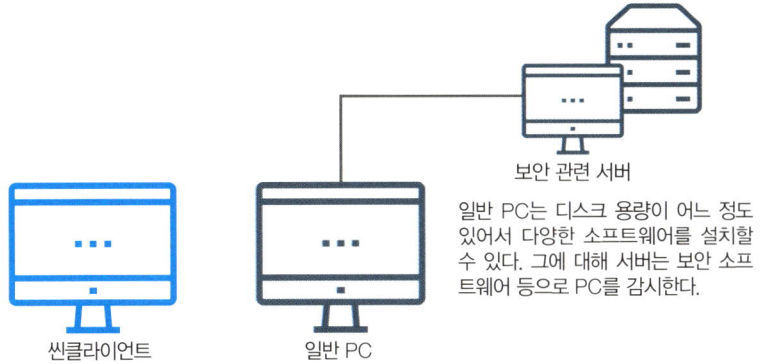

- 이전에는 씬클라이언트는 말 그대로 정말 Thin(얇은) 클라이언트였다.
- 씬클라이언트는 극히 작은 디스크 등으로 구성되어 있다.
- 최근에는 일반 PC를 씬클라이언트로써 사용하는 경우가 많다.

| 그림 3-16 | 근로 방식 개혁과 VDI

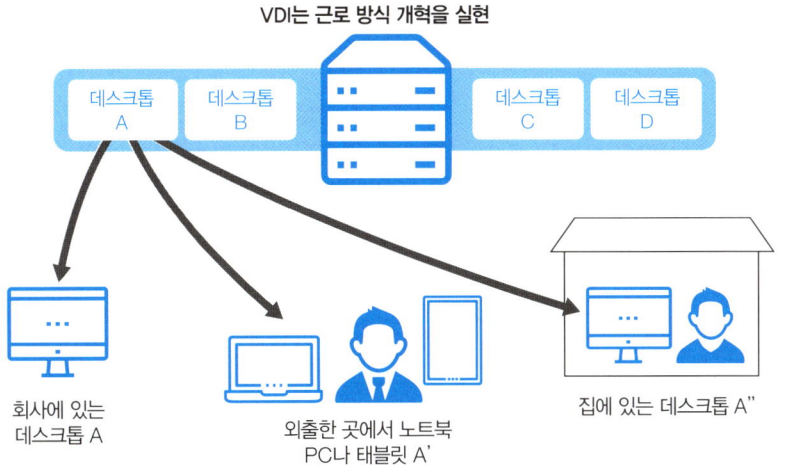

Point
- ✔ 시대와 따라 씬클라이언트의 의미는 계속 변화하고 있다.
- ✔ 근로 방식 개혁을 지원하는 텔레워크 환경 실현을 위해서는 VDI 활용이 필수다.

3-9 패브릭 네트워크

네트워크 가상화

네트워크 가상화의 배경

가상화 기술의 예로 서버와 데스크톱 PC 가상화를 설명했습니다. 마찬가지로 네트워크의 세계도 가상화가 진행되고 있으므로 참고 정보로 소개해 둡니다.

네트워크 가상화 기술의 하나로 **패브릭 네트워크**가 주목받고 있습니다. 패브릭 네트워크는 이더넷 패브릭 등으로 불리기도 합니다.

서버의 가상화나 집약화가 진행되면, 복수 서버의 기능을 1대의 서버에 집어 넣는 일이 반복되게 됩니다. [그림 3-17]과 같이 통신 환경이 크게 변하지 않으면, 데이터 통신량이 이전보다 훨씬 많아져서 성능은 저하됩니다.

패브릭 네트워크의 특징

서버 가상화에서는 서버 한 대가 복수 서버의 기능을 가진다고 소개했고, 데스크톱 PC 가상화에서는 서버 안에 복수 클라이언트의 기능을 가진다고 소개했습니다.

패브릭 네트워크는 복수의 네트워크 기기를 하나의 기기처럼 만든 것으로, 기존에는 일대일로 라우팅 하던 것을 **멀티 대응으로 라우팅**합니다(그림 3-18).

이런 네트워크 가상화 아이디어는 서버를 대량으로 설치해야 하는 데이터 센터 등에서 생겨났지만, 지금까지 설명해 온 가상화의 개념과 종류를 이해하면, 다양한 시스템에 응용할 수 있을 것입니다.

우리가 매일 하는 업무에도 가상화 아이디어를 도입할 수 있다면 업무를 극적으로 개선할 수 있을지도 모릅니다. 하나를 여럿으로 나누기, 자신을 포함해 공유 기기에 두기, 중계 지점과 길을 하나로 가정하기 등 저마다 참신한 아이디어입니다.

그림 3-17 서버 집약에 의한 네트워크 부하 증대

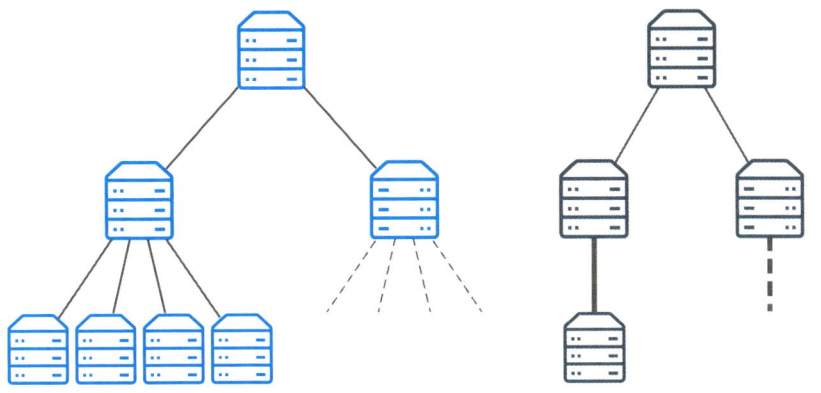

서버가 집약될수록 네트워크 부하가 증대된다.
※ 그림에선 이해하기 쉽게 LAN의 선을 굵게 표시했지만 실제 굵기는 변하지 않는다.

그림 3-18 패브릭 네트워크의 개요

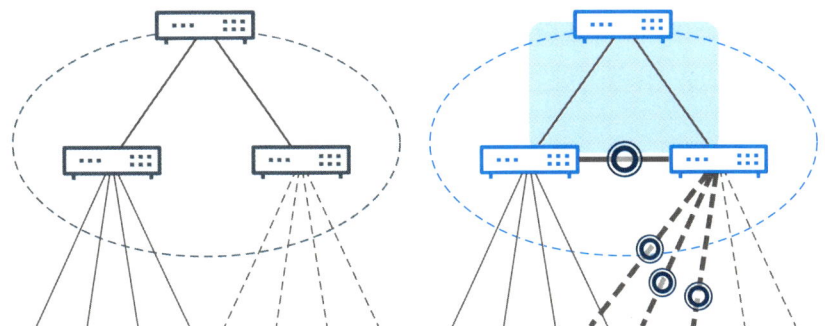

- 3대의 네트워크 기기가 가상으로 1대가 되도록 복수의 기기를 포함해 최적의 경로를 찾는다.
- ◎ 표시가 새로 만들어진 경로의 예. 물론 물리적으로 접속할 수 있게 준비할 필요는 있다.

Point
- ✔ 서버 가상화와 집약화에 따라 네트워크의 부하가 늘어나, 네트워크의 가상화도 필요해졌다.
- ✔ 패브릭 네트워크는 서버의 집약화와 함께 확대될 가능성이 높다.

3-10 어플라이언스 서버, 가상 어플라이언스

바로 사용할 수 있는 서버

기능별로 전용 서버를 설치

지금까지 가상화 기술에 관해 설명해 왔습니다.

가상화 기술의 활용은 서버를 비롯한 시스템 하드웨어 도입의 효율화뿐 아니라 근로 방식 개혁의 관점에서도 확대되고 있습니다.

한편, 그 반대되는 입장이 기능마다 전용 서버를 설치한다는 발상입니다. 대표적인 것이 **어플라이언스 서버**입니다.

어플라이언스 서버는 특정 기능을 위해 설정된 서버로, 하드웨어, OS에 추가로 필요한 소프트웨어가 설치됩니다(그림 3-19).

따라서 **간단한 설정을 마치면 바로 사용할 수 있습니다**. 주로 메일이나 인터넷 관련 서버 등에서 이용됩니다.

어플라이언스 서버의 장점과 단점

서버 1대로 전용 기능을 담당하므로, 다음과 같은 장점과 단점이 있습니다.

- ◆ **장점**
    - 간단한 설정으로 바로 사용할 수 있다.
    - 필요한 기능에 특화되어 있으므로 비용은 낮다.

- ◆ **단점**
    - 할 수 있는 일이 제한되어, 요구에 맞지 않으면 사용할 수 없다.
    - 다른 기능으로의 전용이 어렵다.
    - 기능별로 대수가 늘어난다.

조금 복잡해지지만, **가상 어플라이언스**라는 개념으로 어플라이언스 서버도 가상화할 수 있습니다(그림 3-20).

그림 3-19 어플라이언스 서버의 개요

- 어플라이언스 서버는 하드웨어로써의 서버에 필요한 소프트웨어가 이미 설치되어 있다.
- 예와 같이 기능별로 서버를 설치하므로, 많이 사용하면 서버의 물리적인 수가 늘어난다.

그림 3-20 가상 어플라이언스, 가상 어플라이언스 서버

이미 존재하는 서버나 집약화할 서버에 가상화 소프트웨어로 래핑한 가상 어플라이언스를 설치한다.

그림 3-13의 서버 가상화를 떠올리면 이해하기 쉽다.

> **Point**
> ✓ 비교적 바로 사용할 수 있는 서버로써 어플라이언스 서버가 있고, 특정 기능에 필요한 소프트웨어가 설치되어 있다.
> ✓ 가상 어플라이언스라는 개념으로, 어플라이언스 서버도 가상화할 수 있다.

3-11 RAID, SAS, FC, SATA

서버의 디스크

서버용 하드디스크의 특징

서버용 하드디스크는 PC와 비교하면 성능과 신뢰성이 높은 제품이 사용됩니다. 그 이유는 다음과 같습니다.

- ◆ 사용자 수가 많으므로 작업 부하가 높다.
- ◆ 24시간 계속 동작할 필요가 있다.

우선, 성능 이야기를 그림으로 나타내면 [그림 3-21]과 같은 레이턴시, 스루풋, 트랜잭션 레이트 등의 지표가 이용됩니다.

신뢰성에 대한 요구

서버는 하드디스크에 장애가 발생해도 즉시 교환하거나 증설해 업무를 지속하고 신속하게 데이터를 복구할 필요가 있습니다.

현재 서버의 하드디스크는 **RAID**(Redundant Array of Independent Disks)와 **SAS**(Serial Attached SCSI)와 **FC**(Fiber Channel)를 조합한 형태가 다수입니다. PC에서는 **SATA**(Serial Advanced Technology Attachment)로 장착하는 형태가 일반적입니다.

기술적인 내용이라 어렵지만, [그림 3-22]와 같이 단순화해서 차이점을 살펴보겠습니다.

접시가 여러 개 겹쳐 있는 듯한 디스크를 가상으로 하나로 보는 RAID와 서버와의 인터페이스가 여러 개 있는 SAS는 장애에 강해서 신뢰성이 높습니다. 이 부분은 9장에서 다시 확인하겠습니다.

여기서도 또 가상화라는 말이 나왔습니다. 하드웨어나 소프트웨어를 이야기할 때 없어서는 안 되는 용어지만, 가상화 역사에서는 사실 하드디스크가 최초라고 알려져 있습니다.

기술 동향으로는 SSD(Solid State Drive)라는 플래시 메모리를 기반으로 한 디스크의 보급 및 확대도 기대됩니다.

| 그림 3-21 | 서버의 하드디스크에 요구되는 성능

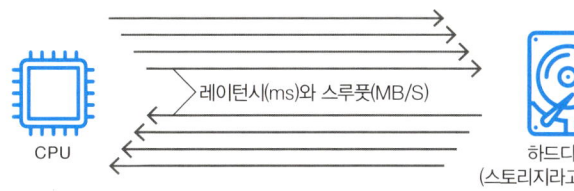

하드디스크는 신속하게 응답할 수 있어야 한다.
(레이턴시: 통신 요청부터 데이터가 보내질 때까지의 시간, 밀리초로 표시)
(스루풋: 데이터 전송 속도, MB/초로 표시)
그리고 대량으로 반응할 수 있어야 한다. (트랜잭션 레이트, 초당 횟수)

사람에 비유하면 이해하기 쉽다
→ 반응이 빠른 사람
→ 일 처리가 빠른 사람
→ 많은 일을 해내는 사람
모두 어떤 직장에서든 선호하는 타입이다.

| 그림 3-22 | RAID와 SAS의 개요

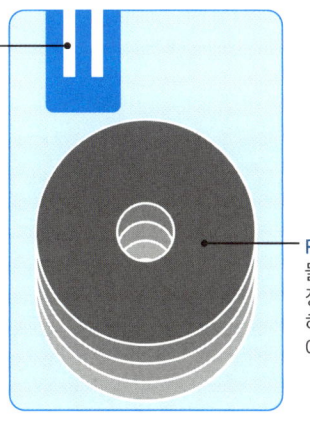

SAS:
2개의 포트가 있다. CPU와 2개의 길이 있어 성능과 신뢰성이 높다. 덧붙여 SATA의 포트는 1개이다.

FC는 SAS, SATA와는 다른 구조로, 메인프레임 등에서 사용된다. 광섬유 등을 이용하고 있어 비싸지만 고속으로 전송할 수 있다.

RAID:
물리적으로 많은 수가 장착된 디스크를 가상으로 하나로 보고 적절한 위치에 데이터를 기록한다.

Point
✔ 서버의 하드디스크는 PC와 비교하면 성능과 신뢰성이 높은 제품이 장착되어 있다.
✔ 현재는 RAID와 SAS가 일반적이다.

실습 코너

클라이언트-서버 애플리케이션 만들기 – 시스템 구성을 생각

지금까지 공유하고 싶은 정보를 정리해서 HTML 파일을 작성하는 것까지 완료했습니다. 여기서 시스템 구성을 확인합니다. 정보를 공유하고 싶은 관계자가 접근할 수 있는 파일 서버가 있으면 구조가 완성됩니다.

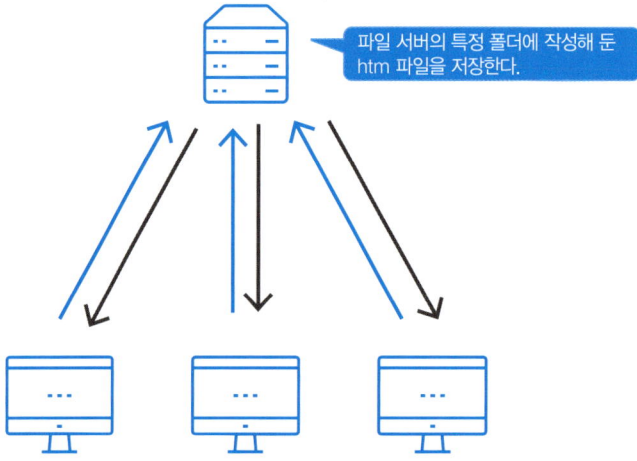

본인이나 관계자의 PC에서 서버에 저장한 htm 파일을 브라우저로 열어 봅니다.
파일 서버의 지정된 폴더에 htm 파일을 저장하고 열어 보세요.
간단한 애플리케이션이지만 충분히 활용할 수 있습니다.

(110페이지에서 계속)

4-1 클라이언트-서버, 사용자의 시선

사용자의 시선에서 생각한다

업무 시스템은 대부분 클라이언트-서버 시스템

클라이언트의 요청에 따라 처리를 진행하는 것은 서버의 기본 기능입니다. **클라이언트-서버**라고 불리는 전형적인 처리이긴 하지만, **사용자의 시선**에서 시스템을 검토하는 것이 적절합니다.

기업이나 단체에서 이용되는 **업무 시스템의 대부분**은 클라이언트-서버 시스템입니다. 서버 OS도 클라이언트 서버를 기본으로 합니다.

이 장에서는 친숙한 파일 서버, 프린트 서버 등 클라이언트 PC의 요청에 따라서 처리하는 전형적인 서버부터 소개하겠습니다.

클라이언트의 다양화

뒤에서 설명하겠지만, 서버에 접속하는 클라이언트는 점점 다양해지고 있습니다. 원래는 PC가 주역이었지만, LAN 외부에서 서버에 액세스하는 경우도 많아졌고, 태블릿이나 스마트폰 등도 오늘날엔 주요 클라이언트입니다(자세한 내용은 1-6 참조).

또한, IoT 디바이스처럼 PC나 태블릿과 같은 단말 형태가 아닌 각종 디바이스도 클라이언트 대열에 들어갑니다(그림 4-1).

사용자의 시선에서 생각한다

사용자의 시선이란 **클라이언트를 위해 어떤 서비스를 제공할 수 있는지를 기본으로 한다**는 것입니다. 즉, 어떠한 데이터를 얼마만큼 어떠한 타이밍에 받는가, 또 클라이언트에 구체적으로 어떠한 처리 결과를 제공하는가 하는 것입니다(그림 4-2).

이전의 클라이언트-서버 시스템은 대부분 클라이언트 단말을 인간이 조작하는 것을 전제로 만들어졌지만, IoT 디바이스도 포함하는 현재에는 반드시 그렇지는 않습니다.

그림 4-1 클라이언트의 다양화

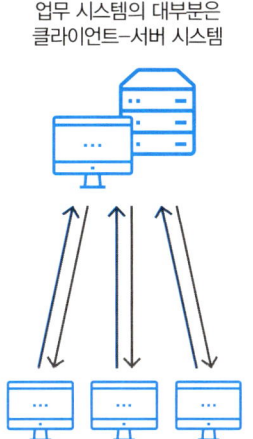

업무 시스템의 대부분은 클라이언트-서버 시스템

클라이언트는 PC 외에도 다양해지고 있다.

노트북 PC
태블릿
스마트폰

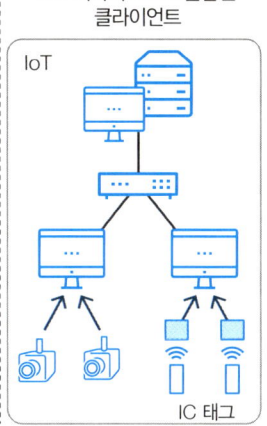

IoT 디바이스도 오늘날엔 클라이언트

IoT
IC 태그

그림 4-2 사용자의 시선에 서는 것이 중요

- 사용자의 시선에 서서 어떤 서비스(시스템)를 제공할 것인지부터 생각한다.
- 데이터로 생각하면 이해하기 쉽다.

〈검토 예〉

데이터/처리	검토 항목	검토 결과
서비스 개요	어떤 서비스인가	질문과 응답 데이터를 입력할 수 있다. 과거 데이터를 참조하면서 답변할 수 있다.
데이터	어떤 데이터인가	고객의 질문과 그에 대한 답변
	입출력 타이밍	수시
	데이터양	1건당 1KB 정도, 1일 100건 정도
서비스 내용(처리)	어떤 처리를 하는가	입력, 과거 데이터의 키워드 검색, 데이터 분류와 표시
	처리 타이밍	입력과 검색은 수시, 분류는 주차로 갱신

Point
- ✔ 클라이언트-서버 시스템은 서버의 기본 기능이다.
- ✔ 클라이언트의 범위는 PC뿐만 아니라, 태블릿, 스마트폰, 그리고 IoT 디바이스 등으로 넓어지고 있다.
- ✔ 클라이언트-서버 시스템의 포인트는 사용자의 시선에 맞는 서비스로 생각하는 것이다.

4-2 파일 서버

파일 공유

서버 중에서 가장 친근한 서버

파일 서버는 서버 중에서도 가장 친근한 서버입니다.

서버와 클라이언트 컴퓨터 사이에서 파일의 작성, 공유, 갱신 등을 할 수 있습니다. 최근, 태블릿이나 스마트폰을 이용해 네트워크 밖에서 파일을 공유하는 기업도 늘고 있습니다.

만약 파일 서버가 없는 상태에서 파일을 공유한다면, [그림 4-3]처럼 메일에 첨부하거나 블루투스 등을 설정해 파일을 보내고, USB 메모리나 CD, DVD 등의 매체를 이용하는 등 매우 불편합니다.

접근 권한 설정

파일 서버의 특징적인 기능으로 **접근 권한 설정**이 있습니다.

Windows Server에서는 사용자를 그룹으로 구분하고, 주로 다음 3가지로 권한을 나눕니다.

- ◆ 모든 권한(파일 작성과 삭제가 가능)
- ◆ 변경 권한
- ◆ 읽기 및 실행 권한

기업이나 단체 등에서는 간부 사원, 관리직과 일반 사원, 조직 내부 인재와 조직 외부 인재 등으로 권한을 나누는 일이 흔히 있습니다.

덧붙여, UNIX 서버에서는 파일을 r(Readable, 읽기 가능), w(Writable, 쓰기 가능), x(eXecutable, 실행 가능)으로 설정해, 각각 4, 2, 1의 숫자로 나타냅니다. 파일의 소유자와 개발자 등은 3가지 사용자 권한을 모두 가지고 있으므로 7(=4+2+1), 실행만 할 수 있는 사용자는 1입니다.

Windows Server의 접근 권한 설정은 [그림 4-4]처럼 더욱 세밀한 역할 기반 접근 제어(Role-Base Access Control)라는 모델에 기반합니다.

그림 4-3 파일 서버가 없다면?

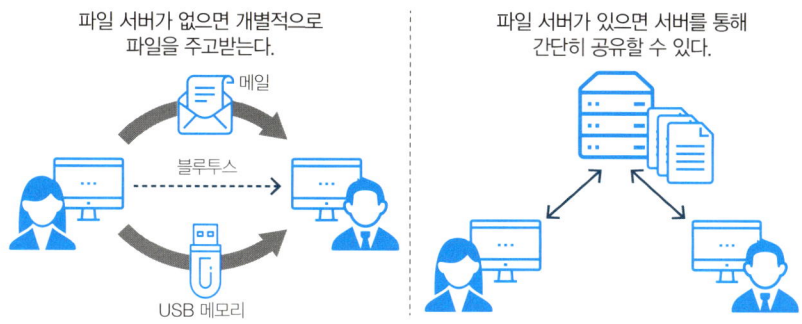

파일 서버가 없으면 개별적으로 파일을 주고받는다.

파일 서버가 있으면 서버를 통해 간단히 공유할 수 있다.

메일 / 블루투스 / USB 메모리

관련 용어: NAS(Network Attached Storage: 네트워크 접속형 스토리지)
네트워크에 접속된 저장 장치로, 네트워크에 접속된 사용자는 파일을 공유할 수 있다.

그림 4-4 Windows Server에서의 접근 권한 설정 예

관련 용어: 역할 기반 접근 제어 (Role-Base Access Control)
조직 내에서의 역할(일반 사원, 간부 사원 등)과 권한을 연관 지어 사용자와 그룹을 관리할 수 있게 하는 모델

역할 기반 접근 제어에 의해 각종 파일, 업무 애플리케이션 등의 접근 권한을 역할에 따라 부여할 수 있다.

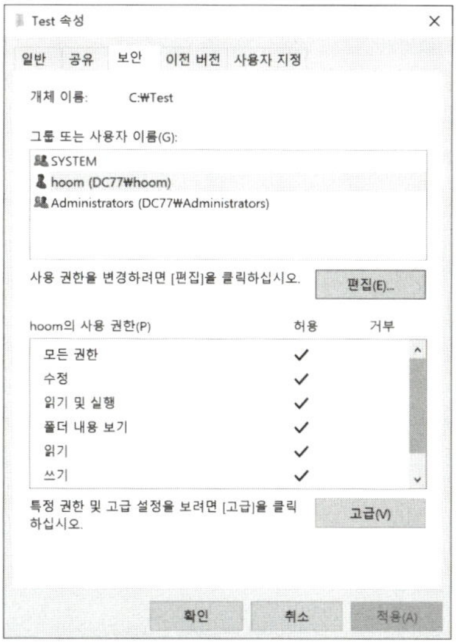

Point
- ✔ 파일 서버는 가장 친근한 서버로 파일을 공유할 수 있다.
- ✔ 파일 서버의 특징적인 기능으로 파일 접근 권한이 있고, 사용자가 권한에 따라 설정할 수 있다.

4-3 프린트 서버

프린터 공유

프린트 서버란?

프린트 서버는 서버와 클라이언트 컴퓨터가 프린터를 공유하는 서버입니다.

프린터 공유는 최근 10년간 가장 변화한 서버 혹은 기능 중 하나입니다.

[그림 4-5]에 프린트 서버의 변천 과정을 나타냈습니다. 중·대규모 조직이라면 프린트 서버를 설정해서 클라이언트끼리 한 대 또는 복수의 프린터를 공유하고, 소규모 조직이라면 프린트 서버를 이용하지 않고 한 대의 네트워크 프린터를 활용해서 대응했었습니다.

최근에는 하드웨어의 소형화와 기판화가 크게 발달해, 프린터나 복합기에 프린트 서버 기능이 내장되기 시작했습니다. 프린터나 복합기 교체가 진행되어 가면, 독립된 프린트 서버를 볼 일은 없어지겠지요.

무선 LAN 대응

복합기의 프린트 서버화가 진행됨에 따라, **무선 LAN을 활용한 프린터의 네트워크화**도 진행되고 있습니다. 이용 상황이 다양해졌으니, 프린터 사용 권한도 확인해 봅시다(그림 4-6).

기업이나 단체에서 사용하는 복합기나 프린터는 비교적 크고 무겁습니다. 무선 LAN에 연결하면 설치 후 신속하게 이용할 수 있을 뿐만 아니라, 오피스의 레이아웃 설계나 변경의 자유도도 현격히 올라갑니다.

게다가 사용자 인증과 조합하여, **모바일 단말의 프린트 요청에 대응하고자 하는 움직임**도 있습니다.

이와 같이 보면, 최신 프린터나 복합기는 사용자나 세상의 요구에 대응해 진화 및 성장해 온 제품이라고 할 수 있습니다. 향후에는 페이퍼리스화의 물결이 프린터 업계를 덮치리라 생각되지만, 인쇄가 필요 없는 시대가 와도 새로운 진화를 이루어낼 것을 기대하게 하는 분야입니다.

그림 4-5 프린터와 프린트 서버의 변천

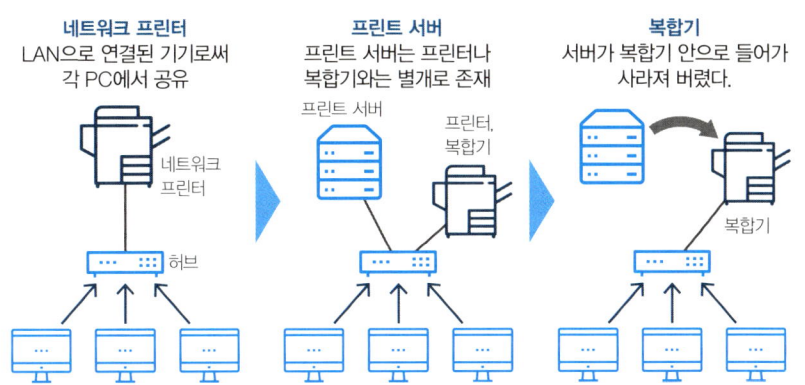

그림 4-6 프린터 활용 상황과 사용 권한

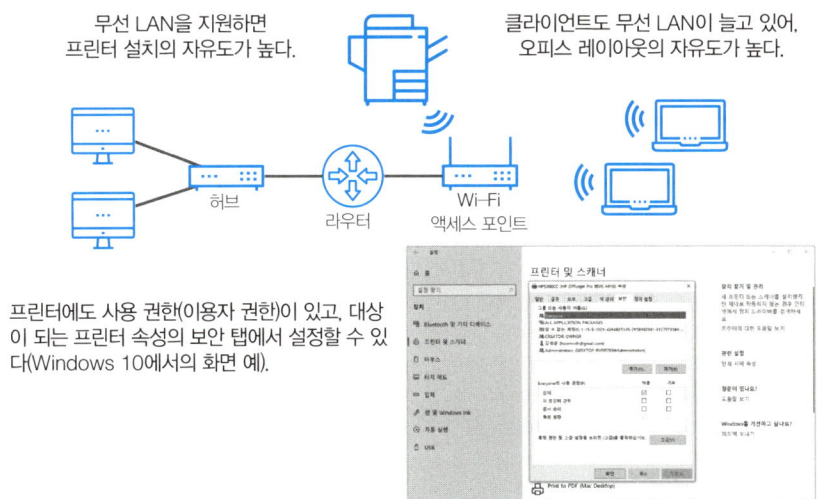

프린터에도 사용 권한(이용자 권한)이 있고, 대상이 되는 프린터 속성의 보안 탭에서 설정할 수 있다(Windows 10에서의 화면 예).

Point
- ✔ 프린트 서버는 프린터를 공유하는 서버로 알려졌지만, 점점 프린터와 복합기에 서버 기능을 내장하고 있다.
- ✔ 오피스 레이아웃을 자유롭게 설계하기 위해 무선 LAN을 활용할 필요성이 높아졌다.

4-4 NTP 서버

시각의 동기화

시각의 동기화

NTP 서버는 서버와 산하의 컴퓨터를 포함한 네트워크에서 **시각을 동기화하는 서버**입니다. NTP는 Network Time Protocol의 줄임말입니다.

각 기기의 시각 설정이 다르면, 정해진 시간에 동작시켜야 하는 처리를 바르게 실행할 수 없게 됩니다. 눈에 띄진 않지만 중요한 역할을 하고 있습니다(그림 4-7).

원래 서버, PC, 네트워크 기기 등의 디바이스는 내부에 시각 정보를 가지고 있습니다. 그 시각 정보를 같은 시각으로 설정하고 유지한다는 것입니다.

시각을 동기화하는 방법

시각을 동기화하기 위해서는 **클라이언트가 서버에 시간을 문의해서 확인해야** 합니다.

시간에 민감한 처리가 많으면 짧은 간격으로 정기적으로 확인하고, 그렇지 않은 경우에는 통신하는 시점에 그때그때 확인합니다.

어쩌면 'NTP 서버의 시간 자체가 잘못된 경우는 없을까?'라는 의문이 들 수도 있습니다. 그런 일이 일어나지 않도록 NTP 서버는 한국에서는 표준시간을 관리하는 한국표준과학연구원 시간주파수 연구소의 NTP 서버나 인공위성 등과 동기화하고 있습니다.

NTP 서버의 정점은 전문 용어로 Stratum 0(스트라텀 제로)라고 불리며, 네트워크 내의 NTP 서버는 Stratum 1으로 불립니다. 클라이언트 컴퓨터는 계층 구조에서 Stratum 3이나 4가 됩니다. 1의 서버가 0에게 확인하고 2가 1에게 확인하는 식으로 절대적인 계층 관계로 시간을 지키도록 하고 있습니다(그림 4-8).

그림 4-7 시각의 동기화

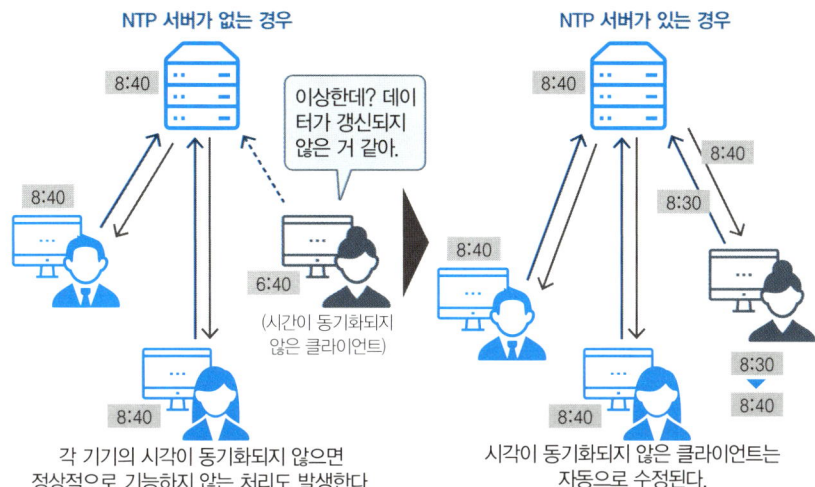

그림 4-8 시각을 동기화하기 위한 계층 구조

한국표준과학연구원(KRISS)에서는 한국표준시를 맞출 수 있는 타임 서버를 제공한다.

타임 서버 도메인

time.kriss.re.kr

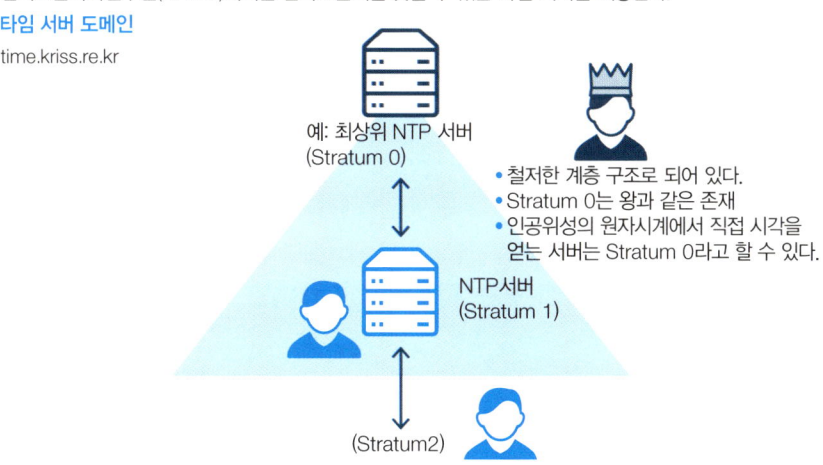

Point
- ✔ NTP 서버에는 네트워크 내부 기기의 시각을 맞추는 기능이 있다.
- ✔ 시각이 틀리지 않도록 표준시를 제공하는 NTP 서버로부터 계층적으로 시각을 가져온다.

4-5 자산 관리 서버

IT 자산 관리

클라이언트 관리

지금까지 기업이나 단체에서 다양한 시스템이 동작한다는 사실을 설명했습니다.

시스템을 관리하는 입장에서는 그것들을 **자산**으로써 투명하게 관리할 필요가 있습니다. 물론 컴퓨터 등에 자산 관리 번호가 붙어 있지만, 그 컴퓨터가 정말 사용되는지 또는 소프트웨어 라이선스를 지불해 놓고 실제로 사용되는지 등을 확인해야 합니다.

책상이나 의자와 같은 집기는 눈에 보이므로 실물을 보면서 개수를 셀 수 있지만, PC의 동작 여부나 애플리케이션 소프트웨어 사용 여부처럼 눈에 보이지 않는 상태를 관리할 때는 전용 소프트웨어를 통해서 확인합니다.

전용 소프트웨어의 자산 관리 메커니즘은 [그림 4-9]와 같습니다. 우선, **서버와 그 산하 컴퓨터에 전용 소프트웨어를 설치합니다**.

그리고 나서 기업이나 단체의 관리 정책에 따라 정기적으로 서버와 클라이언트에 설치된 소프트웨어가 서로 연락을 취합니다.

취득하는 정보의 내용

클라이언트와 서버가 주고받는 정보는 어떠한 소프트웨어가 클라이언트에 설치되어 있는가입니다. 여기에는 허용되지 않은 소프트웨어를 사용하고 있는지 등 보안 측면의 의미도 있습니다.

Windows 컴퓨터에서는 '**프로그램 및 기능(앱 및 기능)**'을 선택하면, 해당 컴퓨터에 설치된 각종 애플리케이션 소프트웨어 목록을 확인할 수 있습니다(그림 4-10).

설치된 소프트웨어 목록을 데이터화한 정보는 클라이언트에서 서버로 정기적으로 보내집니다. 서버는 이들 정보를 받아서 자산 대장을 작성하는 것이 일반적인 자산 관리 방식입니다.

그림 4-9 전용 소프트웨어를 서버와 클라이언트에 설치

- 서버와 클라이언트 양쪽에 전용 소프트웨어를 설치한다.
- 자산 관리 대장을 자동으로 작성하는 제품도 있다.
- 소프트웨어 자산 관리 툴은 '소프트웨어 인벤토리 툴'이라고 불리기도 한다.
- 비슷한 기능으로 소프트웨어의 라이선스를 전문적으로 관리하는 타입도 있다.
- 소프트웨어 자산 관리는 정기적으로 이루어진다.
  ▶ 클라이언트가 사용되는가?
  ▶ 어떤 소프트웨어가 들어 있는가?

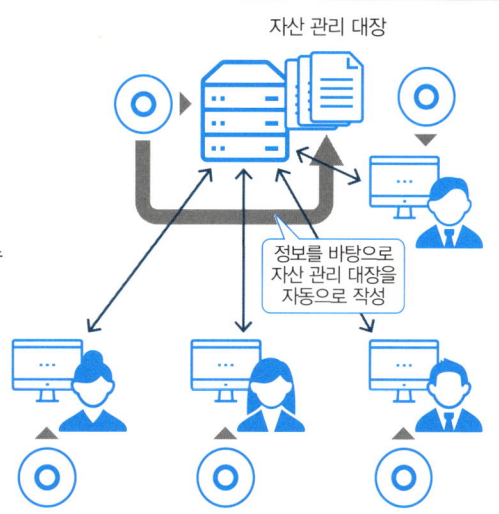

그림 4-10 클라이언트가 보내는 정보

이름	발행처	설치일	크기
Adobe Acrobat Reader DC	Adobe Systems Incorporated	2017/4/1	230MB
…	…		
ffftp	KURATA.S	2017/4/1	2.5MB

- Windows의 '프로그램 및 기능'에서 표시되는 애플리케이션 목록 정보 등이 정해진 타이밍에 서버로 전송된다.
- IT 자산 관리 제품은 주로 법인용 컴퓨터를 판매하는 벤더가 제공한다.
- 또한, CAD나 건축업계, 자동차업계 등에서 이용되는 구조해석 애플리케이션 등에서는 실행 시에 라이선스 부여를 확인하는 라이선스 서버 등이 도입된다.

Point
- ✔ 서버에 접속된 기기의 물리적인 자산뿐만 아니라, 소프트웨어 자산도 관리한다.
- ✔ 서버와 클라이언트에 전용 소프트웨어를 설치하면, 클라이언트의 '프로그램 및 기능'에 해당하는 데이터가 서버에 수집된다.

4-6 DHCP

IP 주소 할당

IP 주소 부여

3-4절에서 네트워크 기기는 IP 주소를 가진다고 설명했습니다.

네트워크에 새로운 컴퓨터를 연결할 때는 **IP 주소를 부여**해야 합니다. 그 역할을 담당하는 것이 바로 **DHCP**(Dynamic Host Configuration Protocol)입니다. 네트워크에 연결된 클라이언트는 서버 OS의 DHCP 서비스에 액세스해서 자신의 IP 주소와 DNS 서버의 IP 주소 등을 가져옵니다(그림 4-11).

DHCP 측에서는 새로 접속된 클라이언트에 정해진 범위 안에서 사용되지 않은 IP 주소를 부여합니다.

IP 주소의 범위와 유효 기한 등은 시스템 관리자가 서버에서 설정합니다.

가져온 정보의 내용

서버와 네트워크 장비 등 중요한 기기의 역할은 기본적으로 변하지 않으므로 고정 IP 주소를 부여하지만, 클라이언트는 다양한 사정으로 변경되는 경우도 있으므로 DHCP를 이용한 동적 할당이 적합합니다. 특히 네트워크에 접속하는 기기(사람) 수가 많은 기업이나 단체에서는 DHCP가 일반적입니다.

이전에는 시스템 관리자가 신청을 받아 IP를 배부했지만, DHCP의 보급으로 OS의 서비스에 내장되면서, 기업이나 단체에서는 DHCP를 이용한 관리가 일반적이 되었습니다.

DHCP 서비스와 클라이언트 사이에서 IP 주소를 할당하는 통신은 **접속 확인 후에 일어나는 특수한 처리**입니다. 반드시 'DHCPxx'라는 암구호를 머리에 붙인 후 IP 주소 등의 정보를 전달합니다(그림 4-12).

그림 4-11 IP 주소의 할당

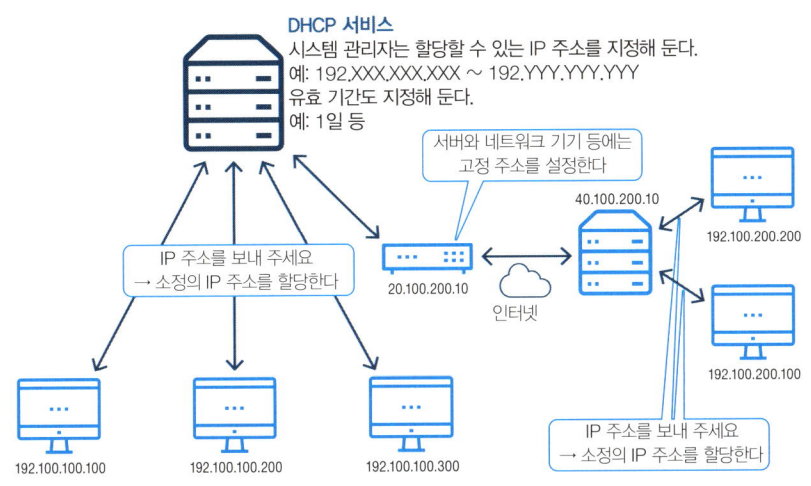

그림 4-12 IP 주소를 할당할 때의 통신

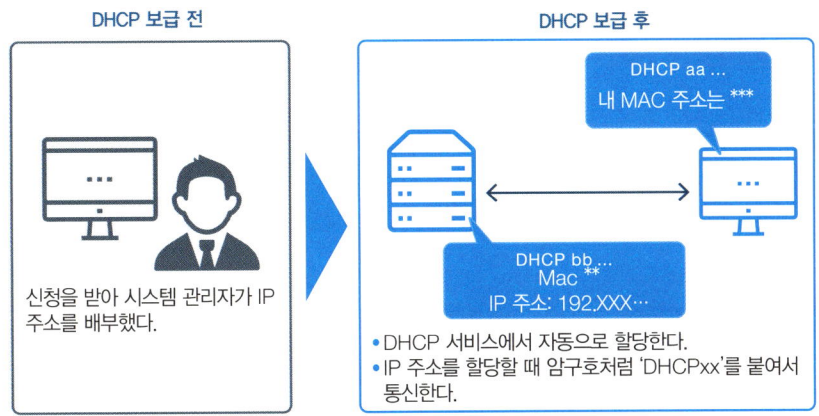

Point
- 서버 OS에 있는 DHCP 서비스로 클라이언트의 IP 주소를 동적으로 관리한다.
- 이전에는 DHCP 서버를 설치하기도 해서 DHCP 서버로 불리기도 했지만, 현재는 서버 OS의 한 기능이 됐다.

4-6_ IP 주소 할당

4-7 SIP 서버, VoIP

IP 전화를 제어하는 서버

SIP 서버란?

SIP 서버란 Session Initiative Protocol 서버의 줄임말입니다. **IP 전화를 제어하는 서버**로 IP 전화를 이용하는 기업이나 단체에 도입되어 있습니다.

통계에 따르면 고정 전화는 매년 감소하는 경향에 있지만, IP 전화는 증가하는 경향에 있습니다. 앞으로도 IP 전화를 이용하는 기업이나 단체는 계속 늘어가겠지요.

IP 전화는 인터넷 프로토콜을 사용한 전화로, 인터넷상에서 음성 데이터를 제어하는 기술로 전화 통화를 실현했습니다. 이 기술은 **VoIP**(Voice over Internet Protocol)라고 불립니다.

IP 전화는 VoIP를 기반으로 하고, 전화를 걸고 끊는 등의 통화 호제어(Call Control)를 하는 SIP의 프로토콜을 따릅니다.

SIP 서버의 기능

SIP 서버의 역할은 **전화 발신자인 통신 상대의 IP 주소를 확인하고 통신 경로를 개설해서 호출**하는 것까지입니다. 통신이 시작되면 IP 전화끼리 통화가 이루어집니다. SIP 서버는 사용자와 IP 주소의 대응표, 대응표의 작성 및 갱신 기능, 통화 시작 지원 기능 등으로 구성됩니다(그림 4-13). 이러한 기능이 일체가 되어 한 대의 서버에서 동작합니다.

여기서 3-10절의 어플라이언스 서버를 떠올려 주세요.

이제부터 IP 전화를 도입할 거라면, SIP 서버의 기능을 가진 어플라이언스 서버를 사용하여 비교적 빠르게 실현할 수 있습니다(그림 4-14).

프린트 서버에는 복합기 제조사가, SIP 서버나 중소규모 오피스용 어플라이언스 서버에는 전화기 제조사가 시장에 들어오면서, 기존 서버 제조사 사이에 경쟁이 심화되고 있습니다.

그림 4-13 SIP 서버의 기능

(1) PC 시작에 의한 IP 전화의 시작 시
데이터베이스에 등록하는 기능은 '레지스트러 서비스'라고 불린다.

(2) IP 전화의 통화 순서
요청을 전달하는 기능은 '프록시 서비스'라고 불린다.

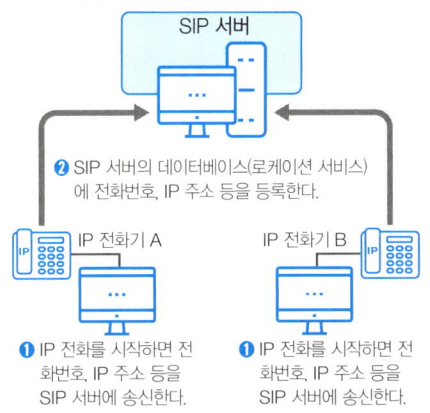
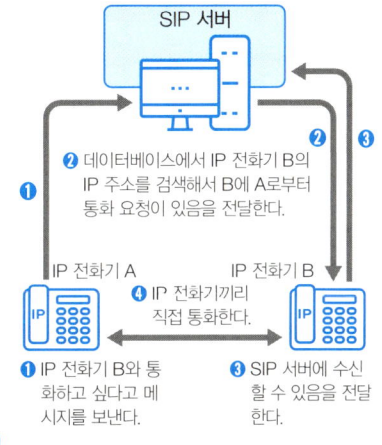

❶ IP 전화를 시작하면 전화번호, IP 주소 등을 SIP 서버에 송신한다.
❷ SIP 서버의 데이터베이스(로케이션 서비스)에 전화번호, IP 주소 등을 등록한다.

❶ IP 전화기 B와 통화하고 싶다고 메시지를 보낸다.
❷ 데이터베이스에서 IP 전화기 B의 IP 주소를 검색해서 B에 A로부터 통화 요청이 있음을 전달한다.
❸ SIP 서버에 수신할 수 있음을 전달한다.
❹ IP 전화기끼리 직접 통화한다.

SIP URI	IP 주소
A@youngjin.com	192.11.11.11
B@youngjin.com	192.22.22.22

※ 로케이션 서비스가 가지고 있는 대응표
Uniform Resource Identifier의 약자

그림 4-14 어플라이언스에 어울리는 SIP 서버

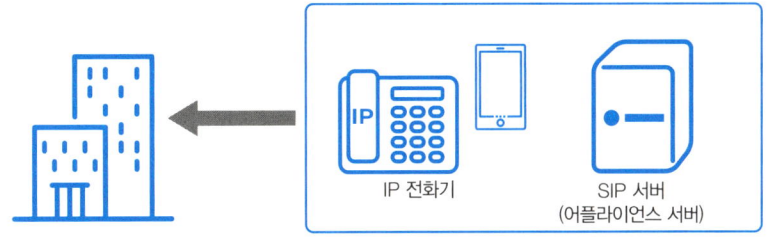

IP 전화기   SIP 서버
            (어플라이언스 서버)

SIP 서버(어플라이언스 서버)와 IP 전화기를 도입하면 빠르게 IP 전화를 사용할 수 있다.

Point
- ✔ 고정 전화는 감소 경향에 있고 IP 전화는 증가 경향에 있다.
- ✔ SIP 서버가 인터넷상에서 통화할 수 있는 IP 전화를 실현한다.
- ✔ SIP 서버는 도입 실적의 고조와 함께 어플라이언스 서버의 하나로도 되어 있어, IP 전화를 도입하기가 쉬워졌다.

4-8 SSO 서버, 리버스 프록시, 에이전트

개인 인증을 지원하는 서버

SSO 서버란?

SSO 서버란 Single Sign On 서버의 줄임말입니다.

기업에 따라서는 사원들이 다수의 시스템을 일상적으로 이용하고 있습니다. 각 시스템에 로그인할 때마다 ID와 패스워드를 입력하는 것을 번거롭다고 느끼는 사람도 많을 것입니다.

[그림 4-15]에서는 SSO가 있는 경우와 없는 경우의 차이를 나타냈습니다. SSO가 없는 경우의 상황을 해결하는 것이 SSO 서버입니다.

SSO 기능을 실현하는 2가지 방법

SSO 기능을 실현하는 방법은 크게 2가지가 있습니다.

첫째는 **각 서버에 액세스하기 전에, 게이트처럼 SSO 서버를 이용하는 방법**으로 [그림 4-16] 왼쪽에 나타냈습니다. **리버스 프록시**라고 불리며, 사용자를 대신해서 각 시스템에 로그인합니다.

둘째는 **각 시스템과 SSO가 긴밀하게 연계해 사용자가 시스템 중 하나에 로그인하면, 이후로는 다른 시스템에 간편하게 로그인할 수 있게 하는 방법**입니다. **에이전트**라고 불립니다.

바로 SSO를 도입하고 싶을 때는 사용자와 각 시스템의 물리 구성에 영향을 주지 않는 에이전트가 우수하지만, 각 시스템과 연계할 수 있는지 검증해 보아야 합니다.

반면에 리버스 프록시는 물리 구성을 변경해야 합니다. 그 점만 해결한다면 SSO를 실현하는 장벽은 낮습니다. 이후에 나오는 주제와도 관련되므로 [그림 4-15], [그림 4-16]을 다음 관점에서도 살펴봐 주세요.

- ◆ 물리 구성을 바꾸면 목적을 실현하기 쉽지만, 원래 네트워크 구성 등을 재검토해야만 한다.
- ◆ 물리 구성을 가능한 한 바꾸지 않으면 검증에 드는 시간은 길어지지만, 원래 네트워크 구성은 그대로에 가까운 형태로 유지된다.

그림 4-15 SSO가 없는 경우와 있는 경우

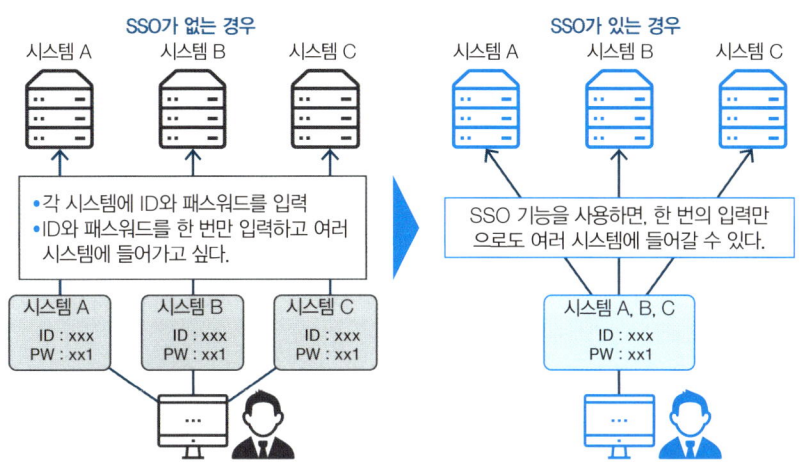

그림 4-16 리버스 프록시와 에이전트

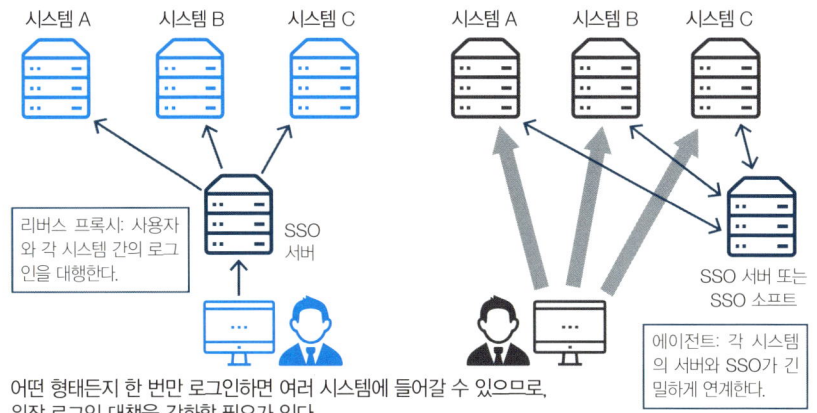

어떤 형태든지 한 번만 로그인하면 여러 시스템에 들어갈 수 있으므로, 위장 로그인 대책을 강화할 필요가 있다.

Point
- ✔ SSO를 이용하면 복수의 시스템에 따로따로 로그인하는 불편을 해소할 수 있다.
- ✔ 사용자를 대신하는 리버스 프록시와 서버 사이에서 연계하는 에이전트라는 2가지 방법이 있다.

4-9 부하 분산, 애플리케이션 서버

업무 시스템 서버

업무에서 사용하는 시스템

기업이나 단체에서 시스템이라고 하면 업무에서 사용하는 시스템을 떠올리는 분이 많을 것입니다.

근태 관리나 교통비를 정산하는 시스템, 고객의 주문을 입력해 상품이나 서비스를 준비하는 시스템, 각종 실적을 관리하는 시스템 등이 있습니다.

업무 시스템은 기본적으로는 다수의 클라이언트가 데이터를 입력하고 서버에서 데이터를 통합하여 처리하는 형태를 취합니다.

물론 기업 내에서 정보를 발신하는 시스템이나 직원의 안부를 확인하는 시스템처럼 서버가 기점이 되는 시스템도 있지만, 시스템 전체에서 보면 일부에 지나지 않습니다.

업무 시스템의 대부분은 [그림 4-17]과 같은 물리 구성으로 집약됩니다. 최근의 경향이라면 모바일 환경에 대한 대응이나 가상화 등을 들 수 있습니다.

업무 시스템 서버가 가장 많다

서버라고 했을 때 메일이나 인터넷 서버를 가장 먼저 떠올리는 사람도 많겠지만, **기업이나 단체의 서버 중에서 가장 많은 것은 업무 서버**입니다.

이 절을 시작할 때도 언급했지만, 기업이나 단체에 소속된 사람 전원이 공통으로 사용하는 업무 시스템, 해당 부문 사람만 사용하는 부문 업무 시스템, 사람 수에 따라 다르지만 특정 부나 과에서 사용하는 업무 시스템 등 다양한 종류가 있습니다.

업무 시스템에서 가장 중요한 것은 사용자가 입력하는 '데이터'입니다. 이 가치는 미래에도 변하지 않습니다. 서버 중에서도 주역은 사실 업무 서버일지도 모릅니다.

또한, 업무에 따라서는 서버의 **부하 분산**을 위해 **애플리케이션 서버**를 설치하는 경우도 있습니다(그림 4-18).

그림 4-17 업무 시스템의 물리 구성

- 서버 한 대에 클라이언트는 여러 대
- 서버와 클라이언트가 공통된 애플리케이션을 이용
- 최근에는 모바일 단말도 지원하고, 가상화도 진행되고 있다.

그림 4-18 애플리케이션 서버와 데이터베이스 서버

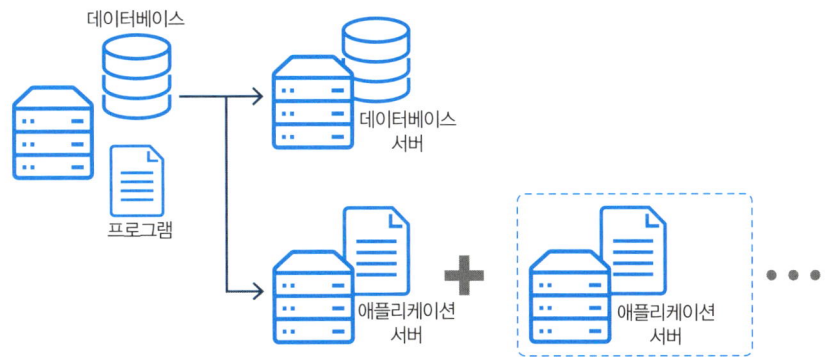

- 비교적 규모가 큰 업무 시스템에서는 다수의 사용자가 같은 프로그램을 이용한다.
- 데이터 입출 빈도에 따라서는 부하 분산을 위해, 사용자의 조작 화면이나 처리에 특화된 애플리케이션 서버를 도입한다.

사용자가 다수이고 프로그램 이용 빈도가 높으면, 애플리케이션 서버가 다수가 되는 경우도 있다.

Point

✓ 업무 시스템의 서버는 기본적으로 클라이언트–서버 형태이다.

✓ 기업이나 단체에서도 가장 많은 것이 업무 서버이다.

✓ 부하 분산을 위해 애플리케이션 서버와 데이터베이스 서버로 나누는 경우도 많다.

4-10 ERP, 애플리케이션 서버, 가동계, 개발계

기간계 시스템 ERP

ERP의 개요

ERP는 Enterprise Resource Planning의 줄임말로, 기간계 시스템으로써 주로 제조업, 유통업, 에너지 기업 등에서 도입하고 있습니다. 생산, 경리, 물류 등의 **다양한 업무를 통합하는 시스템**입니다.

예를 들어, 공장에서 생산이 완료되면 제품으로 재고가 계상되어, 재무, 경리 자원과도 연동됩니다(그림 4-19).

ERP를 전사적으로 활용해서 일원적인 데이터 관리를 지향하는 기업도 있는가 하면, 다른 시스템과 연계해 부분적으로 활용하는 기업도 있습니다. **광범위하게 활용하면 실시간으로 관련된 데이터가 갱신**됩니다. 다른 시스템과의 연계라면 정기적인 배치 처리*로 갱신합니다.

여러 업무 시스템과 연계하는 경우도 있습니다. ERP로 가능한 한 많은 업무를 보는 기업도 있으므로, 실로 ERP는 업무 시스템의 왕이라고 할 수 있습니다.

클라이언트 측에서는 '전표'를 작성해서 입력하기만 하면, 서버에서 나머지 처리가 자동으로 실행되는 모습입니다.

ERP의 시스템 구성

ERP는 클라이언트에서 애플리케이션 서버에 있는 애플리케이션을 호출해 처리합니다. 브라우저로 웹 서버에 있는 웹 사이트를 보는 것과 같은 기능입니다(그림 4-20). 전 직원이 사용하므로 **애플리케이션 서버**를 설치해 클라이언트 증감에 유연하게 대응합니다. 앞 절에서 소개한 업무 시스템에서도 데이터베이스와 애플리케이션으로 나누는 형태가 있었습니다.

ERP는 대규모 업무 시스템과 마찬가지로 업무에서 사용하는 **가동계**와 추가 애플리케이션 개발이나 유지 보수용의 **개발계** 서버가 있습니다.

---

* 대규모 데이터 처리 등을 사용자가 시스템을 이용하는 낮 시간대를 피해 야간이나 휴일에 시행한다고 한다.

그림 4-19 　업무 시스템의 왕 ERP

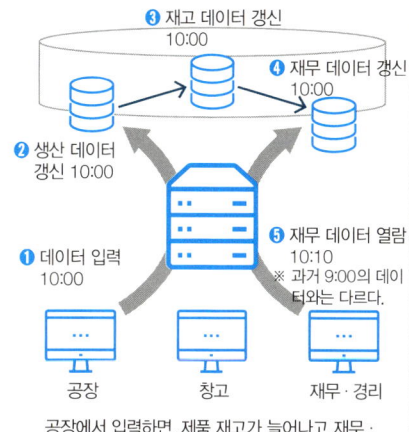
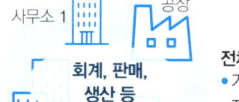
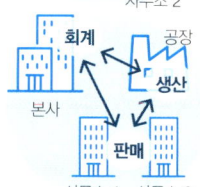

그림 4-20 　ERP 시스템의 구성

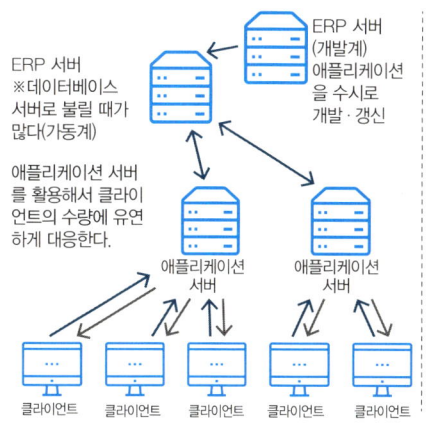
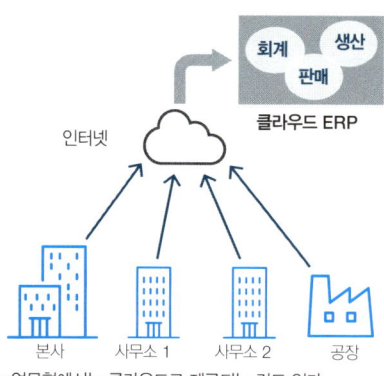

- 업무형에서는 클라우드로 제공되는 것도 있다.
- 이 예에서는 업무 간 연계는 클라우드 ERP가 수행하고 있다.

Point
- ✔ ERP는 다양한 업무 시스템을 통합해서 데이터를 관리할 수 있는 업무 시스템의 왕이다.
- ✔ 어떤 업무에서 데이터가 변경되면, 연계된 다른 업무 데이터도 갱신된다.

4-11 IoT

디지털 기술의 대표 선수 중 하나 IoT 서버

카메라, IC 태그에서의 IoT 활용

IoT는 Internet of Things의 줄임말로, 인터넷으로 다양한 사물이 연결되어 데이터를 주고받는 것을 가리킵니다. IoT는 디지털 기술의 대표 선수 중 하나이기도 합니다. 이 절에서는 IoT 디바이스가 서버에 정보를 올리는 클라이언트 서버를 가정해서 설명합니다. 클라이언트 서버의 IoT 디바이스의 대표적인 예로 카메라, IC 태그, 비콘, 마이크, 각종 센서, GPS, 드론 등이 있습니다. 가전제품이나 자동차를 포함하는 경우도 있습니다.

최근에 도입 실적이 증가하고 있는 것은 카메라입니다. 예를 들어, 공장의 생산 라인에서 제품과 부품이 이동해 와서 카메라 정면에 왔을 때, 이를 촬영해서 서버로 이미지를 전송합니다. 서버에서는 그 이미지를 분석해 필요한 부품이 빠졌으면 경보를 발생시키는 등의 처리를 합니다(그림 4-21).

IC 태그는 의류나 공장에서도 사용됩니다. 의류의 경우는 상품 코드와 그 밖의 정보를 읽기 위해서 활용되고, 공장에서는 제품을 특정하는 일련번호에 공장 번호나 완료 시간 등을 추가하기도 합니다.

IoT 시스템에서 주의할 점

IoT 시스템을 검토할 때 주의할 점이 있습니다. 카메라의 설치 위치도 중요하지만, 데이터를 저장하는 디스크 용량에도 주의해야 합니다. 이미지는 데이터 용량이 크기 때문에 다수의 카메라에서 촬영을 계속하면 저장 공간이 부족해집니다(그림 4-22).

IC 태그는 읽어 낼 수 있는 범위와 태그를 붙인 대상물의 움직임뿐만 아니라, 어떠한 데이터를 써넣을지 고려하는 것도 중요합니다. 앞으로 IoT는 다양한 상황에서 활약할 것으로 예상되지만, 일반 시스템을 검토하고 개발할 때와는 다른 어려움이 있습니다.

실제로 시스템을 검토하거나 개발해 보면 움직임이 있는 사물이나 사람이 대상이 되는 것은 흥미로운 부분입니다.

그림 4-21 카메라와 IC 태그

	전송할 데이터의 예	PC의 역할
카메라	이미지 파일 예: 201904010001.jpg	특정 폴더 내에 카메라가 생성한 이미지 파일을 서버에 전송한다.
IC 태그	IC 태그의 메모리 내 데이터 예: 상품 코드, 제조 번호 등	IC 태그에서 읽어 온 정보를 서버에 전송한다.
IoT 시스템의 플랫폼		IT 벤더, 클라우드 사업자, 제조 기업 등은 IoT의 각종 데이터를 저장할 수 있는 플랫폼을 제공한다.

그림 4-22 IoT 시스템은 움직이는 사물을 대상으로 한다

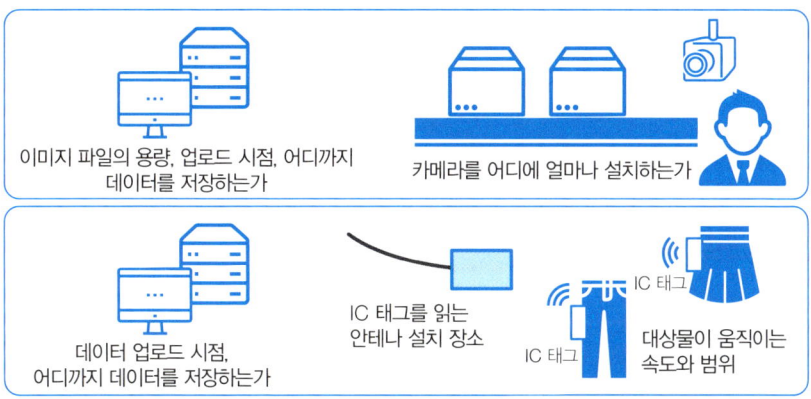

• IC 태그 토막지식 - 2가지 모드

모드	기능
커맨드 발행 후 IC 태그 읽기/쓰기	PC의 Enter 키를 누르면 안테나에서 전파를 발신해 읽어 들인다.
읽을 수 있는 범위에 IC 태그가 들어오면 읽기/쓰기	상시 전파를 발신하고 있어, 통신 범위 내로 들어오면 자동으로 읽어 들인다. 위 그림은 이 모드를 보여 주고 있다.

Point
- ✔ IoT 시스템에는 IoT 디바이스가 정기 또는 비정기적으로 데이터를 업로드하는 타입이 있다.
- ✔ IoT 디바이스의 설치 위치, 데이터 읽기 방식이나 타이밍 등 일반 시스템 검토와는 다른 관점이 요구되는 흥미로운 시스템이다.

4-12 서버의 역할, 기능 추가

파일 서버로 보는 Windows와 Linux의 차이

Windows와 Linux의 설정 차이

4-2절에서 파일 서버에 관해서 설명했습니다. 여기서는 파일 서버를 예로 들어 Windows Server와 Linux의 소프트웨어 구성 차이를 살펴봅니다(그림 4-23).

Windows Server에는 각종 서버의 기능이 준비되어 있으므로, 화면에서 선택하면서 설정을 진행해 갑니다.

Linux는 디스트리뷰터*에 따라 다소 차이가 있지만, 필요한 소프트웨어를 설치해야 합니다. 실제로는 Windows Server도 Linux도 그렇게 큰 차이는 없지만, Linux의 경우에는 기능에 따라 소프트웨어의 이름이 다르고, 설정 방법도 소프트웨어에 따라 다르므로 조금 번거로울 수 있습니다. 단, '이 기능에는 이 소프트웨어'처럼 기본이 되는 소프트웨어가 계속 알려지고 있습니다.

Windows Server의 경우

Windows Server에서는 서버 관리자의 대시보드에서 서버의 역할과 기능을 추가하고 **서버 역할 선택**에 들어갑니다.

역할 목록 중에서 'File Server'와 'File Server Resouce Manager'를 체크해 기능을 추가합니다(그림 4-24). 파일 서버 리소스 매니저로 관리자의 등록과 용량 제한 등을 정의할 수 있습니다.

Linux의 경우

Linux상에서 파일 서버의 기능을 가진 '**Samba**'라는 소프트웨어를 설치합니다. 그 다음에 Samba에 액세스해서 워크 그룹 등을 설정합니다. Linux 디스트리뷰터에 따라서는 Samba가 이미 설치된 경우도 있습니다.

---

* Linux를 기업 · 단체 · 개인이 이용할 수 있도록 OS와 필요한 애플리케이션을 포함해 제공하는 기업이나 단체를 말한다. 유료인 Red Hat Enterprise Linux(RHEL), SUSE Linux Enterprise Server(SUSE), 무료인 Debian, Ubuntu, CentOS 등이 대표적이다.

그림 4-23 소프트웨어 구성의 차이

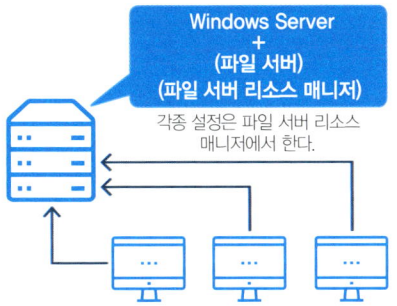
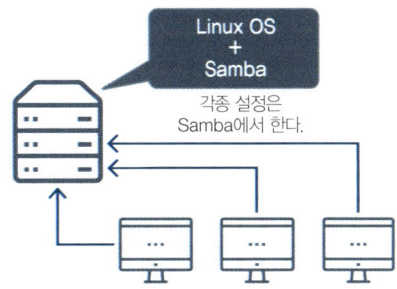

그 밖의 예로 메일 서비스는 Windows에서는 메시징 플랫폼인 Exchage Server 등에 기능이 준비되어 있다. Linux에서는 SMTP 서버용으로 Postfix나 Sendmail, POP3/IMAP 서버용으로 Dovecot 등을 개별적으로 설치 또는 설정한다.
※ 메일 서비스는 5장에서 설명한다.

그림 4-24 설정 화면의 예

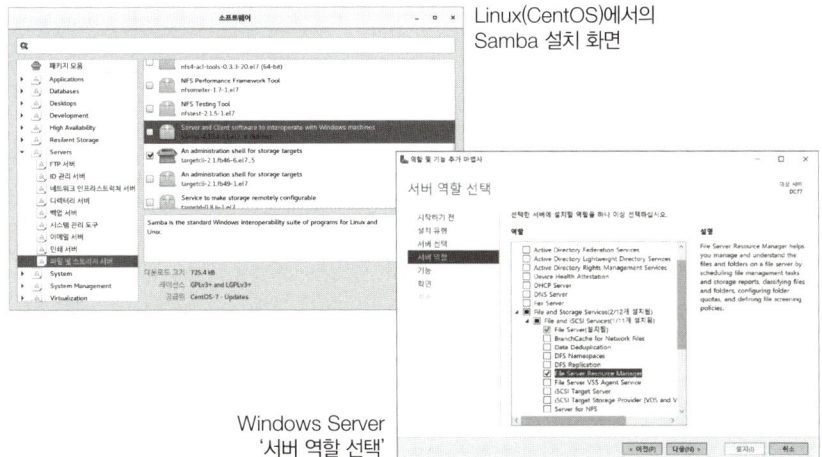

Linux(CentOS)에서의 Samba 설치 화면

Windows Server '서버 역할 선택'

Point
- ✔ Windows Server에서는 필요한 서버의 역할을 선정해 설정함으로써 이용할 수 있다.
- ✔ Linux에서는 기능별로 필요한 소프트웨어를 설치한다.

4-12_ 파일 서버로 보는 Windows와 Linux의 차이 109

실습 코너

NTP 서버 설정하기

4-4절에서 설명한 NTP 서버를 설정해 보겠습니다.

예를 들어 자택의 Windows PC를 클라이언트 PC로써 time.bora.net으로 시간 서버를 설정하려면, Windows 설정에서 '시간 및 언어' → '날짜 및 시간' → '다른 시간대에 대한 시계 추가' → '인터넷 시간' → '설정 변경'을 선택한 다음, 기본값인 'time.windows.com'을 time. bora.net으로 변경합니다(소개하는 것은 Windows10에서의 순서입니다).

설정 화면의 예

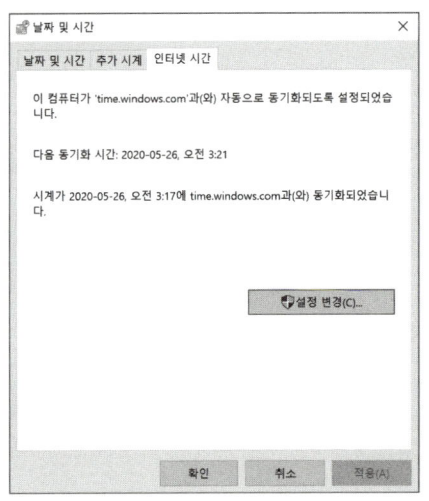
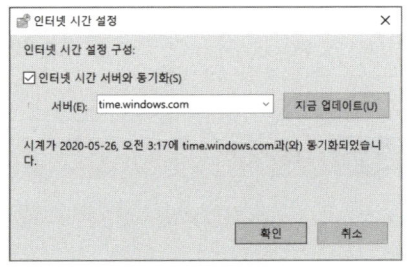

기업이나 단체의 Windows 클라이언트 PC에서 '로컬 그룹 정책 편집기'로 설정을 볼 가능성도 있지만, 일반적으로 클라이언트 PC의 접근은 허가되어 있지 않습니다.

만약 설정을 변경할 수 있다면, [그림 4-7]처럼 한 사람만 시스템 시각을 동기화할 수 없기 때문입니다. 물론 변경할 필요는 없습니다.

5-1 SMTP, POP3, DNS, Proxy, Web, SSL, FTP

메일과 인터넷을 지원하는 서버

메일과 인터넷의 등장인물

메일은 송신을 담당하는 **SMTP 서버**와 DNS 서버, 수신을 담당하는 **POP3 서버**로 구성됩니다.

인터넷의 경우는 조금 복잡해지는데, **DNS, Proxy, Web, SSL, FTP** 등의 서버로 구성됩니다(그림 5-1).

모두 메일 소프트웨어를 설정할 때나 브라우저의 표시, 보안 확인 등에서 한 번쯤 본 적이 있는 용어일 것입니다.

DNS 서버, Proxy 서버, SSL 서버는 메일과 인터넷 모두에서 이용되지만, 그 이외에는 기본적으로 별개의 기능입니다.

메일이나 인터넷과 관련된 서버를 기능별로 분리하는 경우도 있고, 한 대의 서버 안에 복수의 기능을 넣을 수도 있습니다.

가깝고도 먼 서버

사용자가 일상에서 사용하는 빈도로 보면, 메일과 인터넷에 관련된 서버는 매우 친숙한 존재입니다. 파일 서버나 프린트 서버는 건물 내부나 사무소 내의 눈에 띄는 장소에 설치되기도 하지만, 메일이나 인터넷을 지원하는 서버가 건물의 층마다 놓이는 경우는 없습니다(그림 5-2). 보안에 미치는 영향이 크기 때문에, 만일에 대비해서 취급하고 있습니다.

이처럼 물리적으로는 반드시 가까운 존재가 아닐 수도 있으므로, 의외로 '**가깝고도 먼 서버**'입니다.

또한, 메일이나 인터넷을 지원하는 서버는 전용 처리가 요구되므로, 파일 서버, 프린트 서버, 업무 시스템 서버 등과 같은 서버와 한 케이스에 놓이는 일도 없습니다.

다음 절에서 메일, 인터넷순으로 설명하겠습니다.

그림 5-1 　메일과 인터넷 서버

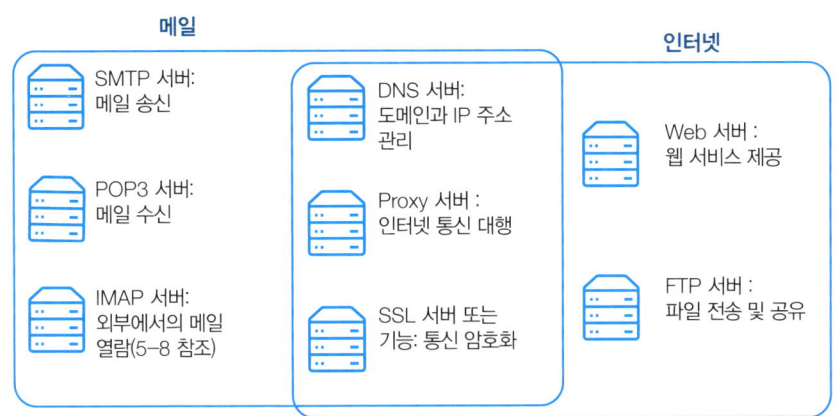

그림 5-2 　가깝고도 먼 서버

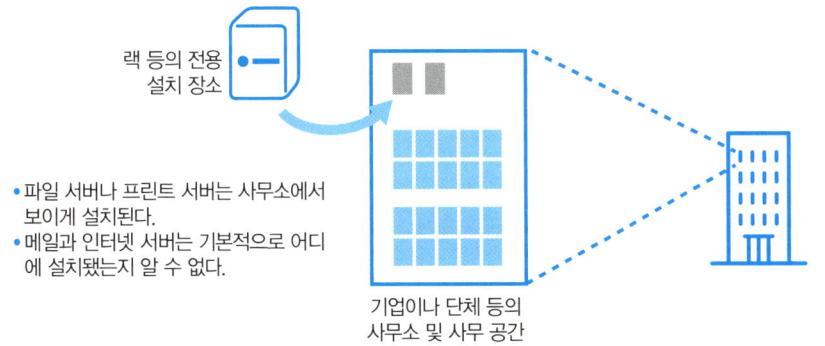

Point
- ✔ 메일과 인터넷에서 사용되는 서버에는 SMTP, POP3, IMAP, DNS, Proxy, Web, SSL, FTP 등이 있다.
- ✔ 메일과 인터넷 서버는 보안상의 이유로 사무소 내에서 볼 수 없다.

5-2 SMTP 서버

메일을 보내는 서버

SMTP 서버의 역할

SMTP 서버는 메일을 보내는 서버입니다. Simple Mail Transfer Protocol의 줄임말이며, 메일을 보내는 프로토콜을 이용합니다. 메일을 보내고 받는 프로토콜이 다르므로 서버도 각각 따로 있습니다.

메일을 보내는 흐름은 [그림 5-3]처럼 **메일 소프트웨어**에서 메일 발송용으로 설정된 SMTP 서버에 메일을 보내는 것부터 시작합니다.

SMTP 서버는 메일 주소의 @ 뒤에 적혀 있는 도메인명을 확인해서 DNS 서버(5-5 참조)에 IP 주소를 문의합니다. IP 주소를 확인했으면 메일 데이터를 보냅니다.

메일을 보낼 때 메일 소프트웨어에 설정된 사용자 이름과 암호로 인증하고 나서 실행하는 절차는 SMTP AUTH 등으로 부르고 있습니다.

메일 소프트웨어에서 SMTP 서버 설정

SMTP 서버는 메일 소프트웨어 설정 화면에서 'smtp.도메인명'으로 되어 있는 경우가 많습니다. 반면에, 메일을 받는 POP3 서버는 'pop.도메인명'으로 되어 있습니다. 다음 절에서도 설명하겠지만, 프로토콜과 그에 따른 처리가 다르므로, 메일 소프트웨어에서도 따로 설정합니다(그림 5-4).

메일 소프트웨어 설정 화면에서 보내는 기능은 SMTP, 받는 기능은 POP3로 설정 화면도 나뉘어 있습니다. 보내는 처리와 받는 처리가 각각 전혀 다른 서버의 기능처럼 느껴집니다.

하지만, [그림 5-3]을 다시 보면, SMTP 서버는 메일을 보내기만 할 뿐만 아니라, 받는 창구이기도 합니다. 메일 SMTP 서버는 송수신 서버라고 일컬어질 수도 있습니다. 다음 절에서는 메일을 수신하는 POP3 서버의 기능을 살펴보겠습니다.

그림 5-3 메일을 발송하는 흐름

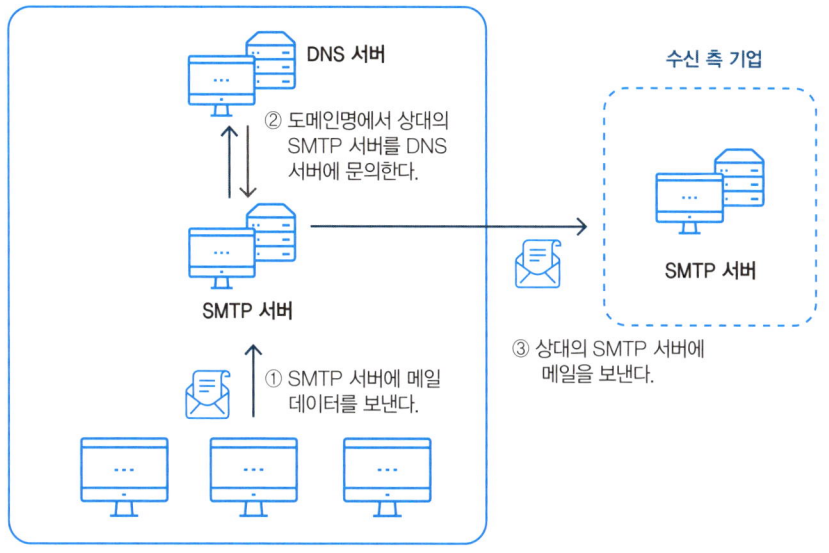

그림 5-4 메일 소프트웨어에서 서버 설정

- 메일을 보내는 서버와 받는 서버의 설정은 각각 다르다.
- 이때 각 서버의 존재를 인지하고 있다.
- 위 화면은 스마트폰 등에서 설정한 예

Point
- ✔ 메일을 보내는 것은 SMTP 서버의 역할이다.
- ✔ 메일 소프트웨어 설정에서 SMTP 서버의 존재를 의식할 기회가 반드시 있다.

5-3 POP3 서버

메일을 받는 서버

POP3 서버의 역할

POP3 서버는 메일을 받는 서버입니다. Post Office Protocol Version 3의 줄임말이며, 메일을 받는 프로토콜을 이용합니다.

앞에서 SMTP 서버를 설명했는데, SMTP 서버에는 보내는 쪽 SMTP 서버와 받는 쪽 창구가 되는 SMTP 서버가 있었습니다.

[그림 5-5]처럼 보내는 쪽 기업의 SMTP 서버에서 받는 쪽 기업의 SMTP 서버로 SMTP 서버 간의 통신에 의해 메일 데이터가 도달합니다. 그리고 받는 쪽 기업의 SMTP 서버에 사용자가 자기 앞으로 온 메일을 가지러 갈 때 POP3 서버를 이용합니다.

따라서, POP3 서버는 클라이언트가 메일을 받을 수 있도록 하는 서버로 보는 것이 적절합니다.

또한, SMTP 서버는 전송 명령이 있으면 곧바로 상대방 SMTP 서버에 데이터를 보내지만, POP3 서버는 메일이 도착했는지 메일 소프트웨어에 설정된 간격으로 정기적으로 확인하는 처리를 한다는 차이도 있습니다.

SSL로 암호화

사용자는 메일 소프트웨어에서 설정한 POP3 서버에 액세스해서, 자신의 편지함에 도착한 메일 데이터를 받으러 갑니다. 이때 사용자 이름과 암호에 의한 인증이 필요합니다.

앞서 메일 소프트웨어 설정 화면에서도 봤지만, SSL(5-6절 참조) 등으로 암호화할 수도 있습니다. 이렇게 암호화하면 POP3 서버와 클라이언트 사이의 데이터가 보호받을 수 있습니다(그림 5-6).

개인이 메일 수신 설정을 할 때 중요한 것은, **메일을 가져오는 정기적인 타이밍과 수신한 메일을 서버에서 삭제하는 타이밍**일 것입니다.

그림 5-5 메일 수신의 흐름

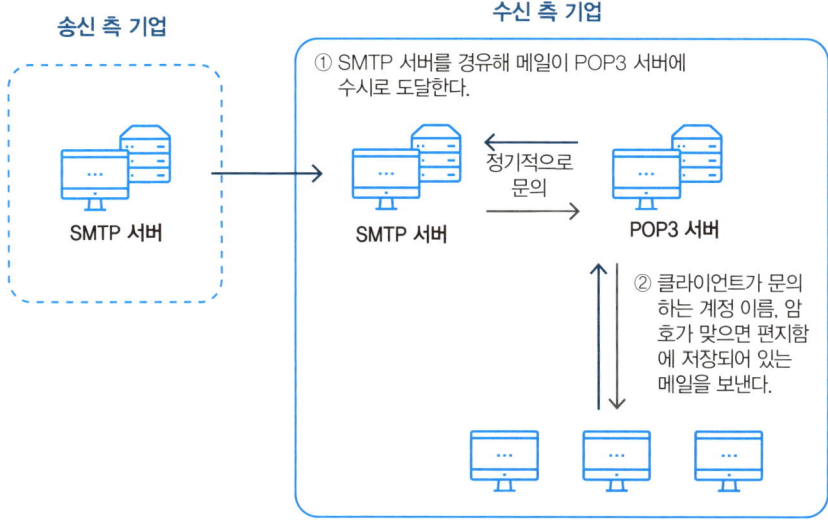

그림 5-6 SSL을 이용한 암호화

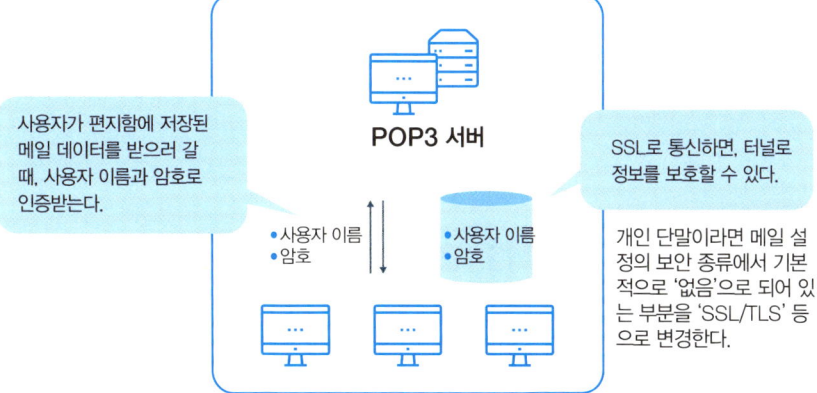

Point
- ✔ POP3 서버는 사용자의 요청을 받아서 사용자에게 메일을 보낸다.
- ✔ 사용자의 메일 수신 설정에서 중요한 것은 메일을 요청하는 간격과 서버에서 메일을 삭제하는 타이밍이다.

5-4 웹 서버, HTTP

웹 서비스 제공에 꼭 필요한 서버

웹 서버로 가는 길

웹 서버는 웹 서비스를 제공하는 서버입니다. 우리는 일상적으로 브라우저를 이용해서 웹 사이트를 보는데, 이때 **웹 사이트의 콘텐츠를 제공**하는 것이 웹 서버입니다.

하지만, 클라이언트 단말의 브라우저에서 직접 웹 서버로 연결되는 것은 아닙니다. [그림 5-7]을 보면 클라이언트 PC 브라우저의 요청을 바탕으로 Proxy 서버를 경유하고 있습니다. DNS 서버에서 URL을 IP 주소로 변환해 주면 조정을 완료하고, 인터넷을 지나 목표로 하는 상대방 네트워크에 들어가 웹 서버에 도달합니다.

메일과 마찬가지로 등장인물이 많은 것이 특징입니다.

웹 서버의 메일 소프트웨어에서의 설정

웹 서버는 브라우저의 데이터나 처리 요청에 대해서 **HTTP**(HyperText Transfer Protocol) 프로토콜에 따라 대응합니다.

[그림 5-8]처럼 브라우저에서 목적지 URL이나 필요한 데이터를 요청하거나 혹은 보내는 등의 메소드를 지정하면, 웹 서버는 그 요청에 대응합니다.

덧붙여, 웹 서버의 구조에 관해서는 지금까지처럼 사용자 혹은 클라이언트 중심으로 생각하면 이해하기 쉽습니다. 도입을 검토할 때는 **서비스를 제공하는 쪽 시점**에서 생각합니다.

원리의 이해와 구현은 어디까지나 다른 문제입니다. 예를 들어, 다음 2가지 시점을 들 수 있습니다.

- ◆ 방문할 웹 사이트를 제공하는 입장에서 처리 성능을 검토한다.
- ◆ 자사 대신에 웹 서비스를 대행해 줄 사업자의 서버와 서비스 등을 검토한다.

그림 5-7 웹 서버로 가는 길

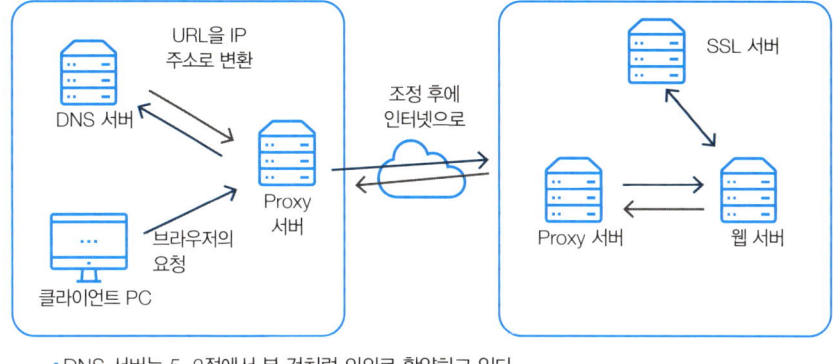

- DNS 서버는 5-2절에서 본 것처럼 의외로 활약하고 있다.
- 스마트폰이 클라이언트라면 클라이언트 PC를 스마트폰으로, 기업이나 단체 네트워크를 캐리어로 바꿔 읽는다.

그림 5-8 웹 서버의 처리

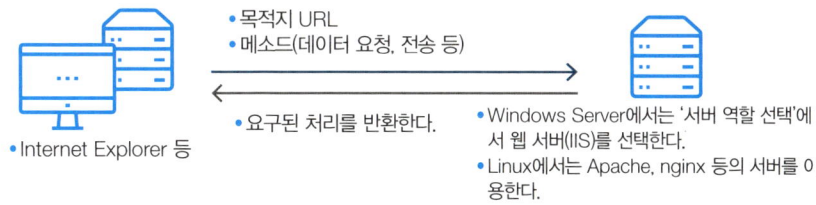

- **일반적인 '웹 사이트'의 의미**
  홈페이지 등 웹 페이지의 집합을 가리키는 말로 사용된다.
- **IIS에서 '웹 사이트'의 의미**
  마이크로소프트의 IIS에서는 작성한 콘텐츠를 공개하는 단위를 뜻하며, 개발자는 이 의미로 사용하는 경우가 많다.

> **Point**
> ✔ 웹 서버는 우리에게 친숙한 웹 사이트를 제공해 주는 인터넷을 대표하는 서버다.
> ✔ 구조나 동작 방식은 브라우저로 생각하면 이해하기 쉽지만, 도입을 검토할 때는 서비스 제공자 시점에서 생각할 필요가 있다.

5-5 DNS

도메인과 IP 주소의 연결

DNS의 역할

DNS는 Domain Name System의 줄임말로, 지금까지도 여러 번 등장했던 것처럼 **도메인명과 IP 주소를 연결해 주는 기능**을 제공합니다. 다시 확인해 보면, DNS를 이용하는 상황은 다음과 같습니다(그림 5-9).

- 메일 주소 @ 뒤의 도메인명을 IP 주소로 변환한다.
- 브라우저에서 입력된 도메인명을 IP 주소로 변환한다.

평소에는 DNS의 존재를 의식하지 못하지만, 메일에서도 웹에서도 활약하는 매우 중요한 기능입니다. DNS 서버는 크게 캐시 서버와 콘텐츠 서버로 나눌 수 있습니다.

시스템 규모에 따라 역할이 바뀐다

DNS가 중요한 역할을 하는 만큼, **사용자 수와 네트워크 시스템의 규모에 따라서 존재 자체가 바뀝니다**(그림 5-10).

예를 들어, 소규모 기업이나 조직이라면, DNS 서버를 설치하는 게 아니라 메일이나 웹 서버 안에 기능으로써 들어갑니다.

반면에, 수천 명 이상의 대기업이라면 메일이나 웹 사이트로의 접속량이 방대하므로, DNS 서버를 설치할 뿐만 아니라, 메일용과 웹용으로 나누고 거기서 다시 다중화하는 일도 있습니다.

이렇게 하는 이유는 DNS의 기능이 멈추면, 메일 전송이나 외부 웹 사이트 접속을 할 수 없게 되는 등 업무에 미치는 영향이 크기 때문입니다.

또한, DNS를 도메인명의 계층 구조와 동일하게 나누는 구성도 있습니다. 캐시, 라우트, 도메인 등으로 나뉘며 도메인으로 분기합니다.

일반적으로 사용자가 DNS 서버를 의식할 일은 없지만, 자신이 소속된 기업이나 단체에선 DNS가 어떠한 존재인지 생각해 보세요.

그림 5-9 DNS의 역할

클라이언트로부터 @XX.com의 IP 주소를 문의

@XX.com, www.XX.com의 XX.com을 IP 주소(123.123.11.22)로 변환

DNS 서버

DNS 서버는 2종류

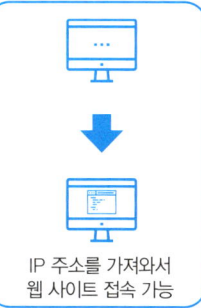

IP 주소를 가져와서 웹 사이트 접속 가능

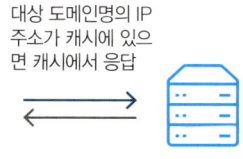

대상 도메인명의 IP 주소가 캐시에 있으면 캐시에서 응답

DNS 캐시 서버: 클라이언트의 요청에 대응

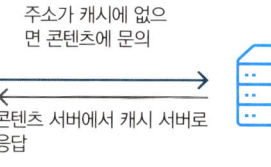

대상 도메인명의 IP 주소가 캐시에 없으면 콘텐츠에 문의

콘텐츠 서버에서 캐시 서버로 응답

DNS 콘텐츠 서버: 대응표를 가지고 있어 외부 DNS에도 대응

그림 5-10 다양한 DNS 도입 패턴

메일과 웹 서버에 DNS 기능이 존재
(외부 DNS 서버를 이용)

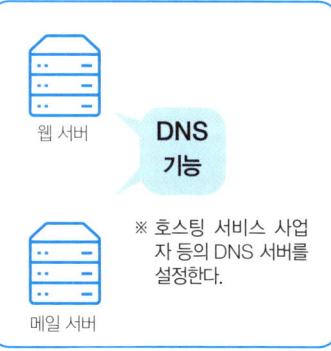

웹 서버
메일 서버

DNS 기능

※ 호스팅 서비스 사업자 등의 DNS 서버를 설정한다.

DNS 다중화
(웹 서버의 예)

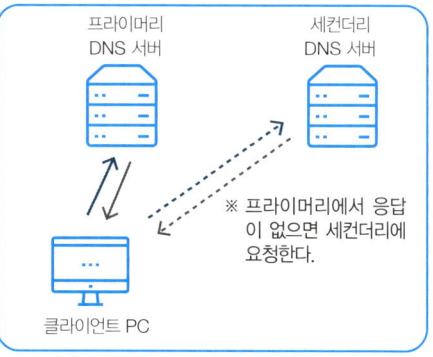

프라이머리 DNS 서버
세컨더리 DNS 서버
클라이언트 PC

※ 프라이머리에서 응답이 없으면 세컨더리에 요청한다.

Point

✔ DNS는 도메인명과 IP 주소를 변환하는 기능이다.

✔ 메일이나 웹에 없어서는 안 되는 기능으로 사용자 수와 이용 빈도에 따라 그 존재는 달라진다.

5-6 SSL

브라우저와 웹 서버 사이의 암호화

통신 암호화

SSL은 인터넷상에서의 통신을 암호화하는 프로토콜로, Secure Sockets Layer의 줄임말입니다.

이 프로토콜은 **인터넷상에서 통신을 암호화해, 악의를 가진 제3자에 의한 도청이나 변조 등을 방지하는 것을 목적으로 합니다**. 등장인물은 서버와 클라이언트입니다(그림 5-11).

클라이언트에는 친숙한 웹 브라우저가, 서버에는 SSL 전용 소프트웨어가 있습니다.

SSL의 흐름

상세한 처리의 흐름은 [그림 5-12]와 같습니다. SSL로 통신한다는 것을 서버와 클라이언트 양쪽에서 확인하는 것부터 시작합니다.

확인 후 서버에서 인증서와 암호화에 필요한 키를 보내, 통신하는 양쪽에 고유한 암호와 복호화가 준비되면 데이터 통신이 진행됩니다.

SSL 기능이 없는 경우에는 데이터가 암호화되지 않기 때문에, 도청해서 내용을 볼 수 있게 되거나 데이터를 조작할 가능성도 있지만, SSL 기능이 있으면 안심할 수 있습니다. [그림 5-12]는 SSL이 암호화 통신을 하는 흐름을 보여 줍니다. 약간 복잡한 과정으로 보이지만, 사용자가 이러한 흐름을 신경 쓸 필요는 없습니다.

브라우저에 표시된 웹 사이트의 URL을 주의해서 보다 보면, 개인 정보나 패스워드 등을 입력할 때 "http:"에서 "https:"로 바뀌는 경우가 있습니다. **https로 표시된 때는 SSL이 실행되고 있습니다**. 웹 사이트에 따라서는 응답 시간에 약간 차이가 날 수도 있습니다.

덧붙여, SSL 기능이 웹 서버와 함께 있는 경우와 독립적으로 SSL 서버를 설치하는 경우가 있습니다.

그림 5-11 SSL의 구조

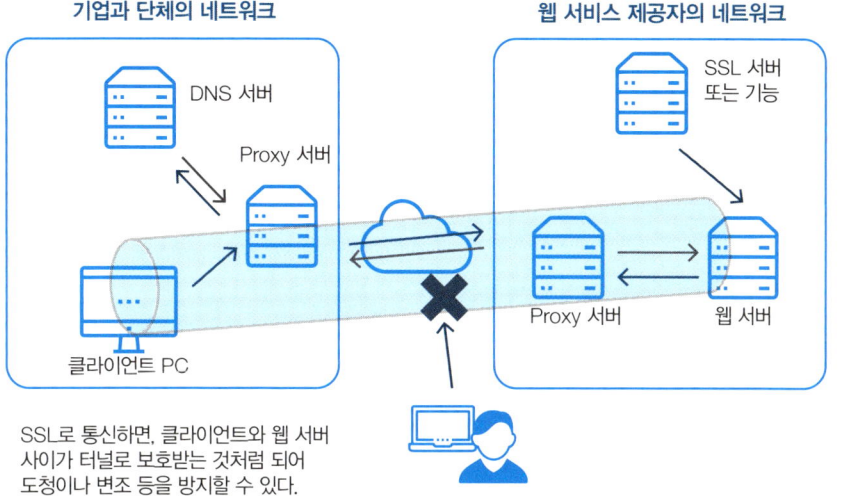

SSL로 통신하면, 클라이언트와 웹 서버 사이가 터널로 보호받는 것처럼 되어 도청이나 변조 등을 방지할 수 있다.

그림 5-12 SSL의 흐름

- 클라이언트와 웹 서버 사이에서는 SSL 통신하는 것을 확인하고 암호화 순서를 확인한 후 데이터를 주고받는다.
- SSL은 공통키 및 공개키 암호 방식을 조합한다.

Point
- ✔ SSL은 인터넷상에서 안전한 통신을 실현하는 프로토콜로써 널리 사용된다.
- ✔ 브라우저의 URL 표시가 "http:"에서 "https:"로 바뀌어 있을 때는 SSL이 실행되고 있다.

5-7 FTP

인터넷을 통한 파일 전송 및 공유

파일 전송

FTP는 외부와 파일을 인터넷상에서 공유하고, 웹 서버에 파일을 업로드하기 위한 프로토콜로 File Transfer Protocol의 줄임말입니다.

사내 파일 공유는 파일 서버에 대상 파일을 저장함으로써 가능합니다. 반면에, 인터넷을 경유해 외부와 파일을 공유할 때는 똑같이 할 수 없습니다.

내부 파일 서버일 때는 디렉터리를 지정해서 저장할 수 있지만, 외부 파일 서버일 때는 대상 컴퓨터의 **IP 주소와 URL을 지정**해서 접속한 후 인증을 받고 나서 전송을 시작합니다. [그림 5-13]을 보면, 네트워크 내에 있는 파일 서버와는 접속 방법이나 절차가 달라도 어쩔 수 없다고 생각될 것입니다.

주된 기능은 외부 컴퓨터에서 폴더를 만들고, 파일을 외부 컴퓨터에 전송해서 공유하는 기능을 들 수 있습니다.

[그림 5-14]에서는 FTP 소프트웨어의 화면을 예로 들어 소개하고 있습니다. FTP의 기능을 활용하기 위해서는 클라이언트와 서버 각각에 FTP 소프트웨어가 설치되어 있어야 합니다.

FTP 서버의 구현

웹 서버에 FTP 기능이 포함되는 경우는 많습니다.

인터넷 관련 서비스 사업자는 FTP 서버를 따로 설치하여 사용자에게 제공하기도 합니다.

한편, 일반적인 기업이나 단체는 직원이 FTP 소프트웨어를 이용하여 외부 서버로 파일을 전송할 수 없게 되어 있습니다.

그림 5-13 FTP와 파일 서버의 차이

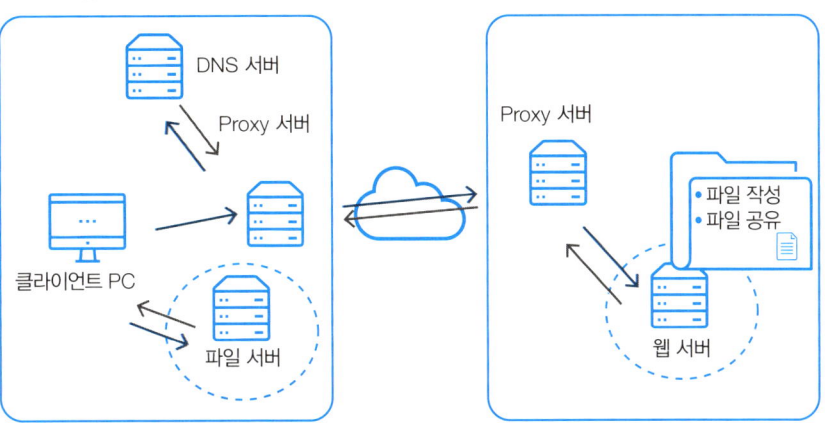

- 가까이 있는 파일 서버는 디렉터리를 지정해서 파일에 접근한다.
- 멀리 있는 웹 서버에는 IP 주소와 URL을 지정해서 인증을 받은 후 접근한다.

그림 5-14 FTP 소프트웨어의 화면

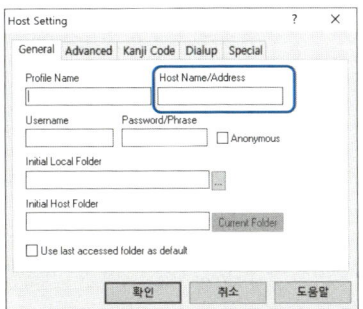

FTP 소프트웨어 FFFTP의 화면 예
- 동그라미로 에워싼 부분에 IP 주소 또는 도메인명을 입력해서 접속한다.
- 사전에 관리자가 사용자 이름과 암호를 등록할 필요가 있다.
- 웹 사이트용 파일이나 이미지 등의 전송에 자주 사용된다.

FTP는 인증이나 파일 암호화 등을 하지 않으므로, 최근에는 FTPS(FTP over SSL) 등의 보안 프로토콜을 사용하게 되었다.

Point
- ✔ FTP는 인터넷에서 외부와 파일을 공유하거나 웹 서버에 파일을 업로드할 때 사용하는 프로토콜이다.
- ✔ IP 주소와 URL을 지정해서 파일을 전송한다.

5-8 IMAP 서버

외부에서 메일을 보고 싶을 때 이용하는 서버

IMAP 서버의 역할

IMAP은 Internet Messaging Access Protocol의 줄임말입니다. 간단히 말하면, 이 프로토콜은 **외부에서 메일을 보고 싶을 때 이용**됩니다.

구체적으로는 사내에서 데스크톱 PC로 메일을 주고받다가, 밖에서 태블릿이나 스마트폰으로 메일을 확인하고 싶을 때 이용하는 프로토콜입니다.

예를 들어, 현재는 SMTP와 POP3의 기능으로 회사 내에서 메일을 주고받을 수 있지만, 이후에 회사 밖에서도 메일을 확인할 수 있게 하고 싶을 때는 IMAP 서버나 IMAP 서비스를 추가합니다(그림 5-15).

영업 등 업무의 효율화와 직원 전체의 워크 스타일 변혁의 시책으로써, 외부에서도 메일을 볼 수 있게 하는 것은 흔히 사용되는 방법입니다.

POP3와의 차이

POP3의 경우는 메일 소프트웨어에서 POP3를 설정한 기기에 메일 데이터를 다운로드합니다. 물론 POP3 서버에 메일 데이터를 남기도록 설정해 두면 데이터는 서버에 남습니다.

반면에 IMAP은 POP3 서버의 메일을 보여 주기만 할 뿐이므로, IMAP으로 보는 한 메일 데이터는 서버 쪽에 있습니다(그림 5-16).

IMAP은 열람할 수만 있을 뿐이므로, 암호 설정으로 단말을 열 수 없게 하면 보안 수준이 높다는 것을 의미합니다.

외부에서 메일을 볼 수 있도록 사용자를 인증하는 기능을 갖춘 것이 IMAP 서버라고 생각하면 이해하기 쉽습니다.

그림 5-15 IMAP 서버의 자리매김

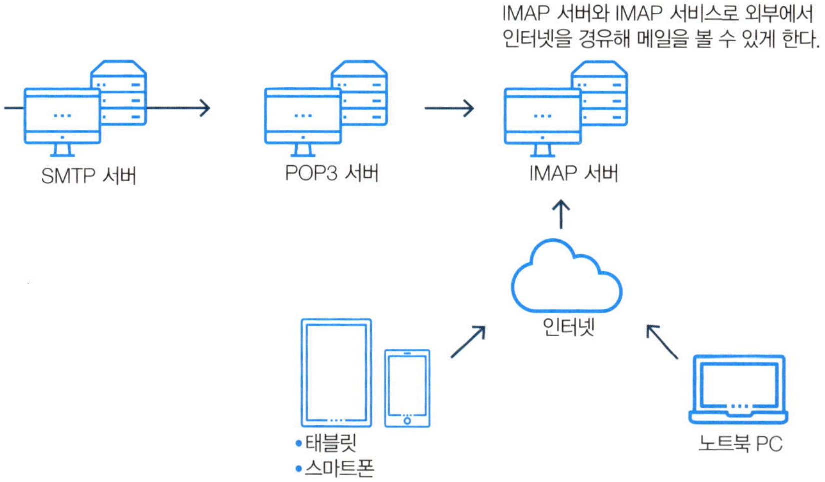

그림 5-16 IMAP의 기능

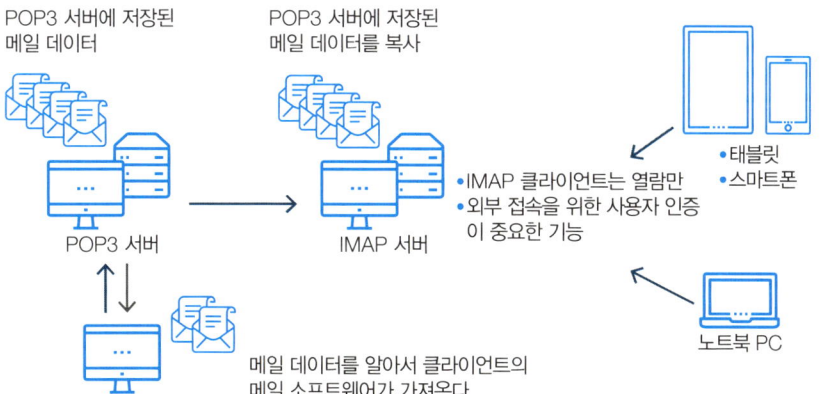

| Point | ✔ IMAP은 외출했을 때 등 외부에서 메일을 볼 수 있게 해 주는 기능으로 사용자 편의성이 높다. |
| | ✔ IMAP은 워크 스타일 변혁의 흐름 속에서 계속해서 확산되고 있다. |

5-9 Proxy 서버

인터넷 통신의 대행

인터넷 통신 대행

서버나 기능의 명칭은 대부분 줄임말이지만, **Proxy**는 단어가 그대로 사용된 귀중한 존재입니다.

Proxy는 대리를 의미합니다. 클라이언트의 입장에서 보면, Proxy는 **인터넷 통신을 대행**합니다(그림 5-17).

예를 들어, 복수의 클라이언트가 같은 사이트를 보러 가는 경우, 2대째 이후로는 Proxy에 있는 캐시 데이터를 보여 줌으로써 단순히 대리하는 것만이 아니라 효율화도 노리고 있습니다.

일반적으로 Proxy의 이런 기능을 사용자가 인지하는 일은 없습니다.

내부에서의 차단

기업이나 단체의 보안 정책이나 인터넷 운영 가이드라인 등에 의해, 사이트에 따라서는 열람할 수 없거나 금지 기호가 표시되기도 합니다. 이것도 Proxy 서버의 기능입니다.

관리자의 설정에 따라, **열람이 바람직하지 않은 사이트나 보안 측면에서 문제가 있을 수 있는 사이트를 차단**합니다.

또한 **외부에서의 부적절한 접근에 대해서는 클라이언트를 보호하는 형태로 차단**하기도 합니다. 이른바 방화벽의 역할입니다(그림 5-18).

내부에 대해서는 보고 싶은 사이트를 보여 주지 않는 엄격함을 보이지만, 실은 우리가 모르는 곳에서 외부의 부적절한 액세스를 차단하는 등 Proxy는 내외 양면에서 활약하고 있습니다.

DNS나 SSL도 그렇지만 Proxy도 사용자가 의식하지 않는 곳에서 중요한 역할을 하고 있습니다.

그림 5-17 Proxy 서버의 역할

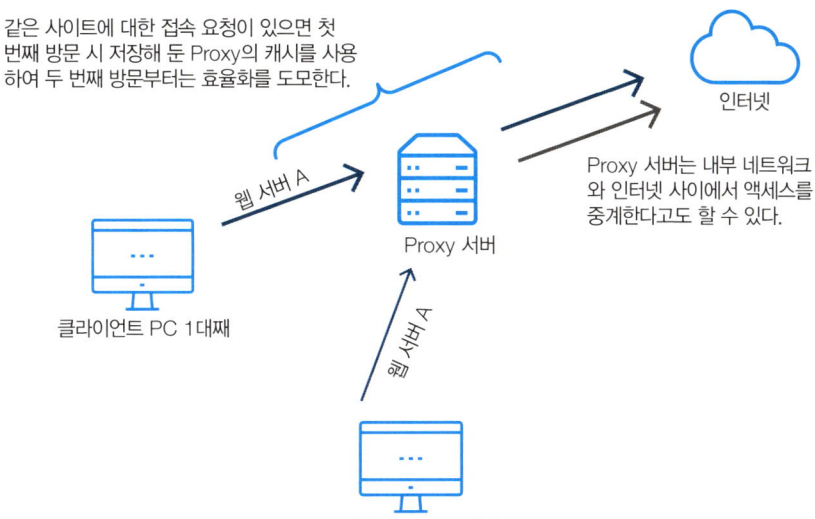

같은 사이트에 대한 접속 요청이 있으면 첫 번째 방문 시 저장해 둔 Proxy의 캐시를 사용하여 두 번째 방문부터는 효율화를 도모한다.

Proxy 서버는 내부 네트워크와 인터넷 사이에서 액세스를 중계한다고도 할 수 있다.

그림 5-18 Proxy의 그림자 역할

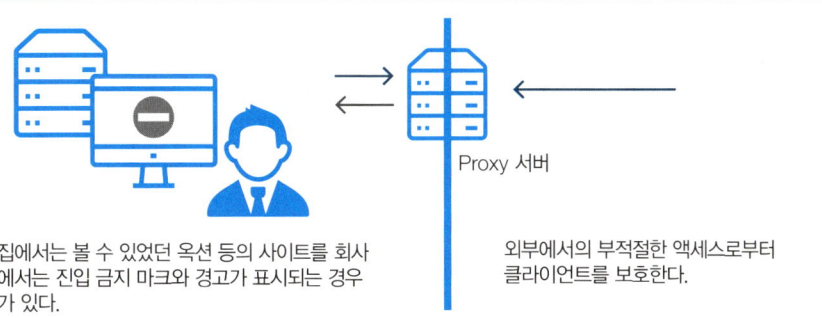

집에서는 볼 수 있었던 옥션 등의 사이트를 회사에서는 진입 금지 마크와 경고가 표시되는 경우가 있다.

외부에서의 부적절한 액세스로부터 클라이언트를 보호한다.

> **Point**
> ✔ Proxy 서버는 클라이언트의 인터넷 통신을 대행한다.
> ✔ 내부에 금지된 사이트를 보지 못하도록 하고, 외부의 부적절한 접속으로부터 클라이언트를 보호한다.

실습 코너

DNS 서버와의 통신

5-5절에서 DNS에 관해서 설명했습니다.
DNS는 도메인명과 IP 주소를 연결해, 도메인명을 IP 주소로 변환해 줍니다.
실제로 Windows PC에서 DNS 서버와 통신해 봅시다.
명령 프롬프트에서 'nslookup'이라고 입력합니다. 이 커맨드는 DNS 서버에 직접 요청을 올립니다. 정상적으로 통신이 이루어지면 결과가 표시됩니다.

nslookup 커맨드의 표시 예

```
>nslookup 조회하고 싶은 호스트명
서버: DNS 서버의 이름
Address: DNS 서버의 IP 주소

이름: 조회하고 싶은 호스트명
Address: IP 주소의 결과
```

조회하고 싶은 호스트명에 예를 들어 daum.net을 입력해 봅시다. 프로바이더의 웹 서비스를 활용하는 기업이나 단체에서는 IP 주소가 표시되지 않는 경우도 있습니다.
접속 테스트이므로, 웹 서버를 직접 설치할 것 같은 유명한 사이트나 기업이 실습해 보기 좋을 거라고 생각합니다.
DNS 서버의 이름은 가정에서 접속할 때와 기업이나 단체의 네트워크에서 접속할 때가 달라집니다.

Chapter 6
서버로부터의 처리와 고성능 처리

디지털 기술의 서버

6-1 서버로부터의 처리, 높은 성능을 활용한 처리

조직의 시선으로 생각한다

조직의 시선으로 생각하면 이해하기 쉽다

시스템이나 서버 등을 통해, 기업이나 단체는 업무 수행을 효율화하고 생산성을 높일 수 있습니다. 클라이언트-서버 관점에서는 클라이언트나 사용자의 시선으로 이야기해야 한다는 것을 4-1절에서 설명했습니다.

한편, 서버의 능동적인 처리나 높은 성능에 의존하는 처리에서는 **조직의 시선**으로 생각해야 합니다.

조직의 관리자가 부하 직원을 관리하는 것처럼, 서버가 클라이언트나 산하의 컴퓨터 및 디바이스를 관리하는 관점에서 생각하는 것입니다.

관리자가 직장에서 부하 직원에게 다양한 지시를 내리거나 확인을 하는 것은 흔히 볼 수 있는 광경입니다. 이렇게 서버에서 명령이나 지시를 하는 것이 **서버로부터의 처리**입니다. 운용 감시, IoT, RPA, BPMS 등의 서버를 들 수 있습니다(그림 6-1).

높은 성능을 활용한 처리

조직이나 팀에서의 활동을 생각해 보면, 보통은 감독과 선수처럼 명령이나 지시 관계가 있지만, 각각의 선수를 나열해 봤을 때 능력이 뛰어난 선수만이 할 수 있는 경우도 있습니다.

서버의 높은 성능을 활용한 처리는 PC나 그 밖의 클라이언트 디바이스로는 실현할 수 없습니다(그림 6-2).

요즘은 팀 스포츠에서도 특별한 능력이 있는 선수의 스킬을 살리는 전술도 많이 볼 수 있습니다. 스포츠에서 스킬이 높은 선수만 할 수 있는 플레이가 있는 것처럼, 서버에서만 할 수 있는 처리도 있습니다.

예를 들면, 최근 주목받고 있는 AI나 빅데이터 등이 바로 서버에서만 할 수 있는 일입니다.

다음 절에서는 서버에서의 처리부터 살펴보겠습니다.

그림 6-1 조직의 시선 – 서버에서의 처리

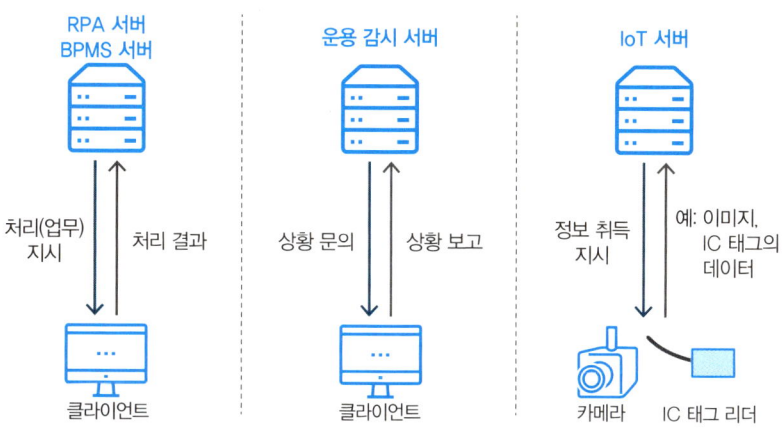

그림 6-2 높은 성능을 활용한 처리

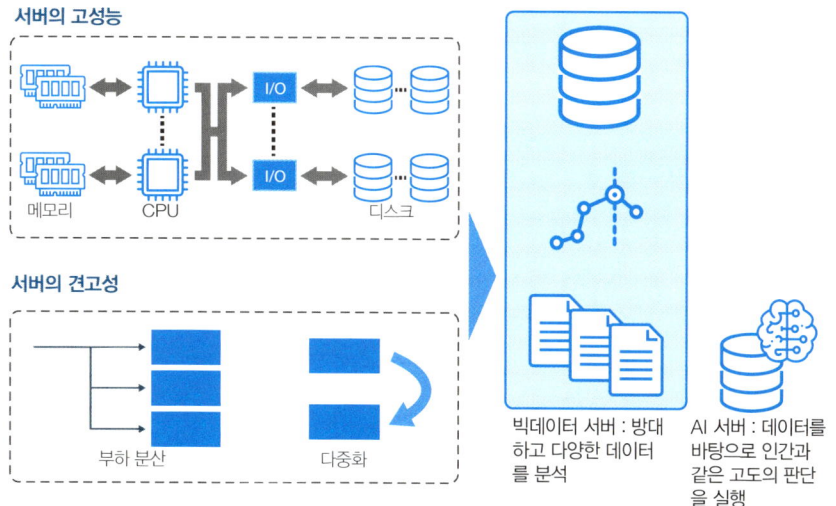

Point
- ✔ 서버에서 주도하는 처리는 조직의 시선으로 생각하면 이해하기 쉽다.
- ✔ 스포츠에서 신체 능력이 좋은 선수만 할 수 있는 플레이가 있는 것처럼, 서버의 높은 성능이 없으면 할 수 없는 처리도 있다.

6-2 운용 감시 서버

시스템 운용 감시

헬스 체크와 리소스 감시

시스템 **운용 감시**는 시스템이 정상으로 동작하는지 감시하는 일을 말합니다. 서버나 네트워크 기기 수량이 늘어나면 필수적인 서버입니다. 일반적으로 운용 감시는 전용 서버로 실시합니다.

운용 감시는 다음 2가지 측면에서 생각해 볼 수 있습니다.

- ◆ **리소스 감시**
  대상이 되는 기기의 CPU, 메모리 등의 사용률과 네트워크 트래픽을 감시한다. 감시 결과로 사용률을 표시하고, 높은 경우에는 경고를 표시한다.

- ◆ **헬스 체크**
  서버와 네트워크 기기가 동작하는지 운용 감시 서버로 확인한다. '사활' 감시라고 불리기도 한다.

[그림 6-3]을 보면, 운용 감시 서버는 다른 서버나 네트워크 기기를 감시하고 있으므로, 위의 입장에 조금 더 가까움을 알 수 있습니다.

목표는 안정적인 가동

운용 감시의 목표는 시스템이나 서버를 **안정적으로 가동하는 것**입니다. 물론 만에 하나 장애가 발생한 경우에, 곧바로 대응하기 위한 측면도 있습니다.

운용 감시 서버를 도입하는 이유는 다수의 서버와 네트워크 기기를 동시에 관리하기 위함으로, 실제 운용 감시 서버에서 보는 화면은 전용 소프트웨어 화면입니다. 덧붙여, 서버의 수가 적은 경우나 소규모 시스템에서는 표준 툴을 이용하는 것이 일반적입니다.

[그림 6-4]는 Windows Server의 작업 관리자의 '성능' 화면입니다.

그림 6-3 운용 감시 서버의 포지션

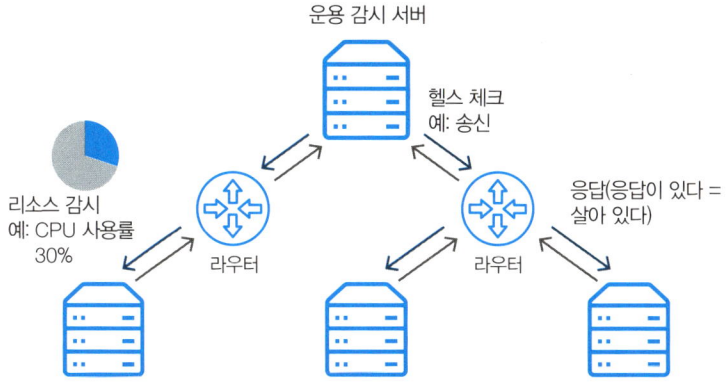

• 운용 감시 서버는 다른 서버와 네트워크 기기를 감시한다.

그림 6-4 Windows Server의 작업 관리자의 '성능' 탭 화면

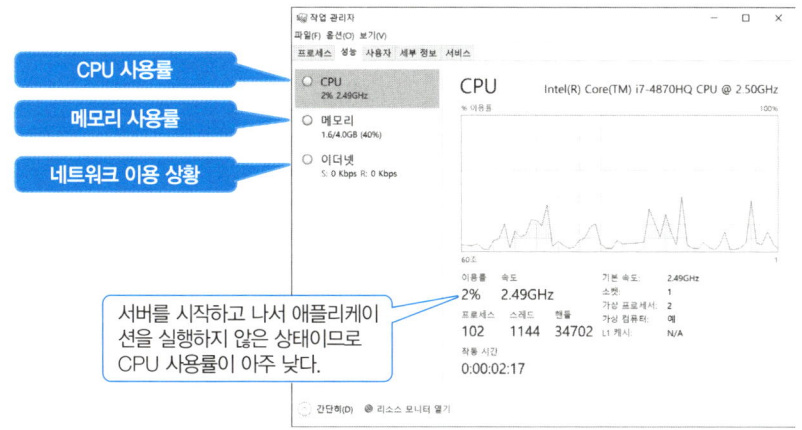

Point
- ✓ 운용 감시 서버의 역할로 리소스 감시와 헬스 체크가 있다.
- ✓ 운용 감시가 목표로 하는 것은 시스템과 서버의 안정적인 가동이다.

6-3 IoT

IoT와 서버의 관계

IoT의 두 가지 종류

IoT에 관해서는 4-11절에서 설명했습니다. 다양한 디바이스에서 올라오는 데이터를 서버가 모아 저장, 분석, 판단 등을 합니다.

조금 더 자세히 이야기하면, 데이터 수집에는 기술적으로 다음 두 가지 형태가 있습니다(그림 6-5).

- ◆ 디바이스가 획득 혹은 보유한 데이터를 **디바이스 주도로 서버에 보낸다.**
- ◆ 디바이스를 자식에 비유하면, **부모가 되는 장치의 명령으로 데이터를 빨아올린다.**

전자는 클라이언트 쪽에서 자율적으로 보내므로, 이 책에서는 이를 클라이언트-서버로 규정했습니다. 후자는 서버가 주도하므로, 이 장에서는 능동적인 기능으로 다룹니다.

서버가 데이터를 수집하는 이유

카메라를 예로 들자면, [그림 6-5]의 ❶처럼 자율적으로 촬영하여 영상을 전송해 주는 방식이 있는가 하면, ❷처럼 서버 쪽에서 명령을 발행할 때 촬영을 시작해서 영상을 얻는 방식도 있습니다.

서버가 주도하는 IoT 시스템은 필요할 때에 필요한 데이터를 얻는다는 발상으로 설계되어 있습니다(그림 6-6).

향후 다양한 분야에서 무인화가 진행될 것으로 예상됩니다. 서버가 주도하는 IoT는 특정 타이밍이나 시간에서의 상황 확인을 목표로 하므로, 점포의 재고 확인, 고객의 내점 상황 등 즉시성이 요구되는 업무에서의 활약이 기대됩니다.

현재의 IoT는 기기에서 정보를 자동으로 올려주는 클라이언트-서버 형태가 다수입니다.

향후 비즈니스 동향에 따라 **서버 주도도 확대될 것**입니다.

그림 6-5 | IoT의 데이터 수집의 두 가지 형태

❶ 디바이스가 자율적으로 데이터를 보내는 형태
예: 카메라(촬영하고 바로 업로드), 비콘, 액티브 태그

❷ 디바이스에 데이터 읽기 명령을 발행해서 데이터를 가져오는 형태
예: IC 태그, 카메라(서버의 명령으로 영상을 전송)

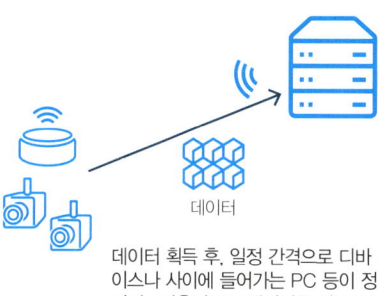

데이터

데이터 획득 후, 일정 간격으로 디바이스나 사이에 들어가는 PC 등이 정기적·자율적으로 데이터를 업로드

서버가 명령을 발행하고 디바이스가 업로드

데이터

그림 6-6 | 즉시성을 중시한 IoT 시스템

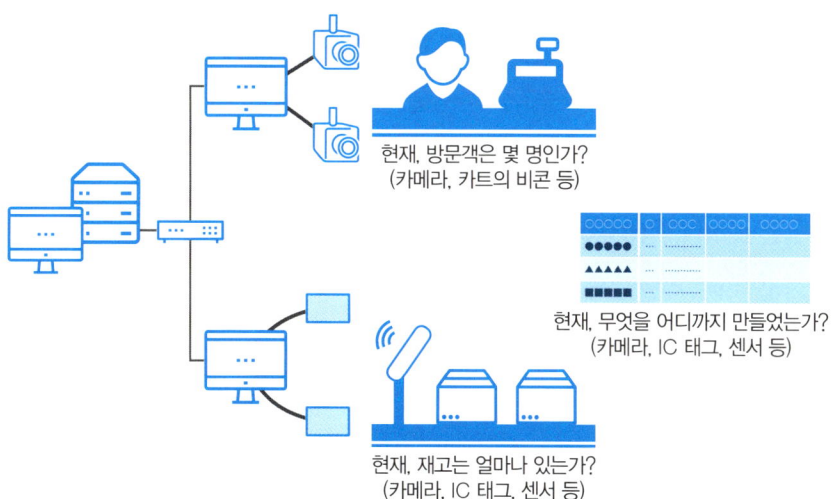

현재, 방문객은 몇 명인가?
(카메라, 카트의 비콘 등)

현재, 무엇을 어디까지 만들었는가?
(카메라, IC 태그, 센서 등)

현재, 재고는 얼마나 있는가?
(카메라, IC 태그, 센서 등)

Point
- ✔ IoT에는 디바이스가 자율적으로 데이터를 업로드하는 형태와 부모가 되는 장치나 서버에서 데이터를 가지고 가는 형태가 있다.
- ✔ 앞으로는 즉각적인 상황 파악에 대한 요구가 높아지고 있어, 서버 주도 형태도 증가할 가능성이 높다.

6-4 RPA

RPA와 서버의 관계

RPA의 두 가지 접근

RPA는 Robotic Process Automation의 줄임말로, 자신 이외의 소프트웨어를 대상으로 **정의된 처리를 자동으로 실행하는 도구**입니다.

예를 들어, 애플리케이션 A에서 B로 데이터 복사나 대조, 커맨드 버튼 클릭 등 사람이 조작하던 작업을 대신해 줍니다. 소프트웨어가 사람이 할 조작을 자동으로 처리하므로 훨씬 단기간에 할 수 있습니다.

AI나 IoT만큼 잘 알려지지는 않았지만, 업무를 자동화하는 디지털 기술의 하나로써 신문이나 잡지 등에서 종종 소개되고 있습니다. RPA는 프로세스를 자동화하므로, PC 조작을 자동화할 뿐만 아니라 다수의 자동화된 PC 조작을 통합해서 관리할 수도 있습니다.

그러한 기능 덕분에 현재는 20명이 2,000시간 걸리는 일을 PC 조작 자동화와 통합 관리를 통해 절반 가까이 효율화할 수 있습니다.

직접 RPA 서버를 설치하는 이유

RPA는 소프트웨어로써는 조작을 자동으로 하는 실행 파일인 로봇 파일, 로봇 파일의 실행 환경, 개발 환경, 그리고 로봇 파일을 관리하는 관리 툴의 4가지로 구성되어 있습니다.

현재 주류는 서버에 관리 툴과 데스크톱용으로 가상화된 로봇 파일과 실행 환경을 준비해 두고, 각 데스크톱에서 로봇 파일과 실행 환경을 가져와 실행합니다(그림 6-7).

RPA 서버는 관리자와 개발자가 정의한 대로 각각 로봇이 동작하는 순서와 처리 스케줄, 실행 상황이나 처리 완료를 관리하여 프로세스 자동화를 실현합니다. 사용자 관리나 보안에 대응하는 등의 기능도 있습니다(그림 6-8).

RPA는 **기업이나 단체의 시스템 전체의 축소판**과 같은 기능을 가지고 있습니다. RPA 도입을 추진하면, 업무 시스템 전반의 기초를 학습할 수 있습니다.

그림 6-7 RPA의 소프트웨어 구성과 서버와 데스크톱용 PC의 관계

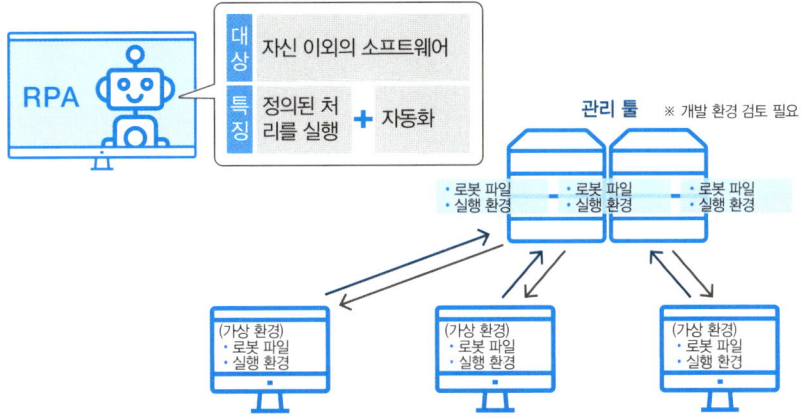

그림 6-8 RPA는 기업이나 단체 시스템 전체의 축소판

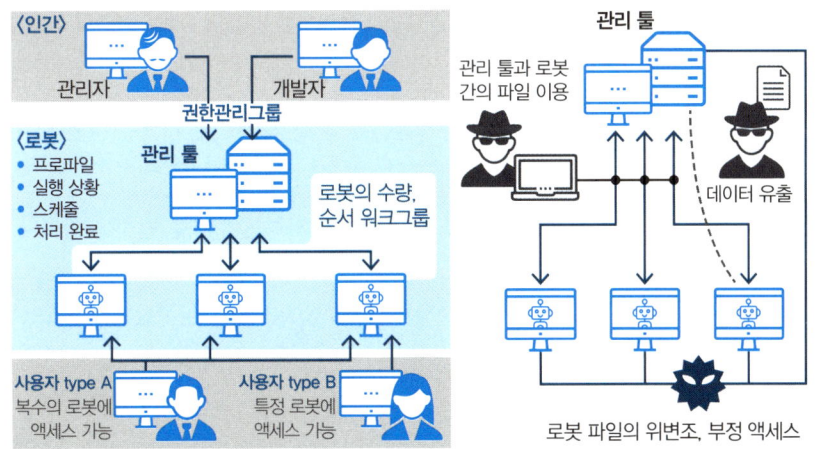

Point
- ✔ RPA는 업무 자동화를 실현하는 도구로써 주목받고 있다.
- ✔ 서버가 주역인 시스템으로, 각 로봇의 실행, 운용, 보안 관리 등 기업과 단체의 시스템의 축소판과 같은 존재다.

6-5 BPMS, 업무 자동화

지속적인 업무 개선

BPMS의 두 가지 특징

BPMS는 Business Process Management System의 줄임말로, 구체적인 예로는 품의 등에서의 워크 플로우 시스템이 알려져 있습니다.

BPM은 **업무 프로세스를 분석하고 개선하는 단계**를 반복함으로써, 업무 개선을 지속해서 추진해 가는 개념입니다.

BPMS는 업무 프로세스나 워크 플로우의 각종 템플릿을 마련해 두고 있어, 템플릿을 이용한 프로세스와 워크 플로우의 등록이나 변경을 통해 업무 분석과 개선 단계로 오를 수도 있습니다.

특징은 다음 두 가지를 들 수 있습니다(그림 6-9).

- ◆ **프로세스와 데이터 플로우 변경이 용이**
  예를 들어, 어떤 프로세스를 삭제하거나 데이터 플로우를 변경하는 것을 템플릿의 도형을 삭제하거나 이동하여 실현할 수 있다.

- ◆ **자율적인 분석에 의한 솔루션**
  각 프로세스의 처리량과 처리 시간 등을 기록해서, 변경하는 편이 좋은 프로세스의 분석 결과를 보여 준다.

BPMS의 서버는 업무 관리자의 지시에 따라 업무의 사령탑과 같은 역할을 합니다.

BPMS가 주목받는 이유

기업이나 단체의 업무 자율화와 무인화 도입이 늘어 가면서 BPMS는 RPA 등과 함께 주목받고 있습니다.

BPMS는 산하의 클라이언트를 조작하는 사람의 PC상에서 업무뿐만 아니라, **RPA 등도 관리**할 수 있는 제품이 늘고 있습니다(그림 6-10). 사람이 하는 업무와 RPA와 같은 로봇, 또 일부 그 밖의 소프트웨어도 포함해서 관리할 수 있습니다.

그림 6-9   BPMS의 두 가지 특징

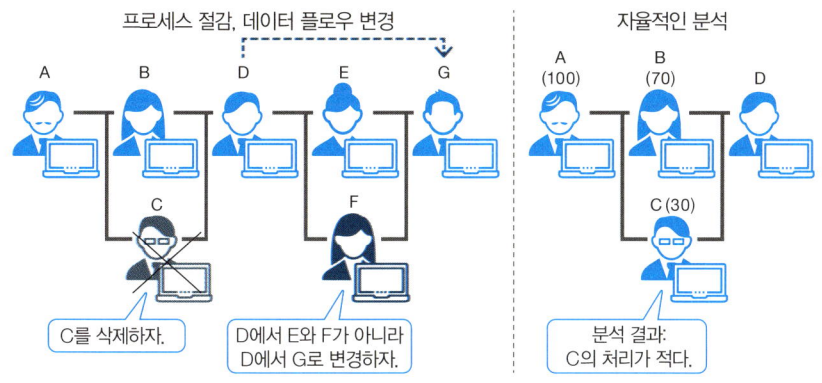

그림 6-10   BPMS에 의한 업무 자동화의 예

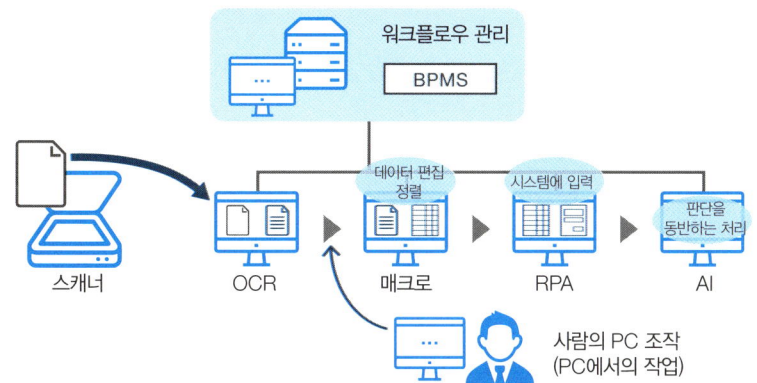

- BPMS가 OCR, Excel의 매크로, RPA, AI를 관리하는 예
- 업무 자동화·무인화의 사령탑 역할을 한다.
- OCR과 매크로 사이에 존재하는 사람의 작업도 관리한다.

Point
- ✔ BPMS는 업무 프로세스를 분석 및 개선하면서 관리할 수 있다.
- ✔ 사람의 PC상에서의 작업 관리뿐만 아니라, RPA와 그 밖의 소프트웨어도 아래에 두고 업무 자동화에 공헌할 수 있다.

6-6 AI

AI와 서버의 관계

AI에 대한 두 가지 접근 방식

기업이나 단체에서 AI의 도입은 계속해서 진행되고 있습니다. AI의 활용은 앞으로 더욱 확대되어 가겠지요.

현재 AI 시스템에 관해서는 두 가지 접근 방식이 있습니다(그림 6-11).

❶ 클라우드로 제공되는 AI 시스템을 활용
클라우드 사업자나 IT 벤더가 제공하는 AI 시스템으로 로직을 정의하고 필요한 데이터를 등록해 계산 결과를 얻는다(그림 6-12).

❷ 직접 AI 서버를 설치
Python이나 C++ 등의 프로그래밍 언어와 TensorFlow 등의 AI 개발 지원 도구를 사용해 독자적으로 AI 시스템을 구축한다.

❶과 ❷ 모두 서버에서의 계산 처리가 메인인 시스템입니다. 일단 곧바로 시작하고 싶다면 ❶번 방식을 추천합니다.

직접 AI 서버를 설치하는 이유

AI 서버를 직접 구축하는 기업은 데이터가 외부로 나가는 것을 선호하지 않고, **독자적으로 처리하려는 의도**가 있습니다. 클라우드 서비스의 경우, 하드웨어와 소프트웨어 모두 최신 환경에서 서비스가 제공되는 것이 큰 포인트입니다.

덧붙여, AI에 PC가 아니라 서버를 사용하는 이유는 현시점에서 두 가지가 있습니다.

- 현재 AI는 사람이 같은 내용을 배울 때보다도 많은 학습 데이터가 필요하므로 대규모 데이터 처리 능력이 요구된다.
- 사람이 하던 각종 판단이나 분석 등 중요한 작업을 대행한다는 점에서 높은 견고성과 성능이 요구된다.

그림 6-11 AI를 활용하는 두 가지 접근 방식

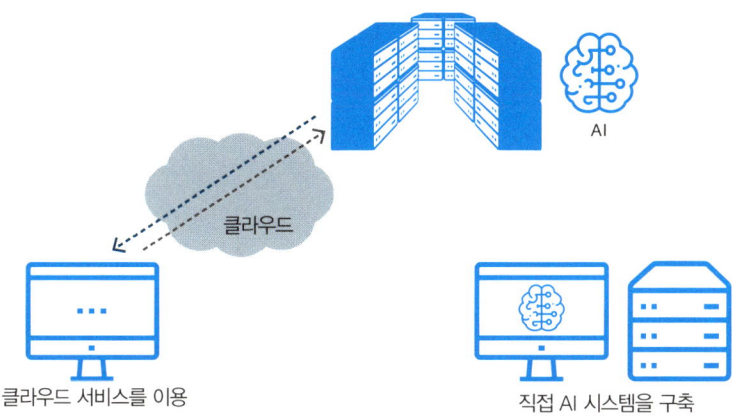

그림 6-12 클라우드에서 AI를 이용하는 모습

클라우드 서비스에서는 다음과 같이 AI를 활용한다.
❶ 모델과 로직을 템플릿을 사용해 정의한다.
❷ CSV 파일 등을 업로드해서 실행한다.

Point
- ✔ AI 시스템을 이용하는 방법은 클라우드 서비스로 이용하거나 직접 구축하는 방법 두 가지로 나뉜다.
- ✔ 바로 시작하고 싶거나 최신 기술을 활용하고 싶다면 클라우드가 적합하다.
- ✔ 독자적인 처리를 우선하고 싶을 때는 직접 구축하는 AI 서버가 적합하다.

6-7 빅데이터, 구조화 데이터, 비구조화 데이터

빅데이터와 서버의 관계

빅데이터의 특징

빅데이터 시스템은 SNS나 온라인 쇼핑 등의 발전과 함께 빠르게 진화해 왔습니다.

예전의 데이터 분석 시스템에서는 DBMS처럼 구조화된 데이터가 주를 이루었다면, 빅데이터 시대에는 대량의 **구조화 데이터**에 더해 **비구조화 데이터**도 함께 분석되고 있습니다. [그림 6-13]에서 구조화 데이터와 비구조화 데이터의 예를 보면, 비구조화 데이터 분석 쪽이 더 어려워 보입니다. 실제 분석에서, '어묵'을 예로 들자면, 단어를 검출해 문맥을 조사하고 다른 단어와의 상관관계를 기반으로 의미를 부여합니다.

빅데이터로 불리는 이유

예를 들어, 이번 시즌에 '어묵'을 대대적으로 판매하고 싶은 편의점이 있다고 합시다. SNS나 웹 기사 등에서 '어묵'이라는 단어가 등장하는 시기, 추위를 나타내는 기온의 추이와 같은 최근의 기상 데이터, 점포에서의 관련 상품 매출 등 다양한 데이터를 통합해서 분석하면, 가까운 시일 내에 매출이 상당히 증가할 것으로 예상할 수 있습니다(그림 6-14).

매출 데이터와 기상 데이터는 구조화되어 있지만, SNS와 웹의 텍스트 데이터는 비구조화 데이터입니다.

대량의 데이터를 분석해서 결론을 끌어내려면 이를 위한 전용 서버가 필요합니다. 빅데이터는 데이터의 양이 수 테라바이트 이상이라고 알려져 있습니다. 이는 **서버의 높은 성능 없이는 감당할 수 없는 처리량**이고, 또 비즈니스에 활용하려면 **빠른 처리 속도**도 필요합니다.

요즘은 영향력 있는 블로거에게 수십만의 팔로워가 있는 시대입니다. 도저히 사람이 Excel이나 그 밖의 도구로 분석하는 것은 불가능합니다. 다음 절에서 빅데이터를 떠받치는 기술을 살펴보겠습니다.

그림 6-13 구조화 데이터와 비구조화 데이터

구조화 데이터

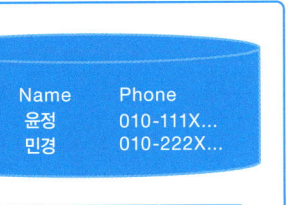

ID	Name	Phone
0001	윤정	010-111X...
0002	민경	010-222X...

데이터베이스와 Excel 등은
구조화 데이터의 대표적인 사례

비구조화 데이터

문장에서
'어묵'을 검색

Non 21:09

추워서 친구들과 편의점에서 어묵을 샀어. 내일도 추울 것 같아. 모두 따뜻하게 보내.

SNS나 웹의 텍스트 등은
비구조화 데이터의 대표

그림 6-14 빅데이터 분석의 예

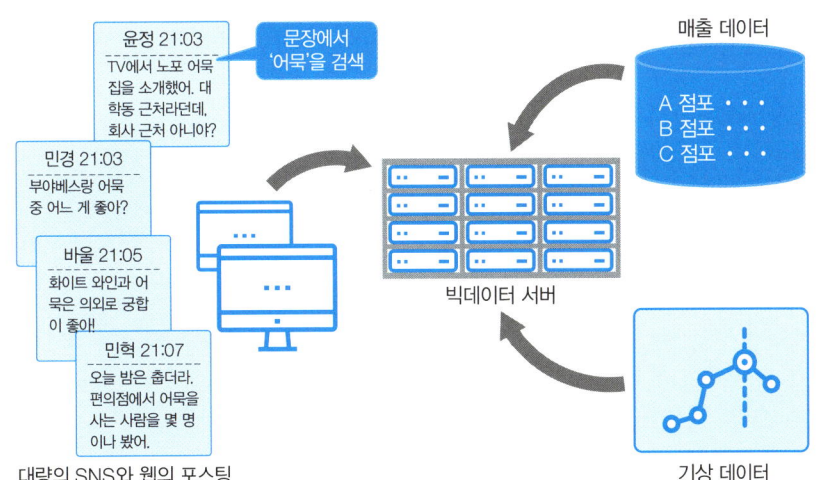

윤정 21:03
TV에서 노포 어묵집을 소개했어. 대학동 근처라던데. 회사 근처 아니야?

문장에서 '어묵'을 검색

민경 21:03
부야베스랑 어묵 중 어느 게 좋아?

바울 21:05
화이트 와인과 어묵은 의외로 궁합이 좋아!

민혁 21:07
오늘 밤은 춥더라. 편의점에서 어묵을 사는 사람을 몇 명이나 봤어.

대량의 SNS와 웹의 포스팅

빅데이터 서버

매출 데이터
A 점포 ···
B 점포 ···
C 점포 ···

기상 데이터

Point
- ✔ 빅데이터(대량의 구조화 데이터와 비구조화 데이터)가 분석되고 있다.
- ✔ 서버의 뛰어난 성능이 있어야만 비로소 쓸 만한 계산 처리와 처리 속도를 실현할 수 있다.

6-8 하둡(Hadoop)

빅데이터를 지탱하는 소프트웨어 기술

하둡(Hadoop)의 특징

빅데이터 서버는 대량의 데이터를 다루는 기업이나 단체에 꼭 필요한 서버가 되어 가고 있습니다.

여기서 빅데이터의 실용화를 뒷받침하는 기술인 **하둡**을 살펴보겠습니다.

하둡은 오픈소스 미들웨어로, **대량의 방대한 데이터를 고속으로 처리하는 기술**입니다. 하둡은 구글 등에서 발표한 논문을 바탕으로 발전해 왔습니다.

특징으로는 구조화 데이터뿐만 아니라 비구조화 데이터를 포함한 온갖 형태의 데이터를 처리할 수 있다는 점과 PC 서버(x86 서버, IA 서버)로 구현할 수 있다는 점입니다. 따라서, 결코 고가가 아닌 서버를 대량으로 연결해서 방대한 데이터를 처리할 수 있습니다.

데이터 센터 등에서 서버를 집적하는 형태가 주류입니다(그림 6-15).

하둡(Hadoop)의 원리

[그림 6-16]에서 귤 농가에 비유해서 설명하겠습니다. 지금까지는 수확한 귤을 어머니 혼자서 S·M·L과 불량품으로 선별했습니다. 이 작업을 하둡 세 자매에게 대신 시키면, 귤을 세 무더기로 나눠 세 명이 각각 S, M, L로 선별합니다. 이처럼 여러 서버가 동시에 병행해서 분산 처리를 하면 당연히 속도가 빨라집니다.

하둡의 우수한 점은 불량품을 찾아낼 때도 발휘됩니다. 귤의 크기(너무 크거나 너무 작거나) 이외에 상처가 있거나 부분적으로 색이 좋지 않은 등 다양하고 모호한 비구조화 데이터 검색에도 강합니다.

이러한 특징이 웹이나 SNS 등에서 키워드 검색을 해서 계산 처리를 추가해 구조화 데이터와 비구조화 데이터를 조합해 처리하는 등 **선진적인 처리를 가능하게 합니다**.

그림 6-15 | 하둡의 개요

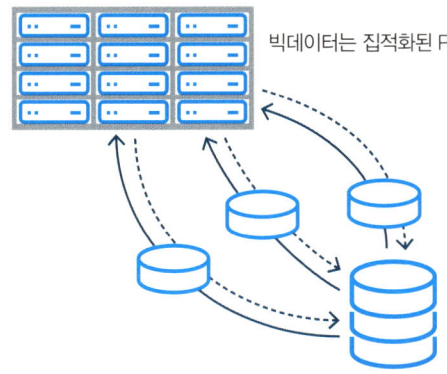

빅데이터는 집적화된 PC 서버에서 처리되는 경우가 많다.

하둡은 파일을 각 서버로 분산해서 처리(실선 화살표)하고 처리된 데이터를 하나로 재작성(점선 화살표)하는 등의 특징이 있다.

그림 6-16 | 하둡의 구조 이미지

혼자서 S, M, L, 불량품을 선별하던 일을 세 명이 동시에 병행해서 작업하면 훨씬 빠르다.

귤을 나누는 HDFS(Hadoop Distributed File System), 선별과 집계를 하는 Map Reduce로 구성된다.

선별 지시 : Map

각각 S, M, L, 불량품으로 나눈다.

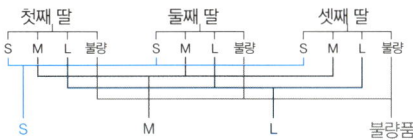

- 하둡의 후보로서 Apache Spark가 있다.
- 하둡은 데이터 입출력을 주로 하드디스크로 하지만, Apache Spark는 하드디스크뿐만 아니라 메모리에 저장함으로써 입출력의 효율화를 노릴 수 있다.

Point
- ✔ 하둡은 방대한 데이터를 고속으로 처리하는 기술로, 구조화된 데이터뿐만 아니라 비구조화 데이터 처리에도 대처할 수 있다.
- ✔ 웹이나 SNS 등의 문장 속 키워드를 검색하여 계산하는 조합 등 다양한 처리에 적용할 수 있다.

| 실습 코너 |

AI화를 향한 데이터 정비 – 데이터 항목 추출

다양한 상황에서 AI 활용이 화제가 되고 있습니다. 여기서는 AI화를 진행할 때 최초의 걸림돌이 되는 데이터를 준비해 봅시다.

사례 연구로써 가격 할인을 판단하는 AI화를 다루겠습니다.

양판점 사례

다양한 양판점에서 상품의 희망 소매 가격에서 할인 판매를 하고 있습니다. 예를 들어, 10만 원 짜리 상품을 7만 5천 원으로 판매하고 있다고 하겠습니다. 여기에 더 할인을 해서 구매를 유도할지 판단하는 것은 매일같이 일하는 점원이라도 어려운 일입니다.

이 어려운 판단을 누구나 할 수 있도록 AI화 해보겠습니다.

AI 도입 후에는 점원이 고객의 모습을 휴대 단말에 입력하면, 더 할인을 하여 구매를 권하는 편이 좋은지, 가격 할인을 하지 않는 편이 좋은지 등의 지시가 화면에 표시되는 시스템이 됩니다.

고객의 형태를 데이터 항목으로 만든다

고객을 대할 때 가격 할인을 할지 하지 않을지 판단하기 위한 고객의 형태를 정리합니다.

예를 들어, '고객이 해당 점포의 적립 카드를 가지고 있다'(가지고 있으면 1, 가지고 있지 않으면 0으로 하고, 1과 0으로 데이터화한다) 등입니다.

떠오르는 항목을 몇 가지 아래에 적어 보세요. 물론 자신이 이전부터 검토하고 있는 다른 예라도 상관없습니다.

- ◆
- ◆
- ◆

Chapter 7

보안과 장애 대책

위협에 대응하는 대책,
장치와 데이터에서의 차이

7-1 정보 자산, 공개 정보, 비밀 정보

시스템에서 무엇을 지키고 싶은가?

정보 자산

시스템의 보안을 고려할 때 중요한 것은 **무엇을 지키고 싶은가**입니다. 시스템과 관련해서 지키고 싶은 것은 바로 **정보 자산**입니다.

정보 자산에는 시스템을 구성하는 서버와 네트워크 기기, PC와 같은 **하드웨어 자산**, 각종 소프트웨어와 애플리케이션 등의 **소프트웨어 자산**, 시스템 안에 있는 **데이터**, 시스템을 둘러싼 **인적 자산**, 시스템이 제공하는 **서비스 자체**와 그에 따른 명성 등 다양한 것이 있습니다(그림 7-1).

각각에 보안 대책이 있지만, 시스템의 형태와 상관없이 공통으로 중요한 것은 **시스템 안에 있는 데이터**입니다.

데이터 분류

데이터는 기업이나 단체에서 다음과 같이 분류됩니다.

- **공개 정보** : 이미 공개된 정보, 또는 공개해도 되는 정보
- **비밀 정보** : 공개하면 안 되는 정보, 비밀 정보를 명확하게 정의

비밀 정보 안에서도 다시 특정인으로 한정하는 관계자 외 비밀 정보와 외부 반출을 허용하지 않는 대외 비밀 정보 등으로 나누기도 합니다.

또한, 개인 정보는 비밀 정보의 일부이지만, 개인 정보 유출은 기업이나 단체의 사업 활동에 큰 영향을 미치므로 따로 취급하는 경우가 많아지고 있습니다.

데이터 분류는 시스템 장애의 영향 분석 중에서도 가중치가 높습니다. 시스템과 서버에서 어떠한 데이터를 다루는지에 따라 보안 대책이나 그 수준이 다릅니다.

따라서, **데이터를 어떻게 관리하는가**가 중요해집니다. 극단적으로 말해서, 공개 정보만을 다루는 시스템이라면 하드웨어와 소프트웨어 자산만 지킬 수 있으면 됩니다.

그림 7-1 정보 자산과 보안 위협의 예

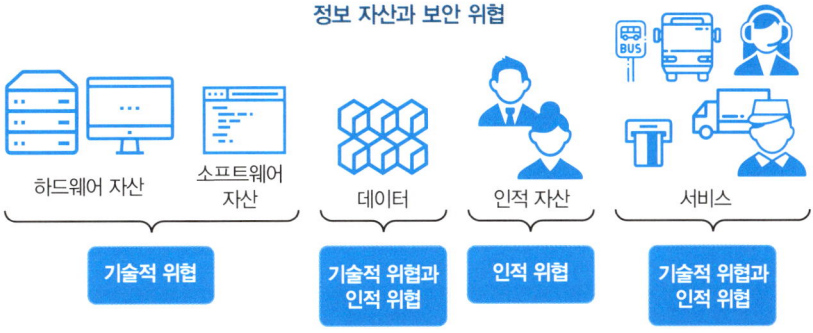

그림 7-2 데이터의 분류

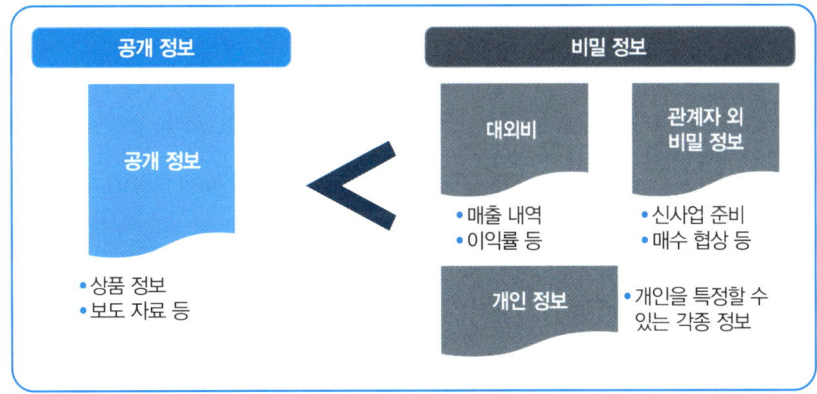

- 각종 비밀 정보를 다루는 경우, 보안 대책은 필수다.
- 고수준 보안 방침으로써 클라이언트 PC를 애초에 인터넷에 연결하지 않거나, 고객 정보를 다룰 때는 네트워크에 접속하지 않는 등의 운영을 하는 기업이나 단체도 있다.

> **Point**
> - ✔ 시스템의 보안을 고려할 때는 지키고 싶은 정보 자산을 명확히 한다.
> - ✔ 정보 자산은 하드웨어, 소프트웨어, 데이터, 인적 자산, 서비스 등으로 구성된다.
> - ✔ 그중에서도 데이터가 중요하며, 어떤 데이터를 다루는지에 따라 보안 대책은 달라진다.

7-2 부정 액세스, 데이터 유출

위협에 따른 보안 대책

부정 액세스 대책

앞에서 보안을 검토할 때 데이터의 중요성에 관해 설명했습니다. 시스템이나 서버 안에는 중요한 데이터가 있습니다. 그 데이터를 목적으로 외부와 내부 양면에서 **부정한 액세스**가 있을 수 있습니다(그림 7-3).

외부에서 시스템이나 서버에 부정하게 접근하면, **데이터가 유출**될 우려가 있습니다. 유출된 데이터에 비밀 정보가 포함되어 있으면 피해가 커집니다. 피해를 방지하기 위해서는 기술적으로 **외부로부터 부정한 액세스를 할 수 없게 하는 대책**이 필요합니다.

또한 시스템이나 서버에 액세스하는 사용자나 그룹이 적절히 관리되지 않으면, 내부로부터 데이터가 반출될 가능성도 있습니다. 애써 외부 액세스를 막을 수 있다고 해도, 내부에서 가지고 나가버리면 의미가 없습니다. 따라서, 사용자 관리도 중요합니다.

4-2절에서 접근 권한 설정에 관해 설명했지만, 이러한 관리에 더해 실제로 누가 시스템이나 서버에 액세스했는지 시스템 로그 등으로 확인하고, 나아가 상황에 따라서는 클라이언트 단말 사용자의 조작 자체를 감시할 필요도 있습니다.

데이터 유출 대책

혹시라도 있을 수 있는 데이터 유출에 대비해 데이터 자체를 암호화하고 내용을 볼 수 없게 합니다. 또한, 서버와 클라이언트 사이의 통신 등을 5-6절에서 설명한 SSL 등으로 암호화하는 경우도 있습니다.

[그림 7-4]에서는 지금까지 정리한 보안 위협에 대한 대책을 시스템과 서버, 사용자 관리, 데이터 순으로 나타냈습니다. 외부에서의 부정 액세스 대책의 방화벽이나 7-5절에서 설명할 DMZ 이야기를 하기 전에, 다음 절에서 정보 보안 정책을 알아보겠습니다.

그림 7-3 외부·내부의 부정 액세스

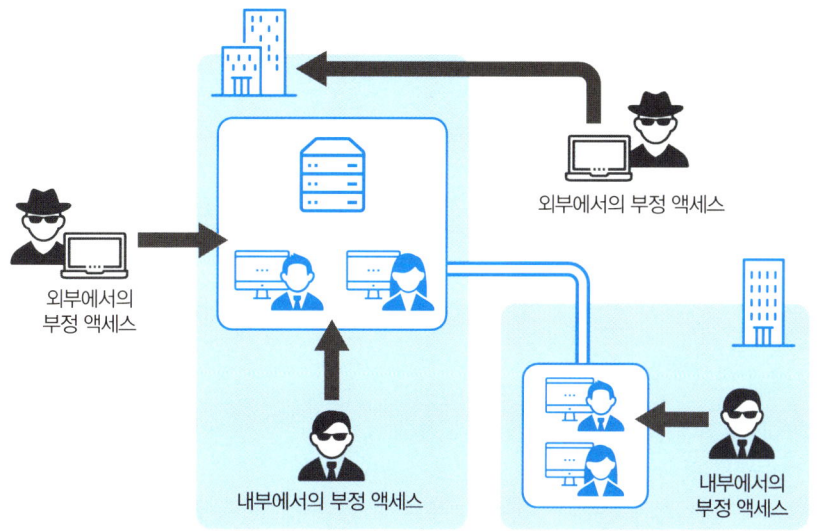

그림 7-4 보안 위협과 대책 사례

대상	기술적/인적	보안 위협	대책 사례
시스템이나 서버	기술적 위협	외부에서의 부정 액세스	• 방화벽 • DMZ • 디바이스 간 통신 암호화
사용자	인적 위협	내부에서의 부정 액세스	• 사용자 관리 • 액세스 로그 확인 • 디바이스 조작 감시
데이터	기술적 위협	데이터 유출	이동식 매체 안의 데이터 암호화

※ 그 밖에 대상 전체에 대해 바이러스에 의한 위협이 있다.

Point
- ✔ 주요 보안 위협으로는 외부와 내부에서의 부정 액세스와 데이터 유출이 있다.
- ✔ 보안 대책은 시스템, 서버, 사용자, 데이터 등에 따라 달라진다.

7-3 정보 보안 정책

정보 보안 정책을 의식한다

정보 보안 정책의 역할

보안 정책이라고 부르는 경우가 더 많지만, 정식으로는 **정보 보안 정책**이라고 불립니다. 기업이나 단체와 같은 조직에서의 정보 보안 대책과 방침, 행동 지침 등을 정리했습니다.

기업이나 단체에 따라서 사업이나 업무가 다르므로, 고유한 정보 시스템 자산에 맞춰 보안 정책이 만들어집니다.

최근에는 방침이나 구체적인 활동을 문서로 규정할 뿐만 아니라, 기업이나 단체를 구성하는 사람들과 **정책을 공유**하는 활동이 활발하게 이루어지고 있습니다.

일상적으로 정책을 의식하며 사업이나 업무에 종사하게 된 배경에는 많은 대기업에서 정보 유출 등의 거듭되는 사고나 불상사가 있습니다(그림 7-5).

정보 보안 정책의 내용

기본 방침, 대책 기준, 실시 순서의 3단 피라미드로 구성됩니다(그림 7-6).

- ◆ **기본 방침**
  정보 보안에 대한 기본 방침 · 선언이 기술

- ◆ **대책 기준**
  기본 방침을 실천하기 위한 구체적인 규칙이 기술

- ◆ **실시 순서**
  기업이나 단체 안의 조직, 인재의 역할, 시스템의 용도 등에 따라 차이가 있지만, 각각에 필요한 활동이나 절차 등이 기술

보안 정책에서 각종 서버는 각 조직이 관리하는 시스템이나 시스템에 연관된 정보 자산으로 평가됩니다. 서버 1대에 대해서 개별적으로 규정되는 일은 없습니다.

그림 7-5 보안 정책이 중요해진 배경

보안 교육

대기업의 고객정보 유출 등으로 보안 정책의 중요성이 높아졌다.

문서로써 규정을 정리하는 것뿐만 아니라, 사고나 불상사를 방지하는 차원에서 문서를 통해 교육 및 공유하는 쪽으로 중점이 옮겨졌다.

그림 7-6 정보 보안 정책의 내용

- **기본 방침** — 정보 보안에 대한 기본 방침을 기술
- **대책 기준** — 기본 방침을 실천하기 위한 구체적인 대책 내용을 기술
- **실시 순서** — 기업이나 단체의 조직, 인재의 역할, 시스템 용도 등에 의한 차이에 맞게 필요한 활동과 절차를 기술

Point
- ✔ 보안 정책은 문서로 규정될 뿐만 아니라, 일상적으로 신경 써야 할 항목으로써 교육 등을 철저히 한다.
- ✔ 기본 방침, 대책 기준, 실시 순서의 3단으로 구성되어 있다.

7-4 방화벽

내부와 외부의 벽

보안의 대표 격 방화벽

인터넷에서 보안이라고 하면 **방화벽**이라는 용어가 머릿속에 떠오를 것입니다.

방화벽은 **기업이나 단체 내부의 네트워크와 인터넷의 경계에서 통신의 상태를 관리해 보안을 지키는 구조**의 총칭입니다(그림 7-7).

지금까지 살펴본 서버의 일부와 어플라이언스 서버 등이 그 역할을 합니다. 소규모 네트워크라면 라우터가 대행하기도 합니다.

기본적으로는 앞 절에서 설명한 정보 보안 정책에 따라서, 내부에서 외부로 나가는 통신과 외부에서 내부로 들어오는 통신 허용 여부를 관리합니다.

내부에서 외부, 외부에서 내부의 차이

먼저 사용자 입장에서 가까운 내부에서 외부로의 액세스에 대해 정리합니다.

내부 네트워크에서 외부 인터넷으로 나갈 때는 성선설에 기반한 대응이 기본입니다. 5장 여러 절에 걸쳐 Proxy 서버에 관해서 설명한 대로, 필요한 차단은 이미 Proxy 서버가 하고 있습니다. [그림 5-18]에서 설명했다시피, 보여 주고 싶지 않은 URL이나 외부로 내보내고 싶지 않은 파일 형식 등을 확인합니다(그림 7-8).

반면에, **외부에서 내부로의 접속은 성악설에 기반해 대응**합니다. 이전보다 보안이 강조되므로 기업이나 단체에서는 한층 더 엄격하게 대처합니다.

웹 서버에 대한 내부에서의 통신이라면 HTTP와 HTTPS만 허가하고, 그 외에는 허가하지 않습니다.

또한, SMTP 서버로 전송되는 메일과 첨부 파일에 대해서도 필요한 확인을 거친 후에 안으로 들어옵니다.

그림 7-7 방화벽의 위치

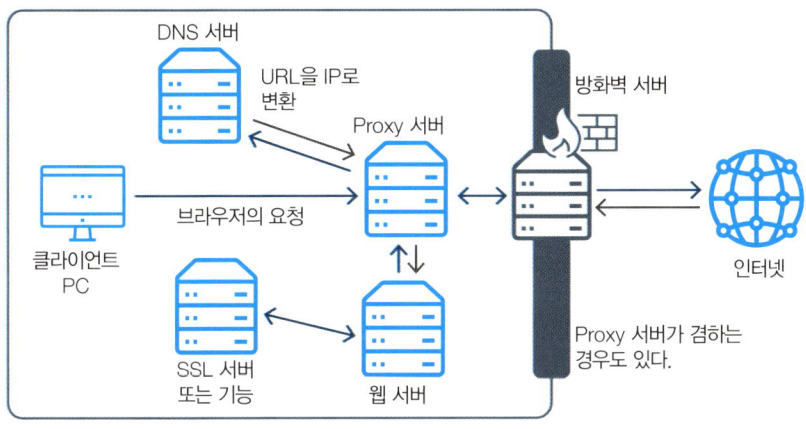

그림 7-8 내부에서 외부로, 외부에서 내부로의 차이

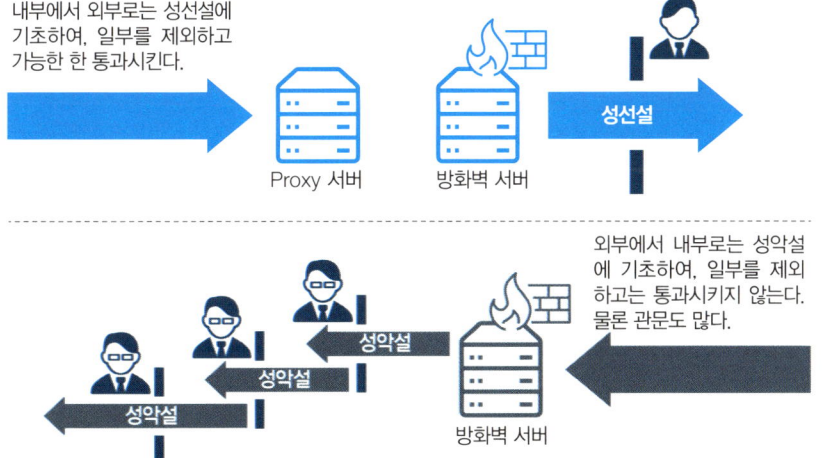

Point
- ✓ 방화벽이 내부 네트워크와 외부와의 통신을 관리한다.
- ✓ 내부에서 외부로는 성선설을 바탕으로 가능한 한 통과시키고, 외부에서 내부로는 성악설을 바탕으로 엄밀하게 관리한다.

7-5 DMZ

완충 지대

DMZ란?

방화벽이 있으면 내부 네트워크는 안전하다고 생각할지도 모릅니다. 하지만 만일에 대비해서 보안 수준은 가능한 한 높여 두고 싶은 법이지요.

그래서 고안된 것이 **DMZ**입니다. DMZ는 DeMilitarized Zone의 줄임말입니다. 직역하면 비무장지대가 되지만, 외부(인터넷) → 방화벽 → 내부 네트워크만으로는 위험하므로, **내부 네트워크로의 침입을 막기 위해 방화벽과 내부 네트워크 사이에 설치하는 완충 지대를 가리킵니다.**

커다란 성에 2~3중의 해자가 설치되어 있고, 본성에 가기까지 2중·3중의 성벽이 있는 것과 마찬가지인 구조입니다(그림 7-9).

DMZ의 위치

DMZ를 설치하는 목적은 만일 웹 서버에 보안 문제가 생겼을 때 내부 네트워크에 피해가 미치지 않도록 하기 위함입니다. 따라서, 내부 네트워크와 인터넷 사이에 복수의 완충 지대를 설치합니다.

이를 위해서는 [그림 7-10]처럼 물리적으로 방화벽의 기능을 늘려가는 방법과 소프트웨어로 제어하는 방법이 있습니다. 전자는 성의 해자와 성벽에 해당합니다. 후자는 물리적인 네트워크도 달라지게 하는 등 외부에서 파악하기 어렵습니다.

이전에는 서버와 보안에 관한 서적이나 기사 그대로 방화벽과 DMZ를 설치하는 기업이나 단체가 많아서, 악의를 가진 공격자가 비교적 용이하게 본성에 도달할 수 있었습니다.

하지만 클라우드나 가상화 등의 기술이 보급됨에 따라, 이전과 비교하면 본성이 어디에 있는지 알기가 어려워졌습니다.

그림 7-9 DMZ는 성과 같은 사고방식

성을 지키기 위해 여러 해자와 성벽이 있는 것처럼,
내부 네트워크를 지키기 위해 DMZ가 있다.

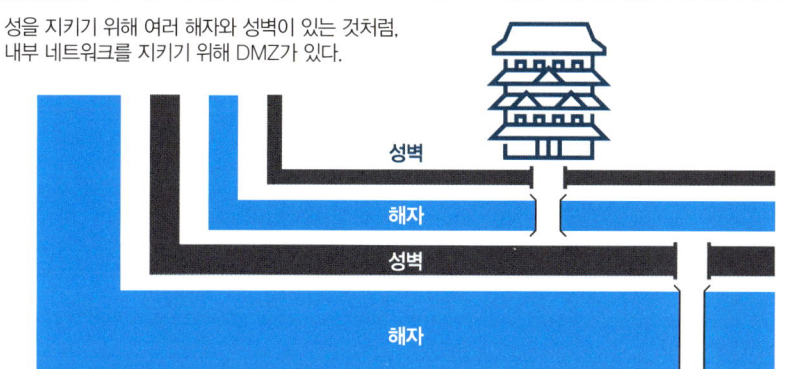

그림 7-10 DMZ의 위치

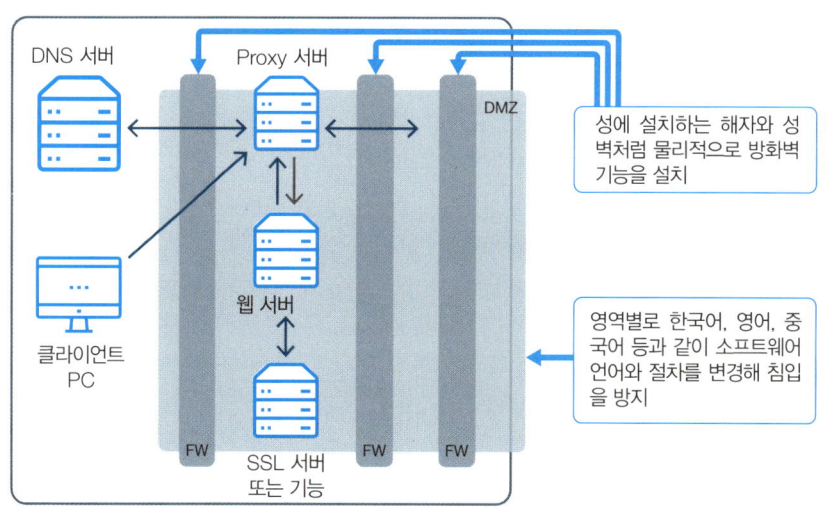

성에 설치하는 해자와 성벽처럼 물리적으로 방화벽 기능을 설치

영역별로 한국어, 영어, 중국어 등과 같이 소프트웨어 언어와 절차를 변경해 침입을 방지

Point
- ✔ DMZ로 불리는 완충 지대를 설치해 내부 네트워크를 보호한다.
- ✔ 기술의 다양화에 따라 내부 네트워크의 중심이 어디에 있는지조차 파악하기 어려워졌다.

7-6 디렉터리 서비스 서버, 액세스 제어

서버 내 보안

강제 액세스 제어 메커니즘

최근에는 내부 네트워크로의 침입 방지뿐만 아니라, 서버 내부 사용자에 의한 정보의 부정한 유출에 대해서도 주의를 기울이고 있습니다.

이를 위해서는, 조직 내 모든 서버에 대해 사용자 인증부터 액세스까지 보안 정책에 따라 진행되는지 보증 및 확인하는 메커니즘이 필요합니다. 주로 다음과 같은 기능으로 구성됩니다.

- ◆ 조직 내 복수 서버에 걸쳐 일원적으로 사용자를 관리하고 인증한다(**디렉터리 서비스 서버**)
- ◆ 보안 정책에 따라 사용자의 **액세스를 제어**한다(강제 액세스 제어 메커니즘)
- ◆ 보안 정책에 따라 올바르게 액세스 제어를 할 수 있는지 확인하고 로그도 남긴다(감사 메커니즘)

[그림 7-11]에서는 업무 서버로의 액세스 요청을 예로 들어 상기 기능의 프로세스를 정리했습니다.

디렉터리 서비스 서버의 장점

[그림 7-11]과 [그림 4-15]를 비교해 보면 알 수 있듯이 디렉터리 서비스 서버는 SSO 서버와 같은 기능을 할 수도 있습니다. 또한, [그림 7-11]에서처럼 액세스할 수 있는 정보를 자세하고 엄밀하게 정의할 수 있습니다. 패스워드의 자릿수나 문자열의 조합에 관한 규칙과 같은 입구부터, 액세스할 정보 관리와 로그 등의 출구까지 관리할 수 있습니다. [그림 7-12]처럼 사용자와 시스템 양쪽에서 정리되지 않은 상황이라면 디렉터리 서버는 효과적입니다.

정의하려면 준비와 작업 시간이 필요하지만, 네트워크 내부에서의 보안을 유지하기 위해서는 효과적인 수단입니다.

그림 7-11 업무 서버의 접근 제어 사례

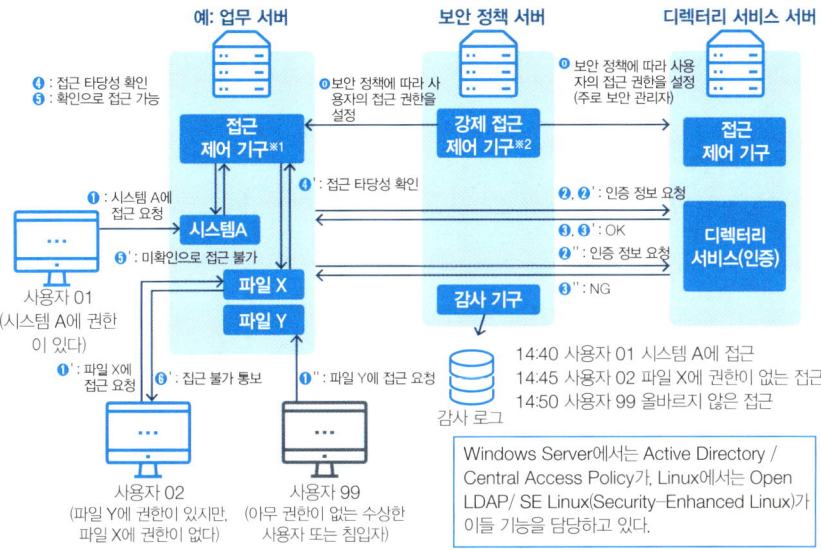

Windows Server에서는 Active Directory / Central Access Policy가, Linux에서는 Open LDAP/ SE Linux(Security-Enhanced Linux)가 이들 기능을 담당하고 있다.

그림 7-12 디렉터리 서비스 서버의 효과

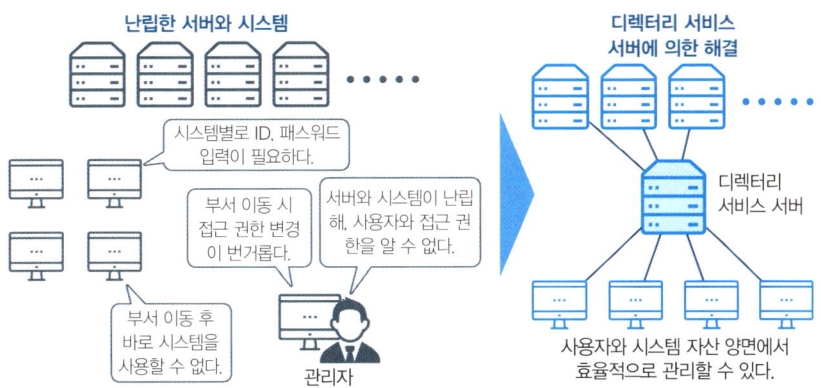

Point
- ✔ 사용자 관리 서버를 설치함으로써 각 서버의 보안을 강화할 수 있다.
- ✔ 상세하고 엄밀한 정의를 해야 하므로 상응하는 준비가 필요하지만 효과도 높다.

※1 사용자 정보와 로그인 역할에 전념   ※2 정책에 따라 접근 권한 설정

7-7 바이러스 감염, 바이러스 대책

바이러스 대책

바이러스 감염의 원인

바이러스에 감염되는 원인은 다양하지만, 사용자의 행동에서 기인하는 일이 많다고 합니다. 주요 원인을 나열하면 다음과 같습니다(그림 7-13).

- ◆ 외부 웹 사이트 열람
- ◆ 수신한 메일의 링크로 외부 사이트 열람, 첨부 파일 열기
- ◆ 다운로드한 프로그램 실행
- ◆ PC에 USB 메모리나 각종 미디어 삽입

바이러스에 감염되면, PC를 이용할 수 없게 되거나 데이터가 외부로 유출될 가능성 등을 예상할 수 있습니다. 만약 서버도 감염되면 그 피해는 막대합니다.

그런 일을 피하기 위해서는 정보 보안 정책이나 그에 준한 운영 세칙에 따라 사용자가 위에 언급한 행위를 하지 않는 것이 원칙이지만, 이와 병행해서 **바이러스 대책 소프트웨어**를 활용합니다.

바이러스 대책 서버의 기능

바이러스 대책 소프트웨어는 서버와 클라이언트 양쪽에 설치하지만, 중요한 것은 서버 주도로 클라이언트 PC의 소프트웨어를 갱신하기도 합니다. 서버에는 다음과 같은 기능이 있습니다(그림 7-14).

- ◆ 최신 소프트웨어 확인 및 설치
- ◆ 클라이언트 소프트웨어의 버전, 레벨 확인 및 업데이트 작업 지시

지금까지 설명했던 서버 중에서는 4-4절의 NTP 서버가 기능 면에서 가깝습니다. 나중에 등장하는 WSUS 서버 등도 같은 기능입니다.

그림 7-13 바이러스의 감염 경로 예

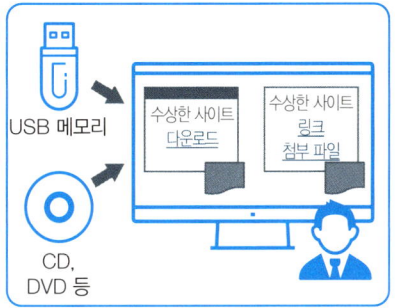

바이러스 감염은 사용자의 부주의에서 일어나는 경우가 많다.

바이러스 감염을 막기 위해서는 정보 보안 정책에 대한 이해와 보안 교육이 필수

그림 7-14 바이러스 대책 서버의 개요

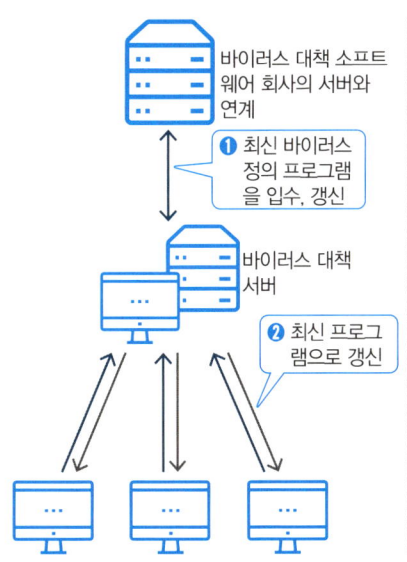

이메일 바이러스 대책의 예

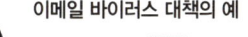
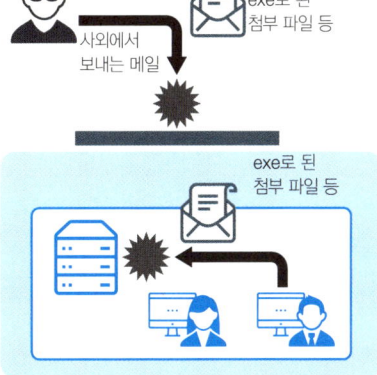

사외에서 보낸 악의가 있는 메일이나 사내에서 바이러스가 걸린 PC로부터의 감염 확대를 막기 위해서, exe 등 특정 확장자의 파일 첨부를 막는 기능이 서버와 클라이언트에 있는 경우가 많다.

Point
- ✔ 바이러스 대책으로써 사용자가 자신의 행동에 주의할 뿐만 아니라 전용 소프트웨어를 이용한다.
- ✔ 바이러스 대책 서버는 항상 최신 파일을 확인해서, 서버 자체와 클라이언트를 갱신한다.

7-8 폴트 톨러런스, 다중화, 부하 분산

장애 대책

백업의 논리적인 개요

시스템과 서버는 안정적으로 가동되어야 비로소 도입 당시의 목적을 달성할 수 있습니다.

장애가 발생해도 계속 가동하는 시스템을 **폴트 톨러런스 시스템**(Fault Tolerance System : 장애 허용 시스템) 등으로 부릅니다.

장애 대책을 강구하는 것은 안정적인 가동에 필수입니다. 물리적, 기술적인 관점에서 정리해 두겠습니다.

물리적인 관점

서버 본체는 물론, 서버와 네트워크를 연결하는 네트워크 카드(Network Interface Card, NIC), 디스크, 디스크에 저장된 데이터 각각에도 장애 대책이 필요합니다(그림 7-15).

또한, 각 기기에 공통으로 필수인 전원 공급을 확보하기 위한 대책도 필요합니다.

기술적인 관점

기술적인 관점에서는 크게 다음 두 가지 사고방식이 있습니다(그림 7-16).

- ◆ **다중화**
  액티브 시스템과 스탠바이 시스템처럼, 평상시 이용하는 기기와 비상시를 대비해 대기하는 기기를 미리 준비해 두고, 만일의 사태가 발생하면 대기 중인 시스템으로 전환하는 사고방식

- ◆ **부하 분산**
  복수의 하드웨어를 준비해 두고, 부하를 분산하는 사고방식

그림 7-15 장애 대책의 물리적인 개요

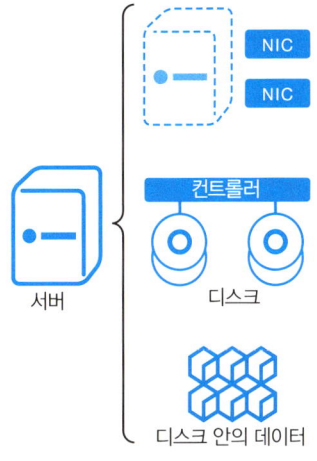

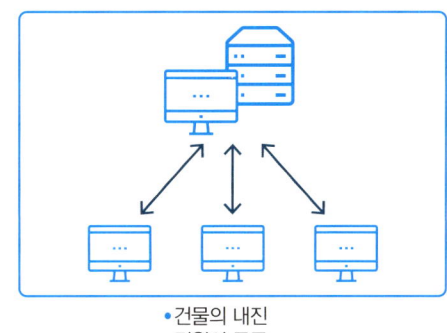

- 건물의 내진
- 전원의 공급

대전에 시스템 거점이 있는 기업의 경우, 서울이나 부산 등에 같은 거점과 설비를 두면 재해 대책으로써 안전하다.

그림 7-16 장애 대책의 기술적 개요

대상	기술 명칭	개요	성질
서버 본체	클러스터링	여러 대를 하나로 보이게 한다. 메인 시스템에 장애가 발생하면 대기 시스템으로 전환된다.	A
	로드 밸런싱	복수로 나눠 부하를 분산함으로써 장애 발생을 미연에 방지한다.	B
NIC	티밍	네트워크 카드(NIC)에 장애가 발생해서 통신할 수 없게 되는 것을 방지한다.	A, B
디스크	RAID	다중화하는 RAID 1, 분산하여 저장하는 RAID 5 등	A, B
데이터	백업	풀 백업, 차등 백업, 레플리케이션 등	A
각 기기, 케이스	UPS	정전 시 전원 공급과 안전하게 셧다운 하는 기능을 가지고 있다.	A

다중화(A)

부하 분산(B)

Point
- ✓ 장애가 발생해도 동작할 수 있는 시스템은 폴트 톨러런스 시스템이라고 한다.
- ✓ 장애 대책에는 크게 다중화와 부하 분산이라는 2가지 사고방식이 있다.

7-9 클러스터링, 로드 밸런싱

서버의 장애 대책

복수의 서버를 하나로 보이게 하는 형태

앞 절에서 언급한 것처럼 서버의 다중화 기술로 하드웨어 장애에 대비하는 **클러스터링**이라는 기술이 있습니다.

클러스터링을 도입할 땐 메인 시스템과 대기 시스템의 복수의 서버를 준비합니다.

클라이언트 쪽에서는 여러 대의 서버가 한 대처럼 보이게 되어 있어, **메인 시스템이 고장을 일으키면 바로 대기하던 시스템으로 전환됩니다**(그림 7-17).

3장에서 몇 가지 가상화 기술을 설명했는데, 이는 복수의 서버를 하나로 보이게 하는 형태입니다.

복수로 나누어 부하를 분산하는 형태

로드 밸런싱(Load Balancing)은 부하 분산이라고도 합니다. 글자 그대로 **여러 대의 서버로 작업 부하를 분산하여 처리 성능과 효율을 높이는 기법**입니다.

클러스터링은 장애 발생 후에 효과적이지만, 로드 밸런싱은 사전에 부하를 분산함으로써 장애 발생을 미연에 방지합니다.

사용자가 특별히 의식하지 않아도 소프트웨어 또는 하드웨어가 상황에 따라 액세스할 서버를 선택합니다.

이해하기 쉬운 예로는 웹 서버를 들 수 있습니다(그림 7-18). 액세스 수가 증가하면, 1대의 서버로는 응답할 수 없게 되기도 하므로 서버를 늘려서 대응합니다.

부하 분산에는 전용 어플라이언스 서버나 OS에 포함된 소프트웨어를 활용합니다.

그림 7-17 클러스터링의 개요

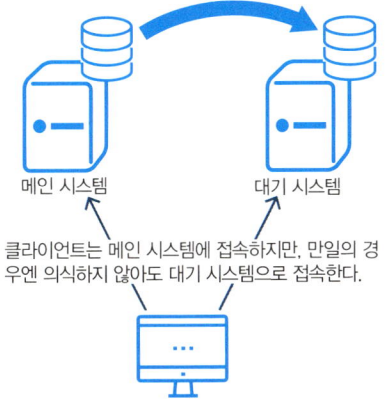

서버 사이에는 끊임없이 데이터가 복제되고 있다.

메인 시스템 　 대기 시스템

클라이언트는 메인 시스템에 접속하지만, 만일의 경우엔 의식하지 않아도 대기 시스템으로 접속한다.

관련 용어: 핫 스탠바이
- 메인 시스템과 대기 시스템을 준비해 시스템의 신뢰성을 향상하는 방법
- 메인 시스템의 데이터를 상시 대기 시스템에 복제하고 있어, 장애 발생 시 바로 전환된다.

관련 용어: 콜드 스탠바이
- 메인 시스템과 대기 시스템을 마찬가지로 준비한다.
- 메인 시스템에 장애가 발생하고 나서 대기 시스템을 동작시킨다.
- 메인 시스템에 장애가 발생하고 나서 대기 시스템을 동작시키므로 교대에 시간이 걸린다.

그림 7-18 웹 서버의 로드 밸런싱의 예

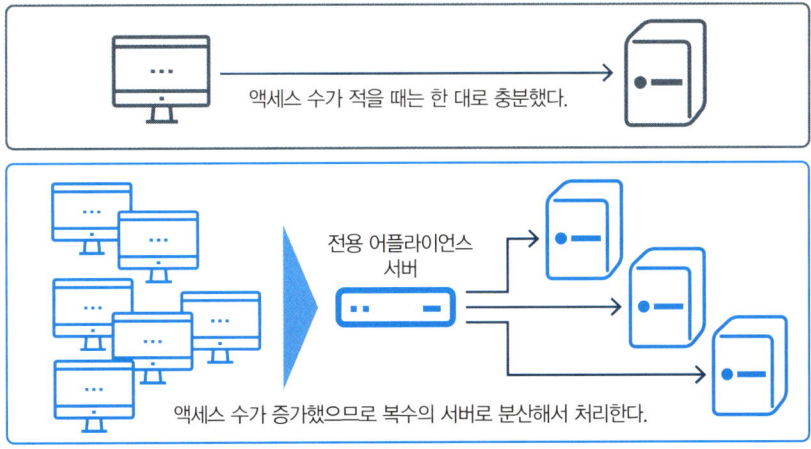

액세스 수가 적을 때는 한 대로 충분했다.

전용 어플라이언스 서버

액세스 수가 증가했으므로 복수의 서버로 분산해서 처리한다.

Point
- ✔ 클러스터링은 메인 시스템에 장애가 발생하면 대기 시스템으로 전환하는 방법이다.
- ✔ 로드 밸런싱은 여러 곳으로 부하를 분산함으로써 장애 발생을 미연에 방지하는 방법이다.

7-10 티밍, RAID

네트워크와 디스크의 장애 대책

네트워크에 접속할 수 없게 되는 상황을 방지하는 기술

서버는 네트워크에 접속되어 있지만, 그 출입구가 되는 네트워크 카드에 장애가 발생해서 통신할 수 없게 되는 상황을 방지하는 기술이 **티밍**입니다.

주요한 두 가지 방식을 살펴보겠습니다(그림 7-19).

- ◆ **폴트 톨러런스**
  메인 시스템과 대기 시스템의 카드가 있고, 장애 발생 시에 대기 시스템의 카드로 전환
- ◆ **로드 밸런싱**
  복수의 카드를 이용해서 서버의 로드 밸런싱과 마찬가지로 부하를 분산

복수의 하드디스크를 하나로 보이게 하는 기술

RAID(Redundant Arrays of Inexpensive Disks)는 복수의 하드디스크를 하나로 보이게 하는 기술입니다. 주요한 RAID 레벨에는 서버의 클러스터링처럼 다중화하는 RAID 1, 데이터를 분산시켜서 저장하는 RAID 5, RAID 6 등 레벨별로 기능이 있습니다(그림 7-20).

RAID 1은 디스크가 고장 나도 같은 데이터를 저장하고 있는 다른 디스크가 있으므로 동작을 계속하기 쉽지만, 2배의 디스크 용량이 필요하므로 비용이 많이 듭니다.

RAID 5와 RAID 6은 데이터를 분산하여 저장하고 여러 곳의 데이터를 한번에 읽어 들이므로 액세스 성능 향상을 기대할 수 있습니다. 만일의 경우에는 데이터 복구 처리의 필요성에 따라 예비 디스크를 준비하기도 합니다.

데이터의 중요성이나 복구에 걸리는 시간, 시스템의 복잡성 등을 고려해서 RAID 수준을 선택합니다.

그림 7-19 티밍의 개요

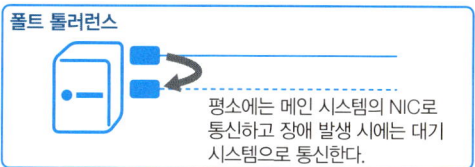

폴트 톨러런스
- 평소에는 메인 시스템의 NIC로 통신하고 장애 발생 시에는 대기 시스템으로 통신한다.

로드 밸런싱
- 복수의 NIC로 통신한다.
- 대역을 확장할 수도 있다.

Linux에서는 'bonding(본딩)'으로 불리며 다양한 모드가 있다. 예를 들어 이 그림의 폴트 톨러런스는 active-backup 모드를 설정한다.

그림 7-20 RAID 레벨별 기능

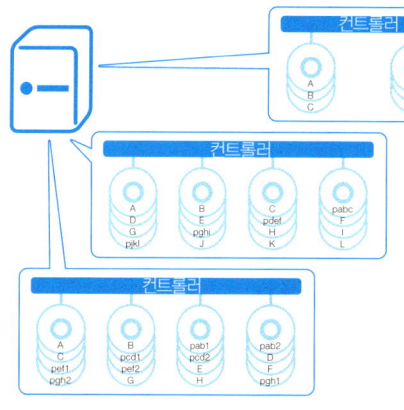

RAID 1의 경우
- 데이터를 2개의 디스크에 동시에 기록한다.
- '미러링'이라고도 불린다.
- 한쪽이 고장 나면 즉시 전환된다.

RAID 5의 경우
- 예를 들어 4계통 중 어떤 계통의 디스크가 고장 나도 나머지 세 개로 데이터를 복원할 수 있다.
- 디스크 A에 장애가 발생하면 B와 C와 pabc(A, B, C의 패리티)로 A의 데이터를 복원한다.

RAID 6의 경우
예를 들어, 4계통 중 2계통의 디스크가 고장 나도 패리티를 2개 저장하고 있으므로, 남은 2계통으로부터 데이터를 복원할 수 있게 된다.

- 상기 RAID에 더해 예비 디스크를 쉽게 함으로써 고장 시에 자동으로 고장난 디스크로 치환하는 핫 스탠바이(핫 스페어) 기능과 조합하기도 한다.
- 또한, 최근에는 OS에 데이터 다중화와 정전 등의 사고 발생 시에도 데이터를 복원하는 기술이 계속 도입되고 있다. Solaris 등에서 이용하는 ZFS(Zettabyte File System)나 Linux의 Btrfs(B-tree File System) 등을 들 수 있다.

Point
- ✓ 서버의 네트워크 접속을 안정적으로 확보하기 위해 티밍이 있다.
- ✓ 티밍 기법으로는 폴트 톨러런스와 로드 밸런싱이 있다.
- ✓ 디스크의 장애 대책으로써 RAID가 있고, RAID 1, RAID 5, RAID 6 등이 있다.

7-11 풀 백업, 차등 백업

데이터 백업

백업의 논리적 개요

장애가 발생해서 일어나는 현상 중에서 가장 곤란한 것은 데이터 소실입니다. 서버와 저장 장치에는 다양한 중요한 데이터가 들어 있습니다. 만일 데이터가 소실된다면 그 영향은 막대합니다.

그래서 정기적으로 데이터를 백업해야 합니다. 데이터 백업에는 모든 데이터를 정기적으로 백업하는 **풀 백업**과 풀 백업을 바탕으로 차이 나는 데이터를 백업하는 **차등 백업**이 있습니다(그림 7-21).

이전에는 풀 백업 + 차등 백업이 주류였지만, 데이터양이 그렇게 많지 않은 경우나 시스템을 단순하게 만들고 싶은 요구, 서버와 저장 장치의 비용 저하 등으로 풀 백업이 계속 늘어나고 있습니다.

백업의 물리적 개요

백업의 물리적인 구현 형태는 다음과 같은 것이 있습니다(그림 7-22).

- ◆ 메인 시스템에 추가로 대기 시스템으로 불리는 예비 서버를 준비하여, 그곳에 정기적으로 백업해 두는 형태(더 확실한 방법)
- ◆ 동일한 케이스 내에 예비 디스크를 준비해서 백업하는 형태
- ◆ DVD나 테이프 저장 장치 등의 외부 매체 활용

[그림 7-22]를 보면 백업과 복원이 쉬운 형태는 비용이 많이 드는 반면, 시간이 걸리는 것은 비용이 낮음을 알 수 있습니다. 재해 복구(사업을 지속하기 위한 재해 대책)를 중시하는 기업이나 단체도 있습니다.

또한, 미들웨어나 애플리케이션 쪽에서 데이터를 복수의 기억 장치에 저장하는 레플리케이션이라는 방법도 있습니다.

그림 7-21 백업의 논리적인 개요

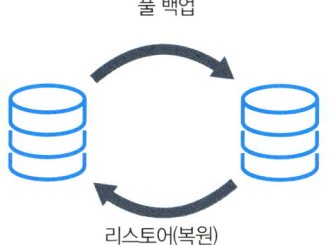

풀 백업
리스토어(복원)

- 이상적인 것은 풀 백업이다.
- 통째로 복사하고 그대로 되돌리면 되므로 간단하다.
- 예비 서버와 저장 장치 유무 등 비용면을 해결할 필요가 있다.
- 최근에는 하드웨어 가격이 내려가 이전보다 풀 백업이 늘어나고 있다.

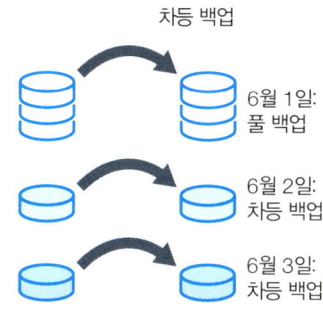

차등 백업
6월 1일: 풀 백업
6월 2일: 차등 백업
6월 3일: 차등 백업

- 차등 백업은 풀 백업에서 변경된 데이터만 복사한다.
- 변경된 데이터의 종류가 많으면 복원의 난도가 높다.

그림 7-22 백업의 물리적인 개요

메인 시스템 → 대기 시스템

- 확실한 것은 메인 시스템에서 대기 시스템으로의 백업
- 동일한 애플리케이션이 설치되어 있다.
- 서버가 2대 필요하지만 안전하다.

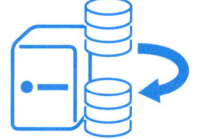

- 서버 안에 예비 디스크를 설치해서 백업한다.
- 서버는 한 대이지만 예비 디스크를 증설한다.

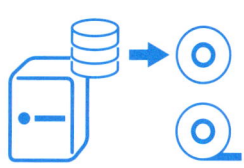

DVD나 테이프 장치 등의 미디어에 백업하는 경우도 있다.

재해를 가정해 서울에 메인 시스템을, 부산에 대기 시스템을 두는 등의 재해 복구 발상도 있다.

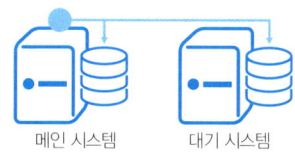

메인 시스템   대기 시스템

레플리케이션 기법에는 데이터를 여러 디스크에 기록하는 것이 있다.

> **Point**
> ✔ 백업에는 풀 백업과 차등 백업이 있다.
> ✔ 백업은 대기 시스템으로 불리는 서버 설치, 동일 서버 내에 백업용 디스크 증설, DVD나 테이프 등의 외부 미디어 활용 등의 방법으로 실현한다.

7-12 자가발전, UPS

전원 백업

건물의 정전 대책

서버는 전원이 있어야 동작합니다. 정전 등으로 전원 공급이 멈추면, 서버도 정지해 버리므로 대책을 세우지 않으면 큰 문제가 생깁니다(그림 7-23).

우선 확인할 것은 도입할 건물에서의 정전 대책입니다. 큰 건물이나 병원, 아파트 등에서도 그렇지만, 일반 가정과 달리 여러 계통의 전원을 공급받고 있으므로, 단시간의 정전이라면 다른 계통으로 자동으로 전환되어 업무를 계속할 수도 있습니다.

또한, **자가발전기**를 갖춘 건물도 있으므로, 전력회사로부터의 송전이 멈추더라도 이 경우는 수 분 이내에 전력 공급을 받을 수 있습니다.

서버를 도입할 땐 UPS를 반드시 준비한다

UPS는 Uninterruptible Power Supply의 줄임말로, 갑작스러운 정전이나 전압의 급격한 변화로부터 서버나 네트워크 기기 등을 보호하는 장비입니다.

UPS는 전원 공급이 정지됐을 때, **보호할 대상 기기에 자체 배터리로 전원을 공급하는 기능**과 전용 소프트웨어를 설치해서 **기기를 안전하게 셧다운 할 수 있는 기능**이 있습니다(그림 7-24).

예를 들어, 서버에 15분의 전원 공급 능력을 갖춘 UPS를 연결해 둔 경우에는 정전 시 바로 UPS의 전원이 이용됩니다. 정전 시간이 15분을 넘을 것 같은 경우에는 일정 시간 내에 서버에 있는 전용 소프트웨어와 UPS가 연계해서 서버를 셧다운 합니다.

즉, 정전 시간이 짧으면 특별히 의식할 일이 없지만, 정전 시간이 긴 경우에는 갑작스러운 다운을 피하도록 하는 것입니다. 간단히 말하면, 사람 대신에 UPS가 붙어서 전원을 관리한다고 생각하면 됩니다.

기본적으로 서버를 도입할 때는 UPS를 반드시 준비합니다. 서버의 크기에 비례해서 UPS의 크기도 커집니다.

그림 7-23 정전 시 건물의 전원 공급은 어떻게 될까?

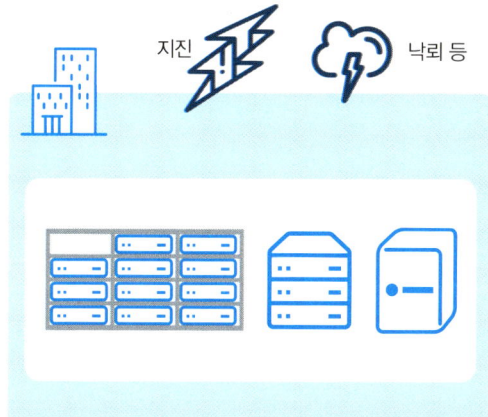

정전이 발생하면 전원 공급은 어떻게 되는지 서버 도입 전에 확인한다.
- 여러 계통의 전기 공급을 받을 수 있는가
- 자가발전기를 가지고 있는가

그림 7-24 UPS의 개요

❶ 정전을 감지해서 서버에 전력을 공급한다.
❷ 서버에 전용 소프트웨어를 설치해 두면, 안전하게 셧다운 할 수 있다.

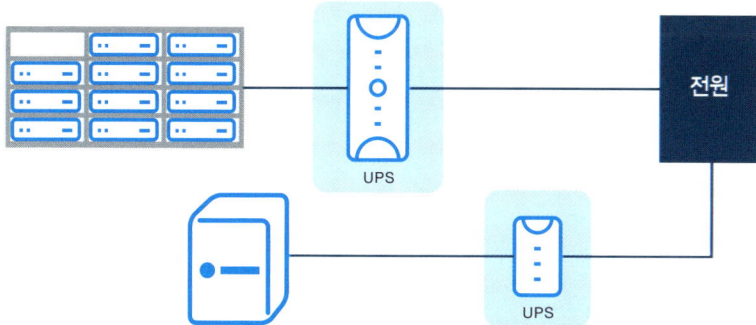

UPS는 서버의 출력에 비례하여 크기가 커진다.

Point
- 서버를 도입할 때는 반드시 UPS도 준비한다.
- UPS는 정전 시 전원을 공급하는 기능과 안전하게 셧다운 하는 기능을 갖추고 있다.

7-12_ 전원 백업

실습 코너

AI화를 향한 데이터 정비 – 데이터 작성

148페이지에서 데이터 항목을 상정하는 작업을 했습니다. 다음과 같은 예를 들어 보겠습니다.

- ◆ 해당 점포의 포인트 카드를 가지고 있다 〈있다/없다〉
- ◆ 가족이나 커플 등 여러 명이 방문 〈여러 명/1명〉
- ◆ 손님으로부터 처음 상품 관련 질문을 받았다 〈손님으로부터/스태프로부터〉
- ◆ 경쟁 점포의 이야기를 들었다 〈경쟁점에 관한 화제가 있다/없다〉

이 항목들을 간단히 수치화하기 위해 1과 0의 결과를 조합하고, 가격을 더 인하할지 결정합니다.

데이터 작성과 정비

상기 항목을 바탕으로 데이터를 작성해 갑니다. 접객 이력을 소급하거나, 이력이 없으면 새로 데이터를 작성합니다. 작성 예는 다음과 같습니다. 자신이 직접 작성해 보세요.

포인트 카드 유무	여러 명/1명	고객으로부터/ 스태프로부터	경쟁 점포의 화제 유무	가격 할인을 한다/하지 않는다
0	1	0	0	0
1	1	1	0	1
0	1	1	1	1
1	0	1	0	1

예시와 같은 데이터는 기계학습의 지도 학습 데이터로 불립니다. 일반적으로 데이터양이 많을수록 정밀도가 올라갑니다.

AI 시스템을 실현할 때도 직접 서버를 설치하는 경우와 클라우드 서비스를 이용하는 경우가 있다고 설명했습니다.

어느 쪽이든 지도 학습 데이터를 작성할 수 없으면 AI화가 진행되지 않습니다. 반드시 이 점에 유의해 주세요.

8-1 클라우드, 온프레미스, 보수

변해가는 서버 도입 ①

도입 검토 단계에서의 변화

서버 선정 환경은 이전과는 상당히 달라졌습니다. 예를 들어, 20년 전엔 클라우드 서비스가 없었으므로, 온프레미스로 직접 사내에 서버를 설치하는 게 기본이었습니다. 물론 서버를 선정하기 전에 '이런 시스템을 만들고 싶다'라고 검토가 필요하다는 점은 예나 지금이나 다르지 않습니다. 하지만, 이제 새로운 시스템은 우선 **클라우드**로 검토하는 것이 기본인 시대가 됐습니다. 세상도 물건을 소유하지 않고 공유하는 방향으로 나아가고 있습니다.

클라우드부터 생각하면 결정하기 쉽다

미래의 업무 변경 또는 다루는 데이터양이나 사용자 수 등에 급격한 증감이 있을 수 있다면, 유연하게 대처할 수 있는 클라우드를 우선 후보로 합니다. 사용자 증가 동향이나 시간대 및 시기에 따른 이용 상황 추이 등을 확인하면서, 클라우드로 계속 갈 수 있는지 판단해도 좋겠지요. 업무에 변동이 거의 없다고 해도 우선은 클라우드를 고려하고, 그런 다음 **온프레미스**나 임대 방식을 검토하면 됩니다(그림 8-1).

서버도 일회용인 시대가 될까?

클라우드부터 고려할 수 있게 된 것은 커다란 변화이지만, 시대가 바뀌면서 그 밖에도 계속 변화하는 것이 있습니다. 예전에는 서버를 구입하면 정기적인 **보수** 계약이나 고장 발생 시 보수 계약 등을 하는 것이 일반적이었습니다. 지금은 수년 전에 수천만 원이던 서버를 천만 원 정도면 살 수 있는 시대입니다. 망가지면 예비 서버로 아예 교체하는 움직임도 나타나기 시작했습니다. 특히 다수의 서버를 도입하는 데이터 센터 등에서는 일상이 되었습니다(그림 8-2).

확실히 서버 수가 방대한 경우에는 보수 비용을 지불하기보다 예비 서버와 유닛을 가까이 두는 편이 서버 수에 따라서는 비용이 적게 들지도 모릅니다.

그림 8-1 서버를 클라우드부터 생각한다

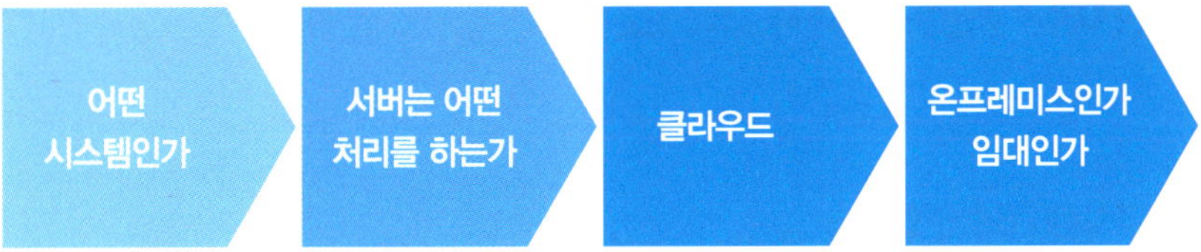

```
어떤 시스템인가 → 서버는 어떤 처리를 하는가 → 클라우드 → 온프레미스인가 임대인가
```

앞으로의 서버 선정은 클라우드부터 먼저 생각하는 편이 결정하기 쉽다. 그다음에 온프레미스나 임대를 고려한다. 클라우드 서비스 중에는 이용 상황의 계절 변동에 대처하는 것도 있다.

> **관련 용어: 스케일 아웃**
> 시스템의 처리 능력을 향상하기 위해 서버의 대수를 늘리는 것
>
> **관련 용어: 스케일 업**
> CPU 등 유닛의 성능을 높여 처리 능력을 향상하는 것

그림 8-2 서버도 일회용인 시대가 되어 가는가?

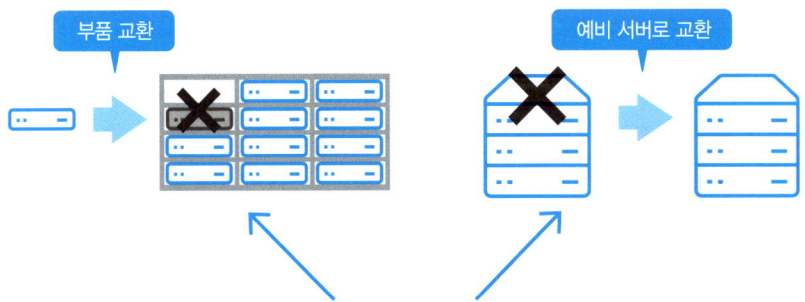

- 이전에는 보수 계약을 해서, 고장이 나면 점검이나 부품을 교환했다.
- 최근에는 새로운 서버로 교체하는 움직임도 나타나고 있다.
- 그 배경으로 그다지 고장 나지 않게 된 것과 서버 대수의 증가가 있다.

Point
- ✔ 서버를 선택할 때는 우선 클라우드를, 다음으로 온프레미스나 임대 순으로 생각하면 결정하기 쉽다.
- ✔ 서버의 가격 저하와 수량 증가로 유지 보수의 개념도 다양해지고 있다.

8-2 디지털 기술, 디지털 트랜스포메이션

변해가는 서버 도입 ②

설계 구축에서의 변화

클라우드의 등장뿐만 아니라, 특정 용도를 위한 설정 작업에서 사용할 수 있는 어플라이언스 서버의 등장으로 전체 시스템 개발이 더 편리해졌습니다.

이전에는 서버를 구성, 설계하고 동작을 확인하는 등에 시간이 걸렸지만, 클라우드는 이용을 시작한 후에도 변경이 용이합니다. 또한, 어플라이언스 서버에는 필요한 소프트웨어가 설치되어 있으며, 동작 확인을 사전에 마쳤으므로 안심할 수 있습니다(그림 8-3).

공수의 삭감

이전과 비교하면, 시스템 개발이나 도입에 필요한 공수 중에서 **서버와 관련된 부분은 감소**하고 있습니다.

특히 중소규모 시스템이라면, 서버와 관련된 작업이 차지하는 비중이 높아서 삭감 효과가 큽니다.

비즈니스를 생각하는 시간을 늘리자

현재는 **디지털 기술**을 활용해 비즈니스를 변혁하는 **디지털 트랜스포메이션**이나 디지털 이노베이션이 요구되는 시대입니다.

디지털 기술이 발전하면서, 정보 시스템은 비즈니스에서 중요한 역할을 하고 있습니다(그림 8-4).

디지털 기술을 활용할 때는 시스템뿐만 아니라 비즈니스 측면에서도 검토할 필요가 있습니다. 이제는 비즈니스를 기획하는 사람이 시스템도 고안하는 시대입니다.

공수의 삭감으로 절약한 시간은 **비즈니스를 검토하는 시간에 쓰거나, 최신 디지털 기술을 학습하는 시간에 쓰는** 등 효과적으로 활용하는 것은 어떨까요?

이제는 많은 사업가에게 AI나 IoT 등 디지털 기술에 대한 이해가 필수적인 시대가 되고 있습니다.

그림 8-3 서버 구성 설계와 동작 확인이 필요 없다

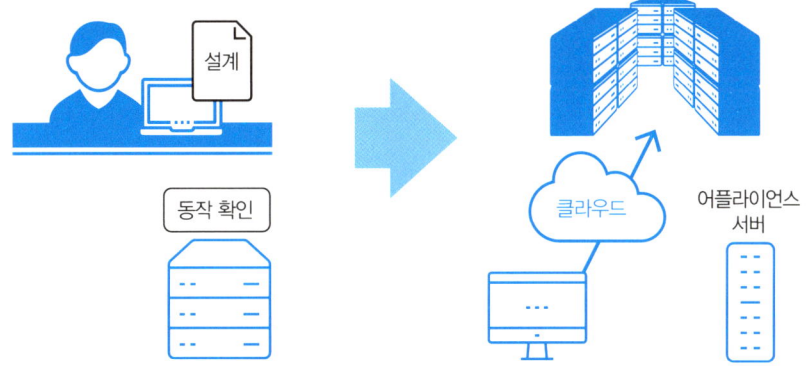

설계와 동작 확인이 필요 없고, 즉시 사용할 수 있는 클라우드와 어플라이언스 서버

그림 8-4 디지털 기술의 발전

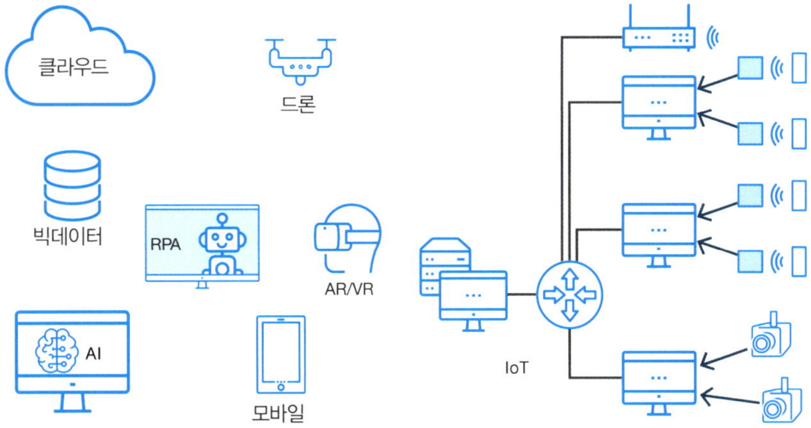

디지털 트랜스포메이션(DX), 디지털 이노베이션(DI)의 시대

Point
- ✔ 클라우드나 어플라이언스 서버의 등장으로 시스템 개발에서 서버 관련 작업의 공수가 줄었다.
- ✔ 남는 시간은 비즈니스 검토나 신기술 학습에 활용하자.

8-3 시스템 구성

시스템 구성에 관하여 생각한다

시스템 구성을 상상한다

시스템을 도입할 때는 가장 먼저 **시스템 구성**을 검토합니다. 예를 들어, 새로운 부서에서 업무 시스템을 도입한다면, 일반적으로 앞에서 설명한 것처럼 클라우드로 할지 자체 서버로 할지부터 검토하기 시작합니다.

일반적인 업무 시스템의 경우, 현시점에서는 아직은 자체적으로 온프레미스 서버를 설치하는 경우가 많겠지요.

이 경우에는 데이터 처리 요청이나 양, 사용자 수 등을 바탕으로 서버, 클라이언트, 네트워크로 각각의 구성을 상상해 볼 수 있습니다(그림 8-5).

최근에 시스템 구성을 고려할 때 어려워진 이유는 이 책에서도 종종 소개해 온 것처럼 클라이언트가 다양해졌고, 가상화를 검토할 필요성도 생겼기 때문입니다.

사례와 동향 확인

정통적으로는 전항과 같이 검토합니다. 그리고 다음으로 더 필요한 것은 **자사의 과거 사례, 미디어 등에서 공개된 동종 사례, 시스템 동향 등을 확인**하는 것입니다.

그런 과정을 거치고 나면, [그림 8-5]의 점선으로 에워싼 부분처럼 무선 LAN에도 대응해 두는 편이 좋다, 개발이나 테스트용 서버가 있는 편이 좋다 등 누락된 부분을 확인할 수 있습니다. 나아가 동종 시스템에 관한 사례를 웹 사이트, 잡지, 각종 세미나 등에서 조사하는 편이 정확합니다.

디지털 기술 등 새로운 기술이나 분야라면 다양한 매체로 학습하고 연구하겠지만, 어떠한 시스템을 검토하더라도 같은 단계는 넣어 주세요. 그렇게 함으로써, 비즈니스와 IT 동향에 따라 오래 사용할 수 있는 시스템이 만들어집니다(그림 8-6).

그림 8-5 시스템 구성 검토 사례

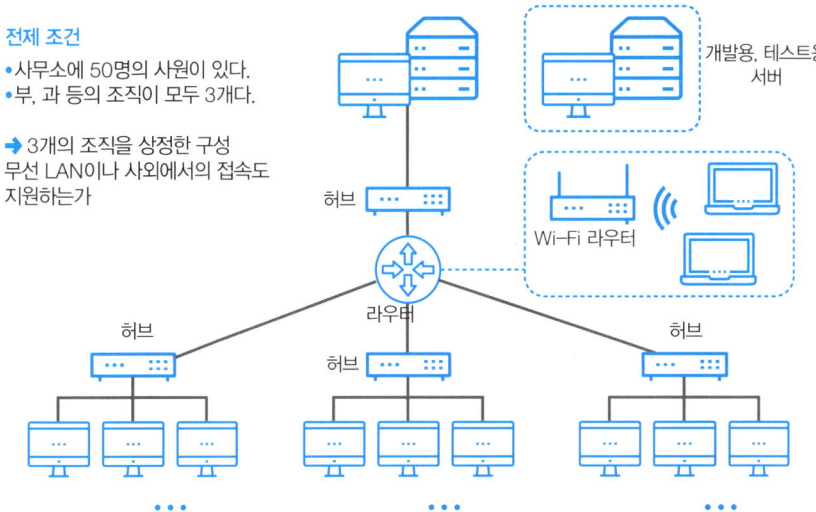

전제 조건
- 사무소에 50명의 사원이 있다.
- 부, 과 등의 조직이 모두 3개다.

→ 3개의 조직을 상정한 구성 무선 LAN이나 사외에서의 접속도 지원하는가

그림 8-6 구성 검토 단계

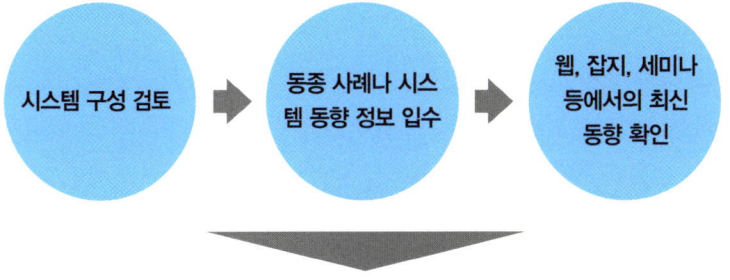

Point
- ✓ 기본적인 정보를 바탕으로 시스템의 구성을 상정한다.
- ✓ 동종 사례와 시스템 동향 확인, 나아가 최신 기술도 학습해서 적절한 구성인지 확인한다.

8-4 성능 견적

서버의 성능 견적

서버의 성능 견적

3-2절에서도 **성능 견적**에 관해 다루었지만, 이 절에서는 좀 더 상세하게 설명하겠습니다.

주로 다음 세 가지 관점 및 방법을 조합해서 성능 견적을 냅니다.

❶ **탁상 계산**
사용자 요구에 따라 필요한 CPU 성능 등을 쌓아 올려서 산출한다. 가장 기본적인 진행 방법이다.

❷ **사례, 메이커 추천**
동종의 사례나 소프트웨어의 메이커나 판매점 등의 추천을 참고하여 판단한다. 유사한 사례가 있으면 상당히 효과적이다.

❸ **툴을 이용한 검증**
특히 웹 관련 서버에서 이용되는 방법이다. 부하를 검출하는 툴 등으로 현재의 CPU나 메모리 이용 상황 등을 파악하고 그 실측값을 바탕으로 검토를 진행한다.

변화하는 탁상 계산

이전 CPU의 탁상 계산은 클록 주파수(동작 주파수대)가 중심이었습니다. 예를 들어, 2GHz인 CPU는 1초에 20억 회의 계산을 할 수 있는 등의 수치를 바탕으로 필요한 견적을 냈습니다.

요즘에는 CPU 성능이 비약적으로 향상되어 데이터의 양이 많지 않은 한 신경 쓰지 않게 됐고, 각종 애플리케이션을 멀티태스킹으로 활용하려는 필요에 따라 **PC 서버에서는 CPU의 코어 수와 스레드 수를 중심으로 견적을 내는 것이 주류**가 됐습니다(그림 8-8).

CPU 코어 수란 간단히 말하면, CPU 케이스(CPU 패키지) 안에 몇 개의 CPU가 들어 있는가를 말하며, 스레드 수는 처리할 수 있는 일의 수 또는 소프트웨어 수를 가리킵니다.

그림 8-7 성능 견적을 고려할 때 세 가지 관점

탁상 계산에 의한 견적

동종 사례와 메이커 추천을 참고

툴을 설치해서 성능과 부하를 측정

그림 8-8 CPU 코어 수와 스레드 수

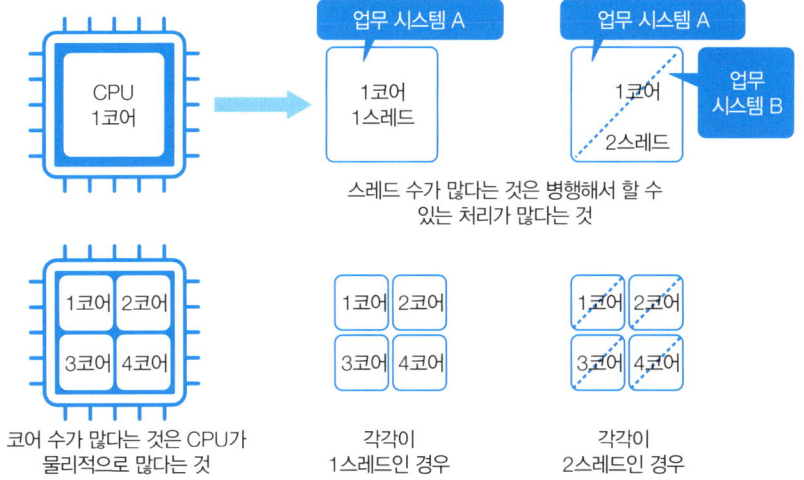

Point
- 서버의 성능 견적은 CPU를 중심으로 진행하며 사용자 요구에 따라서 탁상 계산하는 방법이 기본이고, 같은 용도나 규모의 사례, 메이커의 추천 등도 참고해서 진행하는 것이 좋다.
- CPU의 성능 향상 등을 배경으로, PC 서버에서는 코어 수와 스레드 수를 중심으로 견적을 내는 방법이 주류가 됐다.

8-5 가상화 환경에서의 견적

성능 견적 사례

전제 조건의 사례 연구

이 절에서는 성능 견적에 대중적인 탁상 계산과 과거의 도입 사례를 조합한 케이스를 소개합니다.

필자의 팀은 고객 기업을 대상으로 IT 컨설팅을 합니다. 자체 업무의 효율화, 고객 시스템 개발, 신기술 습득을 위해서 온프레미스 서버를 설치하기도 합니다.

가상화 환경의 예를 들어, **러프 스케치**를 그려 시스템과 소프트웨어 구성에 누락이 없는지 확인합니다(그림 8-9).

- ◆ 전제 조건
    - Windows Sever, VMWare에서의 가상화 환경
- ◆ 서버
    - 서버용 소프트웨어 : 업무 시스템, BPMS, AI, RPA
    - 미들웨어 : MS SQL
- ◆ PC
    - AI, OCR, RPA 등 총 5세트

탁상 계산의 사례 연구

상기 소프트웨어를 이용해 **가상화를 전제**로 견적을 내겠습니다(그림 8-10).

서버에 운영체제를 포함해 6세트가 있고, 과거 사례와 소프트웨어 메이커의 권장 사항에 따라 CPU 4코어와 메모리 8GB를 VMware의 기준값으로 했습니다. 또한, 데스크톱 PC는 마찬가지로 2코어, 4GB를 기준값으로 했습니다.

이를 [그림 8-10]처럼 모두 합하면, 34코어와 68GB가 됩니다. 이 34와 68이라는 수치를 기반으로 해서 실제로 준비할 서버의 성능을 어떻게 할지 조정하게 되는데, 실무에서 사용하는 비중이 높지는 않으므로 계수로써 1.25를 곱했습니다. 최종적으로 CPU 44코어, 메모리 96GB의 서버를 선택했습니다.

디스크도 RAID 구성에 따라 견적을 냅니다(참고).

그림 8-9 러프 스케치를 그려 확인한다

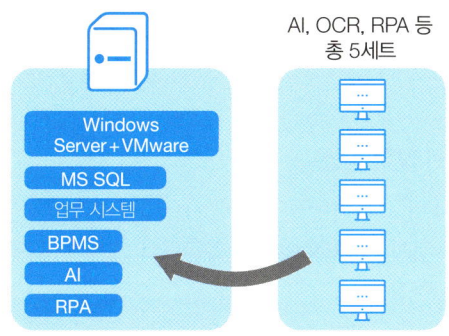

〈CPU와 메모리의 견적〉
서버의 가상 환경 : 합계 6
PC의 가상 환경 : 합계 5

러프 스케치를 그려서 확인하고, 누락이나 오류가 없도록 한다.

그림 8-10 탁상 계산 진행법

〈 CPU · 메모리 〉

서버용 VM	〈4코어 · 8GB〉 × 6세트	=	24코어 · 48GB
데스크톱용 VM	〈2코어 · 4GB〉 × 5세트	=	10코어 · 20GB
합계			34코어 · 68GB
조정 후(× 1.25)			43코어 · 85GB
≒ 준비			44코어 · 96GB

주1) 가상화 환경이라면 가상화 소프트웨어(여기서는 VMware)에 통합되므로 개별 소프트웨어에 의한 차이는 생기지 않는다. 따라서 메이커의 권장 사항과 사례에서 가상 환경의 기초 수치에 수량을 곱하면 된다.
주2) 일반적으로 여유를 두기 위해 1.2에서 1.5 전후로 조정한다. 이번에는 업무 시스템 비중이 높지 않아 견적을 많이 낼 필요가 없으므로 1.25로 했다.
주3) 조정 후와 준비가 다른 이유는 서버의 CPU나 메모리 구성에 맞추기 위해서이다.
주4) 디스크에 대해서는 RAID 6과 핫 스페어를 조합해 실제 5TB로 했다. 전체 8개이고, 그중 패리티가 2, 핫 스페어가 1이므로, 8-2-1=5가 된다. RAID 6나 RAID 5 등에서는 패리티 용량을 상정하므로 실제 용량은 줄어든다.

참고: 디스크 견적   각 1TB

Point
- ✔ 성능 견적을 낼 때 러프 스케치를 그려서 진행하면 실수가 없다.
- ✔ 사례나 메이커 권장 사항 등으로 기초 수치를 확정하고 적절히 계산한다.
- ✔ 피크 타임의 운용이나 앞으로의 확장을 예측해 계수로 조정하지만, 확장성을 어디까지 예측할지 판단할 필요가 있다.

8-6 설치 장소

서버를 어디에 어떻게 둘 것인가

서버의 설치 장소

온프레미스로 서버를 준비할 때, 물리적인 크기를 확인했다면 사전에 반드시 검토해야 할 것이 **설치 장소와 방법**입니다. 선택지는 일반적으로 다음 세 가지가 있습니다 (그림 8-11).

- ◆ 사무실 내 관리자 자리 옆이나 아래(가설치)
- ◆ 사무실 내 전용 랙
- ◆ 서버룸(전산실)

서버에서 발생하는 소음은 PC보다 훨씬 크고, 케이스의 형태에 따라서는 고온이나 발열이 느껴지는 것도 있으므로, 책상이 늘어서 있는 집무 공간에 두는 것은 권장하지 않습니다. 서버를 설치하기 위해서는 **전용 공간**이 필요합니다. 기업이나 단체에 따라서는 파일 서버나 프린트 서버와 같은 각 부문이나 부서별로 설치하는 서버를 사무실 내 전용 랙에 두는 경우도 있습니다.

설치·수납 방법

설치하는 장소가 정해졌으면, 다음으로 어떻게 설치 또는 수납하는가입니다. 기본적인 선택지는 다음 두 가지입니다(그림 8-12).

- ◆ 바닥에 직접 설치한다.
- ◆ 전용 랙 안에 집어넣는다.

랙은 19인치 사이즈가 기본으로, 소음이나 발열에 대한 대책으로 문이 달린 형태도 있습니다.

그림 8-11 서버 설치 장소

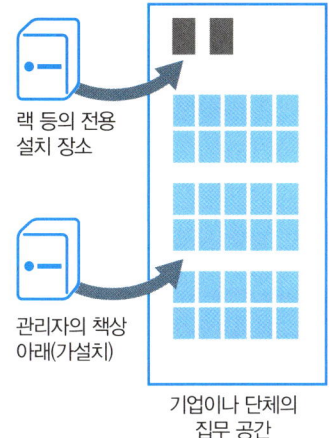
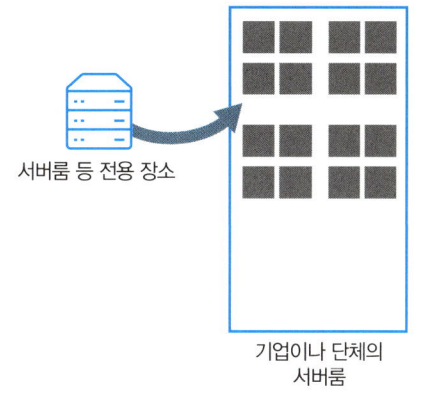

- 랙 등의 전용 설치 장소
- 관리자의 책상 아래(가설치)
- 기업이나 단체의 집무 공간
- 서버룸 등 전용 장소
- 기업이나 단체의 서버룸
- ※ IT 기기만 설치되어 있다.

그림 8-12 설치·수납 방법

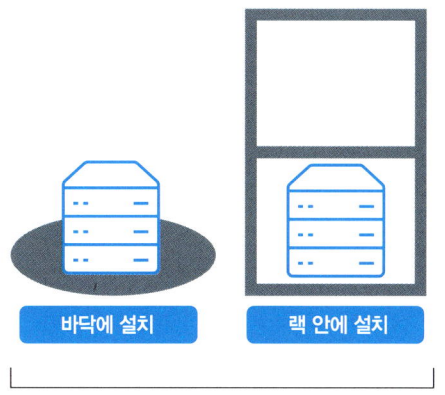

- 사무실 내
- 책상 아래에 설치
- ※ 크기가 크고, 소음이 크며, 뜨거우므로 권장하지 않는다.
- 바닥에 설치
- 랙 안에 설치
- 전용 공간이나 서버룸

Point
- ✔ 온프레미스 서버를 준비하기 전에, 반드시 설치할 장소와 방법을 검토한다.
- ✔ 서버는 PC와 비교하면, 물리적으로 크고, 소음도 크며, 열도 높아 기본적으로는 전용 공간이나 방에 둔다.

8-7 IT 정책

IT 전략과의 정합성 확인

IT 전략 확인

어떤 업무를 효율화하고자 새로운 시스템 및 서버를 도입하고 싶다거나 AI, IoT, RPA 등의 디지털 기술을 도입해 경쟁 우위를 확립하고 싶다는 등 시스템이나 서버 도입에는 다양한 동기와 목적이 있습니다.

시스템이나 서버를 도입할 때 확인해야 할 것이 **IT 정책**과 정보 시스템 부문이 작성한 가이드라인입니다. IT 정책은 기업이나 단체의 정보 기술과 시스템 활용에 관해 체계적으로 정리한 규정입니다. 내용은 전략, 기본 방침, 체제, 운용 등으로 구성됩니다. IT 정책은 일정 기간 평가해서 PDCA를 반복해 더 좋은 내용으로 진화하는 것을 목표로 합니다(그림 8-13).

비교적 자주 듣게 되는 '보안 정책'은 그 아래에 있습니다. 이전에는 IT 정책을 작성하지 않은 기업이나 단체도 있었지만, 현재에는 계속해서 정비되고 있습니다. 도입을 검토하는 시스템과 서버가 IT 정책에 맞는지 규정 문서 등을 보고 확인할 필요가 있습니다.

정보 시스템 부문과 상담

그런 시간을 낼 수 없거나 혹은 잘 모른다면, **정보 시스템 부문과 상담해서 확인**하는 것이 빠르겠지요.

그때, 정책이나 가이드라인의 존재나 내용뿐만 아니라 시스템과 서버를 구매할 때의 예산, 품의 방법, 결재자의 확인부터 시작해, 조달, 수배, 도입, 운용 시작 후 관리에 이르기까지 모두 확인해 둘 것을 추천합니다.

정보 시스템 부문이나 총무 부문 등 관련 부문이나 관계자들과 상담해서, 자신 혹은 자신의 부문에서 해야 할 일을 명확하게 하고 진행합니다(그림 8-14).

그림 8-13 IT 정책의 개요

IT 정책 :
기업이나 단체에서 정보 기술이나 시스템 활용에 관해 체계적으로 정리한 규정

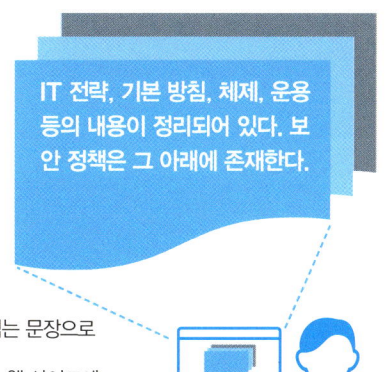

IT 전략, 기본 방침, 체제, 운용 등의 내용이 정리되어 있다. 보안 정책은 그 아래에 존재한다.

- 긴 경우에는 A4로 수십 장을 넘는 문장으로 되어 있다.
- 최근에는 기업이나 단체의 내부 웹 사이트에 공개되는 경우가 많다.

그림 8-14 정보 시스템 부문과 상담

정보 시스템 부문과 상담한다
IT 정책이나 가이드라인과의 정합성뿐만 아니라 다음의 내용도 확인

사내 절차
- 구매 예산
- 품의 방법
- 결재자 확인

조달과 운용
- 조달(주문)
- 각종 수배
- 실제 도입
- 운용 시작 후의 관리

- 기업에 따라서는 정보 시스템 부문이 아니라, 총무 부문이나 경영관리 등인 경우도 있다.
- 서버 및 관련 소프트웨어는 발주부터 납품까지 시간이 걸리는 경우가 있으므로, 일찌감치 준비해서 필요한 활동을 확인해 둔다.

Point
✔ 시스템이나 서버를 도입할 때 IT 정책과 일치하는지 확인할 필요가 있다.
✔ 정보 시스템 부문 등 정보 시스템 전반에 관여하는 부문에는 반드시 상담을 하고 진행한다.

8-8 서버 관리자, 어드미니스트레이터

서버는 누가 관리하는가?

누가 관리하는가?

시스템 및 서버를 도입하면 누군가가 반드시 관리해야 합니다. 이러한 관리자를 **어드미니스트레이터**(Administrator)로 부르기도 합니다.

클라이언트 PC는 사용자가 일상적으로 이용하는 도중에 상태를 파악할 수 있지만, 서버는 공용이므로 미리 누가 관리할지 정해 두지 않으면 관리할 사람이 없는 상태가 됩니다(그림 8-15).

앞에서 IT 정책과 관련해 정보 시스템 부문과 상담한다고 설명했습니다. 기업이나 단체에서는 어디에 어떤 시스템이나 서버가 들어갈지 정보 시스템을 총괄하는 부문에서 관리합니다. 개개의 시스템이나 서버, 특히 부문에서 따로 사용하는 경우에는 해당 부문에 관리를 맡기는 곳도 있습니다.

서버 관리자의 업무

부문에서 시스템이나 서버를 관리하는 사람의 예를 살펴보겠습니다.

기업이나 단체에서 부문 관리자의 공통된 업무는 다음과 같습니다(그림 8-16).

- ◆ **사용자 관리** : 시스템 사용자 신규 등록, 추가 및 변경, 삭제 등
- ◆ **자산 관리** : 서버나 소프트웨어에 자산으로써 관리 번호가 붙으므로, 실제로 이용하는지 확인. 특히 주의를 기울여야 하는 것은 서버나 PC 등에 연결하는 외장형 기기
- ◆ **운용 관리** : 서버의 경우에는 적절히 운용되는지 정기적으로 확인할 필요가 있다. 보안 점검도 포함된다.

이처럼 시스템이나 서버에 따라서는 상응하는 관리 공수가 필요합니다. **도입을 검토할 때 관리자는 누구인지, 이러한 업무의 예상 공수 등도 확인해서 진행**합니다.

그림 8-15 서버 관리자가 필요

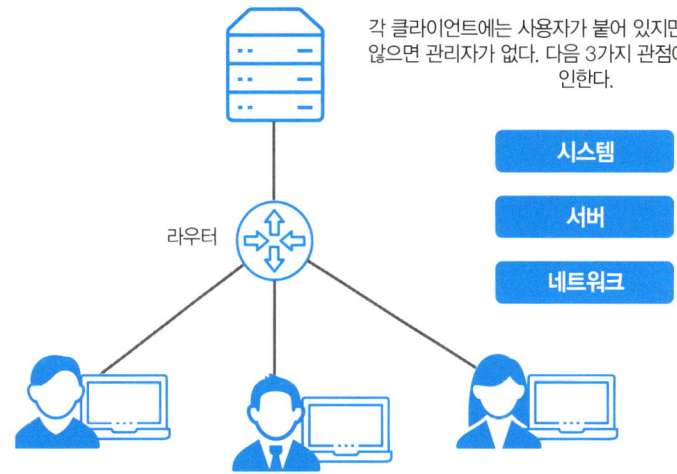

그림 8-16 부문의 시스템 및 서버 관리자의 업무 예

시스템 및 서버 관리자의 업무

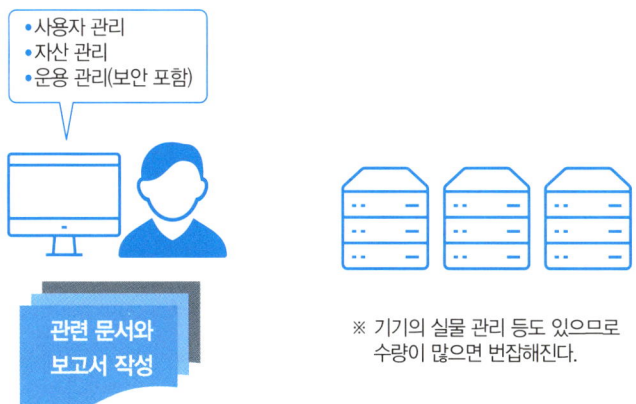

※ 기기의 실물 관리 등도 있으므로 수량이 많으면 번잡해진다.

Point
- ✔ 서버 관리자를 미리 정해 두지 않으면, 아무도 관리하지 않을 우려가 있다.
- ✔ 부문에서 시스템이나 서버를 관리하는 사람의 업무로는 사용자 관리, 자산 관리, 운용 관리 등이 있다.

8-9 사용자 관리, 워크그룹

서버의 사용자는 누구인가?

누가 이용하는가?

앞에서는 관리자를 주제로 설명했으니, 이번에는 사용자에 관해 정리합니다.

사용자가 적은 경우를 제외하고, 시스템이나 서버의 사용자는 **워크그룹**이라는 일정한 그룹으로 관리합니다.

이 개념의 바탕이 되는 것은 4-2절에서 다룬 Windows의 역할 기반 접근 제어 (Role-Based Access Control)입니다. 역할(Role)은 업무상의 역할 및 기능을 나타내며, 직책에 필요한 권한을 역할에 따라 할당합니다.

워크그룹이라고 해도 기업이나 단체의 업무에서는, **업무를 수행하는 기능이나 단위로 그룹을 편성**하는 것이 기본입니다. 기업에는 대부분 부가 있고 그 아래에 과나 그룹 등이 있습니다. 각 부는 부장, 과장, 그룹 리더, 일반 사원 등으로 구성되고, 직무 권한의 차이가 있습니다. 워크그룹을 고려할 때는 수직 그룹과 수평 그룹이 있다는 것에 유의하세요(그림 8-17).

사용자의 권한

사용자와 권한을 그룹화해 관리함으로써 영업부 A과장이 정보 시스템부의 과장이 됐을 경우, 영업부 파일에는 접근할 수 없게 하고 정보 시스템부 파일에 접근할 수 있게 간단히 변경할 수 있습니다. 또한, 과장이라는 직급에 변경이 없으면, 과장 이상이 접근할 수 있는 파일은 기존과 같습니다.

조직과 관련하여 간과하기 쉬운 것이 **시스템의 관리자와 개발자**입니다.

시스템 관리자에게는 부서 이동에 따른 이용자 변경의 권한이나 대상이 되는 시스템 또는 파일 대부분에 모두 접근할 수 있게 하는 권한을 가지게 하는 경우가 많습니다.

기능 추가 등 개발이 계속되는 시스템이라면 개발자에 의한 유지 보수가 필수이므로, 개발자에게도 일정한 권한을 부여합니다.

그림 8-17 사용자 개요

| | 총무부 | 영업부 | 정보 시스템부 |

부장 / 과장 / 그룹 리더 / 일반 사원

부 단위로 그룹을 나눈다 / 부장만, 과장 이상 등의 직무 권한으로 나눈다.

그림 8-18 시스템 관리자와 개발자는 필수

시스템 관리자

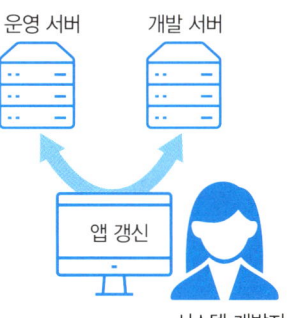
시스템 개발자

- 조직의 역할을 고려할 때, 시스템 관리자를 잊을 수 있으므로 주의해야 한다.
- 사용자 신규 추가 등록, 변경 등은 시스템 관리자가 한다.

기능 추가가 있을 수 있는 시스템 등은 개발자에게도 일정한 권한을 부여해 두지 않으면, 애플리케이션 업데이트나 테스트를 할 수 없게 된다.

Point
✔ 조직 단위나 역할 등으로 사용자를 그룹화해서 관리한다.
✔ 조직으로만 생각하면 시스템의 관리자와 개발자의 존재를 잊어버리는 경우가 있으므로 주의한다.

8-9_ 서버의 사용자는 누구인가?

8-10 워터폴, 애자일

시스템 개발 공정으로 보는 서버 도입

시스템 개발 공정

서버 구성 및 설계와 성능 견적은 단독으로 이루어지지 않고, 시스템 구축의 흐름 속에서 프로세스의 하나로서 자리매김합니다.

시스템 개발의 전통적인 공정인 **워터폴**에서 각 프로세스를 확인해 보겠습니다.

워터폴은 폭포가 흐르듯이 요건 정의, 개요 설계, 상세 설계, 개발·제조, 통합 테스트, 시스템 테스트, 운용 테스트의 각 공정으로 진행합니다.

다른 개발 기법으로는 애플리케이션이나 프로그램 단위로 요구·개발·테스트·릴리즈를 반복하는 **애자일**이 있습니다(그림 8-19).

서버에 관한 각 공정에서의 작업

각 공정에서의 서버 작업을 정리해 두겠습니다. 특히 **공정의 전반부가 중요**합니다(그림 8-20).

- ◆ **요건 정의**
    사용자 요구를 정리하여 요건을 정의한다.
- ◆ **개요 설계·상세 설계**
    요건 정의에 따라 구성 설계와 성능 견적을 낸다.
- ◆ **개발·제조**
    서버 구축 및 세팅을 한다.
- ◆ **각종 테스트**
    서버뿐만 아니라 네트워크와 시스템 전체에 관한 테스트가 있다. 통합 테스트에서는 네트워크 등과의 정합성, 시스템 테스트에서는 시스템 전체에서의 동작 확인, 운용 테스트에서는 입출력 처리를 사용자가 실행해서 확인한다.

그림 8-19 **시스템 개발 공정**

그림 8-20 **서버의 중요한 작업은 전반전에 있다**

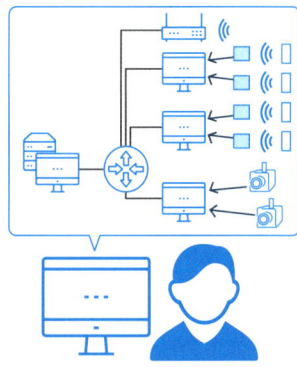

요건 정의
사용자의 요구를 정리해서 요건을 정의

개요 설계 · 상세 설계
요건 정의에 기초한 서버의 구성 설계 및 성능 견적

서버 준비
시스템 규모에 따라서는 개발 시스템과 운영 시스템 모두 필요할 수 있으므로, 각각의 서버 준비도 생각해 둔다.

> **Point**
> ✔ 시스템 개발 공정에서 서버는 모든 공정에 관계된다.
> ✔ 서버에서는 특히 시스템 개발 공정의 전반전이 중요하다.

8-10_ 시스템 개발 공정으로 보는 서버 도입 195

실습 코너

기본적인 두 가지 테마

여기서는 두 가지 테마로 정리해 보겠습니다. 실제로 서버를 보는 것과 서버 및 시스템과의 관계에 관한 것입니다.

테마 1: 서버를 찾아본다

3장에서 가장 가까운 서버의 하나로 파일 서버를 예로 들었습니다. 이전부터 존재하던 기업이나 단체라면 기존에 이용하던 파일 서버가 있을 것입니다.

일상적으로 이용하는 파일 서버가 실제로 어디에 설치되어 있는지는 알고 있나요? 그 전에 서버 관리자가 누구인지도 알아볼 필요가 있습니다.

책상 아래, 전용 랙, 혹은 전용룸 등을 찾아보세요. 덧붙여 말하면, 보안상 직접 볼 수 없는 경우도 있습니다.

테마 2: 서버와 시스템과의 관계

다음으로 다른 서버와 시스템을 예로 들어, 자신과의 관계를 정의하세요. 9장에서도 설명하지만, 대략 다음과 같이 크게 나눕니다.

가장 가까운 입장에 ○를 표시	종류	예	경험 유무에 ○를 표시
	시스템 기획자	경영 간부, 사용자, 정보 시스템 부문, IT 벤더, 컨설던트	
	시스템 개발자	정보 시스템 부문, IT 벤더, 컨설던트	
	시스템 이용자	사용자	
	시스템 관리자	정보 시스템 부문, 사용자, IT 벤더	
	미래를 위해 학습 중	향후에 대해 검토	

이전 장에서 서버와의 관계를 정리했다면, 서버와 시스템에 대한 흥미가 한층 명확해졌을지도 모릅니다. 아직 늦진 않았으니 관계가 깊은 장이나 절을 꼭 다시 읽어 보세요.

Chapter 9
서버의 운용 관리

안정적인 가동을 실현하기 위해서

9-1 안정 가동, 장애 대응, 운용 관리, 시스템 보수

가동 후 관리

안정 가동과 장애 대응

시스템 운용을 시작한 후에는 **안정 가동**을 목적으로 하는 관리에 들어갑니다.

예전에는 **장애 대응**에 중점을 두는 사고방식도 있었지만, 현재는 안정 가동을 목적으로 장애를 미연에 방지하는 사고방식이 주류가 되고 있습니다(그림 9-1). 장애가 발생하면 비즈니스에 큰 영향을 미치는 시스템이나 대규모 웹 서비스 등을 생각해 보세요. 전자는 서비스가 멈추면 많은 산업과 개인의 활동에 영향을 미칩니다. 후자는 신청이나 주문 접수를 할 수 없게 되는 등 비즈니스상의 손해가 막대합니다. 안정 가동을 목적으로 하는 데는 다음과 같은 배경이 있습니다.

- ◆ 하드웨어, 소프트웨어 기술의 진보로 기기의 신뢰성이 향상됐다.
- ◆ 한편, 다양한 하드웨어와 소프트웨어를 조합해 복잡하게 시스템이 구성되어 있어 장애가 발생한 후에 대처해서는 늦다.

가동 후 관리

가동 후 관리에는 크게 두 가지가 있습니다(그림 9-2).

- ◆ **운용 관리 / 시스템 운용 담당자**
  정형적인 운용 감시, 성능 관리, 변경 대응, 장애 대응 등
- ◆ **시스템 보수 / 시스템 엔지니어**
  성능 관리, 레벨업·기능 추가, 버그 대응, 장애 대응 등. 시스템 보수는 계속하는 것도 있고, 일정 기간으로 종료하는 것도 있다. 이는 장애 발생 영향 정도와 안정 가동 실적으로 판단한다.

소규모 시스템이나 부문에 대해 차단되어 있는 시스템이면, **가동 후에 운용 관리로만 진행하는 경우가 많습니다.**

그림 9-1 안정 가동과 장애 대응에 대한 사고방식

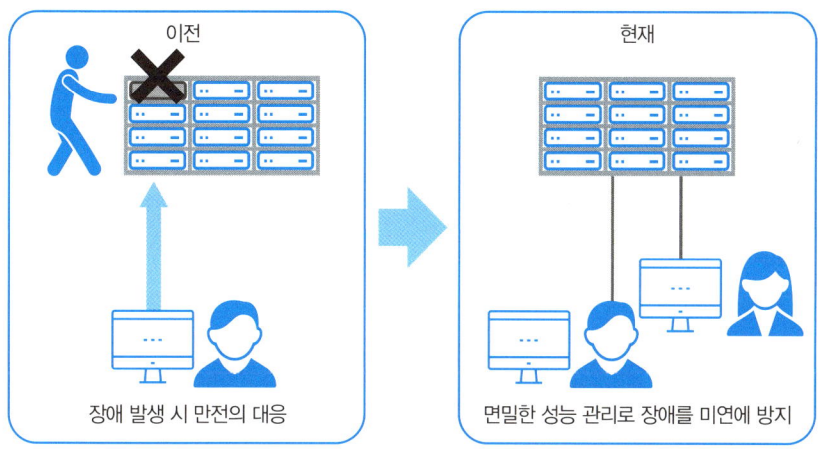

이전 — 장애 발생 시 만전의 대응
현재 — 면밀한 성능 관리로 장애를 미연에 방지

배경
- 시스템 장애 발생이 비즈니스에 미치는 영향이 커졌다.
- 하드웨어, 소프트웨어의 신뢰성이 향상됐다.
- 시스템 구성이 복잡해져, 장애가 발생하고 나서는 대응이 느리다.

그림 9-2 가동 후 관리 개요

	두 가지 관리	내용	비고
가동 후 관리	① 운용 관리 (시스템 운용 담당자)	• 운용 감시, 성능 관리 • 변경 대응, 장애 대응	정형적, 매뉴얼되어 있는 운용 등
	② 시스템 보수 (시스템 엔지니어)	• 성능 관리, 레벨업, 기능 추가 • 버그 대응, 장애 대응	주로 비정형, 매뉴얼되지 않은 운용 등

- 대규모 시스템이나 장애 발생 시에 미치는 영향이 큰 시스템에서의 관리 예
- 소규모 시스템이나 부문 내에 폐쇄된 시스템이라면 운용 관리만 하는 경우가 많다.
- ①과 ② 양쪽을 포함해서 운용 관리라고 하는 경우도 있다.

Point
- ✔ 시스템 가동 후엔 안정 가동을 목적으로 하는 관리에 들어간다. 서버 관리는 그중 한 부분을 차지한다.
- ✔ 현재는 장애를 미연에 방지한다는 사고방식이 주류가 되고 있다.
- ✔ 가동 후 관리에는 크게 운용 관리와 시스템 보수 두 가지가 있다.

9-2 영향 분석, 영향 범위, 영향도, CFIA

장애의 영향

장애의 영향 범위

시스템 운용 관리와 보수는 가동 전에 어떠한 형태로 진행할지 사전에 검토해 둡니다. 이때 기준이 되는 것은 시스템에 장애가 발생했을 때 영향이 미치는 정도를 예상하는 것입니다. **영향 분석**이라고 불리기도 합니다.

일반적으로는 **영향 범위**와 **영향도**로 검토합니다.

영향 범위는 고객 및 사외, 자사 전체, 사업소 전체, 사업소 내 부문, 특정 조직이나 사용자 등으로 나눕니다(그림 9-3).

예를 들어, 휴대전화 통신 시스템에 장애가 발생하면, 휴대전화를 이용하는 고객, 복구 작업, 고객 응대 등에 문제가 생깁니다. 금융 기관의 ATM이나 교통 기관의 개찰구, 발권기 등도 마찬가지입니다.

반면에 부문 내에서 사용하는 청구서 발행 시스템 등이 정지한 경우에는 영향이 부문과 특정 조직에 그칩니다.

장애의 영향도

영향도는 영향의 크기를 수치화한 것입니다.

영향도는 최대(최악), 대, 중, 소의 4단계, 간략화한 3단계, 혹은 더 자세히 정의한 5단계 등으로 나눕니다. [그림 9-4]는 영향 범위와 영향도를 함께 검토하는 방식의 예입니다.

기업이나 단체에서 가동하는 시스템의 장애가 미치는 영향은 다릅니다.

영향을 미치는 범위가 넓고 그 정도가 비교적 큰 시스템에서는 안정 가동을 위해 만전을 기할 필요가 있으므로, 앞에서 예로 든 두 가지 관리가 모두 꼭 필요합니다.

반대로 영향 범위·영향도가 작은 시스템이라면, 운용 관리만 해도 충분합니다. 이처럼 관련된 사람들이 인식할 수 있도록 정리하는 것이 중요합니다.

또한, 장애의 영향 분석을 상세하게 찾아내 정의하는 기법으로 구성 요소 장애 영향 분석(Component Failure Impact Analysis, **CFIA**)이 있습니다.

그림 9-3 영향 범위의 개요

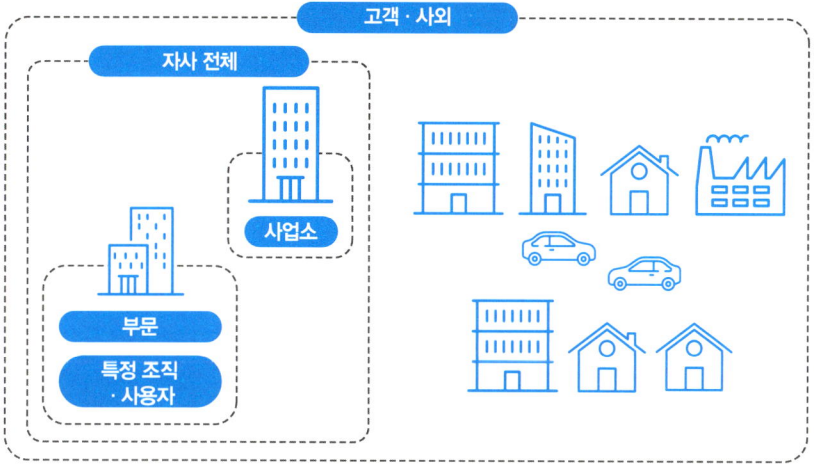

- 영향 범위는 고객·사외, 자사 전체, 사업소, 부문, 특정 조직·사용자로 나뉜다.
- 그림을 보면 시스템에 따라서는 상당한 영향 범위가 있다는 것을 알 수 있다.
- 일반적으로 사회의 기반이 되는 시스템은 장애가 발생하면 영향 범위가 넓다.

그림 9-4 영향 범위와 영향도의 검토 사례

중요도 = 영향 범위 + 영향도			영향도			
			최대	대	중	소
			4	3	2	1
영향 범위	고객·사외	5	9	8	7	6
	자사 전체	4	8	7	6	5
	사업소	3	7	6	5	4
	부문	2	6	5	4	3
	특정 조직·사용자	1	5	4	3	2

- 영향 범위와 영향도로 대상 시스템의 운용 관리와 시스템 보수를 알 수 있다.
- □로 에워싼 범위는 중요도가 크므로, 장애가 발생하지 않도록 만전의 대응을 기한다.

Point
- ✔ 장애가 미치는 영향의 범위와 영향의 정도를 검토함으로써, 가동 후의 관리 형태를 알 수 있다.
- ✔ 영향 범위, 영향도가 모두 큰 시스템이라면 만일에 대비해 만전의 관리가 필수다.

9-3 안정 가동, 장애 복구

운용 관리의 기본

시스템의 운용 관리

시스템의 운용 관리라고 하면, 운용 감시와 시스템을 **안정 가동**하기 위한 관리와 장애가 발생했을 때의 **복구** 등이 있습니다.

운용 감시에 관해서는 6-2절에서 운용 감시 서버를 설명했습니다.

대기업이나 데이터 센터 등에는 운용 관리 전용 방이 있어, 다수의 전용 시스템 모니터가 늘어서 있습니다. 그 모니터에는 각 시스템의 운용 상황, 장애 발생 상황 등이 표시되어 있습니다(그림 9-5). 그런 의미에서 운용 감시 시스템과 서버는 **서버의 정점**이라고도 할 수 있습니다.

운용 관리자의 업무

운용 관리에는 전담 인력이 필요합니다. 웹 서비스를 제공하는 기업, 대기업, 데이터 센터 등에서는 24시간 체제로 전문적인 기술을 가진 인력이 운용 관리에 종사합니다(그림 9-6). 이런 상황을 줄이기 위해서 클라우드화가 계속 진행되고 있습니다.

시스템을 안정적으로 가동하기 위해서는 시스템의 성능 관리, 보수와 추가·변경이 필요합니다. 주택의 설비 체크, 수리, 교체 등을 하는 것과 같습니다.

기업이나 단체에서 지진과 화재 등을 대비한 피난 훈련을 하는 것처럼, 시스템 장애 발생에 대해서는 운용 관리자가 '장애 훈련'을 정기적으로 실시해서 만일의 사태에도 단시간에 복구할 수 있도록 힘쓰고 있습니다.

시스템이나 서버라고 하면 설계와 개발, 사용자 시점에서의 이용이나 성능 등에 눈이 가기 쉽지만, 실은 운용 관리가 가장 어려운 일입니다. 왜냐하면, 시스템 가동에 맞춰 **24시간 관리**할 필요가 있기 때문입니다.

시스템이나 서버의 사용자는 운용 관리에 종사하는 분들께 경의를 표해야 합니다.

그림 9-5 운용 관리 시스템의 예

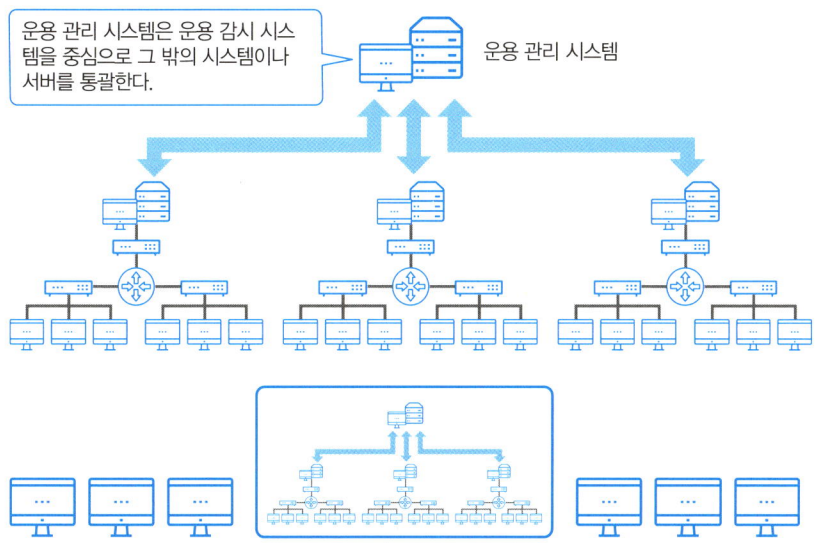

대기업, 데이터 센터, 웹 서비스 기업 등의 운용 관리 전용실에는 다수의 모니터가 늘어서 있어 장관이다.

그림 9-6 운용 관리자의 주요 업무

- 운용 관리자는 24시간 체제로 시스템의 안정적인 가동을 위해서 역할을 다한다.
- 때로는 재해 훈련과 같은 장애 훈련도 시행한다.
- 시스템 사용자는 운용 관리자에게 경의를 표해야 한다.

> **Point**
> ✓ 시스템의 운용 관리에는 주로 운용 감시와 시스템의 안정 가동을 위한 활동이 있다.
> ✓ 다수의 시스템을 가진 기업이나 단체에서는 24시간 체제로 운용 관리가 이루어진다.

9-4 ITIL

운용 관리의 모범

ITIL이란?

ITIL은 Information Technology Infrastructure Library의 줄임말입니다. 1980년대 후반 영국 정부 기관에 의해 작성되기 시작한 IT 운용 가이드라인으로, 서적의 형태로 정리되어 있습니다. 기업이나 단체의 **시스템 운용 관리의 모범이나 기준**이 되었습니다.

ITIL의 개념은 기업이나 단체가 사업을 영위 중에 다양한 기술을 활용하고, 그 기술이 항상 변화한다는 것을 전제로, 어떻게 IT를 운용해 나갈지 정리한 것입니다.

간단히 설명하면, ①비즈니스 요구에 기초하여 IT 서비스를 적절히 제공하는 서비스 전략, ②필요한 서비스와 구조를 설계하는 서비스 디자인, ③서비스 구현을 위해서 확실한 개발 및 변경 릴리즈를 하는 서비스 트랜지션, ④측정 및 운용을 하는 서비스 오퍼레이션, ⑤변화에 대한 대응, 개선 계획 입안으로 이루어진 지속적인 서비스 개선의 다섯 단계로 구성됩니다(그림 9-7).

ITIL이 가져온 관점

[그림 9-8]에서는 기업이나 단체에서 일반적으로 시스템 관리라고 말하는 내용을 간단히 나타냈습니다. ITIL에서는 주로 ②, ③에 해당합니다.

ITIL의 뛰어난 점은 계획과 실행뿐만 아니라, 계속해서 운용을 개선하는 PDCA 사고방식, 비즈니스와 IT 서비스 비전의 정합성, 현 단계의 달성도 평가, 서비스 레벨 목표 등을 명시해 주는 데 있습니다.

ITIL은 영역이 넓어 모든 것을 적용하기는 어렵지만, 도입 가능한 사고방식과 일부 활동을 모범으로 삼아 진행하기를 바랍니다.

많은 기업이나 단체에서 ITIL의 도입, 일부 도입, 연구 및 학습이 현재 진행형으로 계속되고 있습니다.

> 그림 9-7　ITIL의 다섯 단계

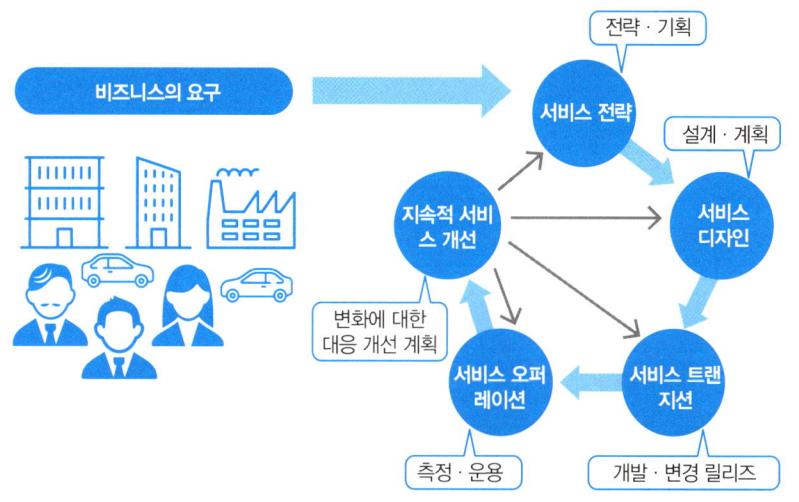

> 그림 9-8　ITIL이 기업에 미치는 영향

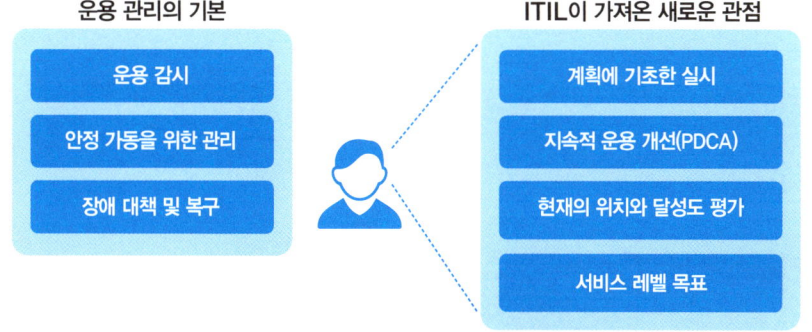

ITIL은 기업이나 단체의 시스템 운용 관리자에게
이제까지 없던 관점으로 커다란 충격을 주었다.

Point
- ITIL은 영국 정부 기관이 작성하는 IT 운용 가이드라인으로, 시스템 운용 관리의 모범이 되었다.
- 일상적인 운용 업무가 있으므로, 도입은 아직 일부 단체와 기업에 한정된다.

9-5 성능 관리, 퍼포먼스

서버의 성능 관리

서버의 성능 관리

시스템 운용 관리의 일상적이고 전형적인 업무의 하나로써, 안정 가동에서 **빠뜨릴 수 없는 성능 관리**가 있습니다.

시스템 관리자는 시스템의 **퍼포먼스**를 감시하여, 임기응변으로 CPU 등의 리소스 할당을 변경해서 대응합니다.

예를 들면, 사용자로부터 '시스템의 응답이 좋지 않으니 해결해 달라', '특정 시스템의 처리에 시간이 걸려서 일이 안 된다' 등의 연락을 받게 됩니다. 사용자를 고객에, 운용 관리자를 서비스 제공하는 기업에 비유하면 일종의 클레임이라고도 할 수 있겠지요(그림 9-9).

업무 시스템에서는 특히 데이터 입출력이 증가하는 월말에 이런 현상이 발생하는 경우가 있습니다.

운용 관리자는 시스템 이용 상황을 조사해서, 사용자가 평소의 성능으로 이용할 수 있도록 대처해야 합니다.

이런 경우에는 Windows Server라면 작업 관리자의 '성능'에서 서버의 CPU 사용률을 확인합니다. 특정 CPU 코어 등에서 부하가 큰 상황이라면 '세부 정보' 탭에서 프로세스의 우선순위를 변경해서 해결할 수 있습니다.

CPU뿐만이 아니다

CPU로 해결되면 좋지만, CPU 사용 상황에는 특별한 문제가 없는 경우도 있습니다. 그럴 때는 다음으로 **메모리, 디스크 순서로 확인**해 갑니다.

시스템 규모가 커져도 절차는 같습니다. 중소규모 PC 서버라면 1대의 서버 케이스에 CPU, 메모리, 디스크가 포함되어 있어 원활하게 확인할 수 있습니다. 대규모 시스템에서는 별도의 케이스가 있는 경우도 있으므로, 전용 소프트웨어로 확인해야 하기도 합니다. 데이터 갱신이 많은 시기에는 디스크에 문제가 생기는 일도 있습니다.

그림 9-9 성능 관리는 운용 관리자의 전형적인 업무 중 하나

사용자로부터 요청받는 경우

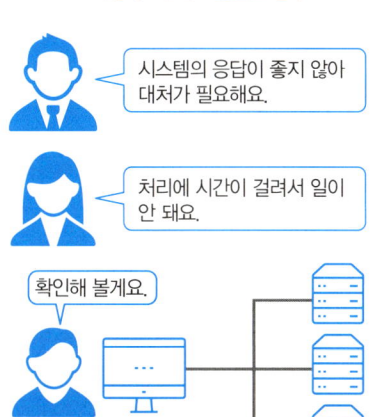

운용 감시 시스템이 경고하는 케이스

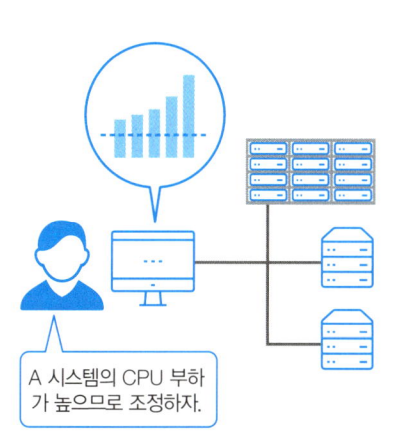

그림 9-10 프로세스 우선순위를 변경하는 예

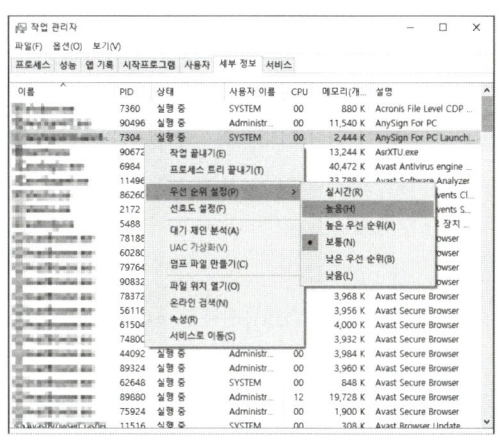

- Windows Server(왼쪽 화면)에서는 우선순위를 높이고 싶은 처리를 '높음(H)'으로 하고, 내리고 싶은 처리는 '보통(N)'이나 '낮음(L)' 등으로 설정한다.
- Linux에서 실행 중인 프로그램(ID: 11675)의 우선순위를 디폴트인 '0'에서 조금 낮은 '10'으로 설정하려면, '$sudo renice -n 10 -p 11675'라는 명령을 입력한다.

※ renice로 현재 설정의 우선순위를 내리는 경우는 관리자 권한 없이 실행할 수 있다. 프로그램 실행의 우선순위(nice)는 -20(우선순위 높음)~19(낮음)로 나타낸다.

Point
- ✔ 일상적인 시스템 운용 관리 업무의 예로서 시스템의 성능 관리가 있다.
- ✔ CPU, 메모리, 디스크 등의 순으로 사용률을 확인하고 대처한다.

9-6 기능 추가, 버그 수정, WSUS

소프트웨어 업데이트

소프트웨어 업데이트의 두 가지 측면

시스템을 운용하다 보면 소프트웨어 업데이트가 필요합니다. 소프트웨어 업데이트는 다음과 같이 크게 두 가지 측면이 있습니다(그림 9-11).

- ◆ 성능 향상
  - 시스템의 기능 추가
  - 버전 업
- ◆ 정상 운용
  - 시스템의 버그 수정
  - OS 등의 필수 소프트웨어 업데이트

어느 쪽이든 개발 환경이나 개발을 마치고 시스템 운용을 위해 보유해 둔 검증 환경에서 갱신 작업을 테스트한 다음, 서버와 클라이언트 소프트웨어를 갱신합니다.

특히 보안 관련 소프트웨어는 **긴급한 수정이나 업데이트가 자주 있습니다**. 용어의 대략적인 중요도를 정리하면 수정 〈 업데이트 〈 버전 업입니다.

Windows의 경우

가정에서 사용하는 Windows PC에서는 Windows Update로 업데이트된 프로그램을 다운로드해 적용합니다.

기업이나 단체의 클라이언트-서버 환경이라면 Windows Server는 Windows Server Update Service(**WSUS**)로 마이크로소프트에서 제공하는 Windows 업데이트 프로그램을 배포합니다(그림 9-12).

클라이언트가 각각 Windows Update를 실행하면 네트워크 부하가 커지므로, 그런 상황을 피하기 위해 **시스템 관리상 어느 클라이언트가 업데이트했는지 혹은 하지 않았는지 확인할 필요가 있습니다**.

그림 9-11 소프트웨어 갱신의 두 가지 측면

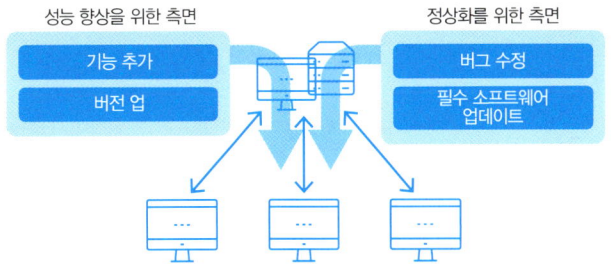

관련 용어: Patch(패치)
OS와 애플리케이션 소프트웨어 등의 프로그램을 부분적으로 수정하는 일이나 수정하는 프로그램 또는 데이터를 말한다. 업데이트로 불리기도 한다.

그림 9-12 Windows Server Update Service의 개요

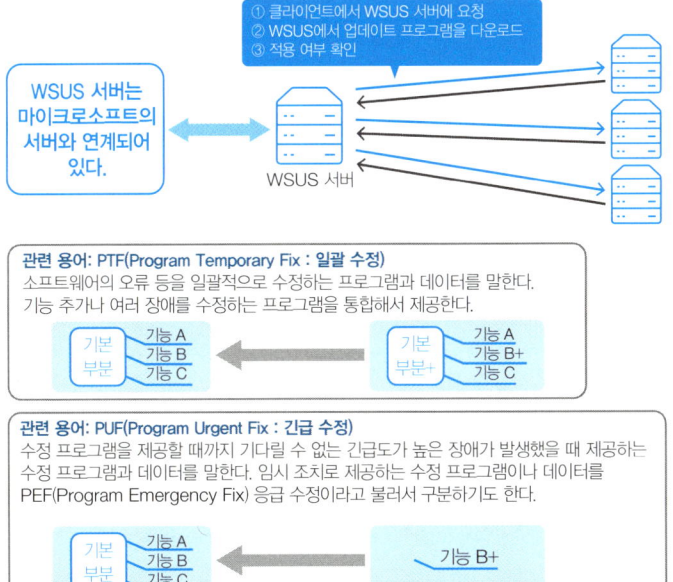

관련 용어: PTF(Program Temporary Fix : 일괄 수정)
소프트웨어의 오류 등을 일괄적으로 수정하는 프로그램과 데이터를 말한다.
기능 추가나 여러 장애를 수정하는 프로그램을 통합해서 제공한다.

관련 용어: PUF(Program Urgent Fix : 긴급 수정)
수정 프로그램을 제공할 때까지 기다릴 수 없는 긴급도가 높은 장애가 발생했을 때 제공하는 수정 프로그램과 데이터를 말한다. 임시 조치로 제공하는 수정 프로그램이나 데이터를
PEF(Program Emergency Fix) 응급 수정이라고 불러서 구분하기도 한다.

Point
- ✓ 소프트웨어 업데이트는 전체적인 성능 향상을 위한 기능 추가와 정상 운용을 위한 버그 수정 등이 있다.
- ✓ Windows Server에서는 WSUS로 Windows 업데이트 프로그램을 배포한다.

9-7 장애, 커맨드

장애 대응

성능 저하와 장애의 차이

사용자가 많은 시스템에서는 바쁜 시기나 데이터 입출력이 대량으로 발생하는 시기에 성능이 저하되기도 합니다. 이런 때의 대처에 관해서는 9-5절에서 설명했습니다.

장애는 시스템이 정지한다거나, 데스크톱 PC에서 서버가 보이지 않는 등 **정상으로 동작하지 않는 것**을 가리킵니다. 대규모 재해가 원인일 때는 어쩔 수 없지만, 시스템 문제로 예상될 때는 즉시 원인을 규명해서 복구합니다.

기본적인 절차

예를 들어, 여러 대의 데스크톱 PC에서 서버가 보이지 않지만 다른 기능은 정상으로 동작한다면 네트워크나 서버에 문제가 있는 것입니다. 서버 확인은 성능 관리를 할 때처럼 CPU, 메모리, 디스크 순으로 살펴봅니다.

네트워크에 접속할 수 있는지 확인하기 위해서는 전용 관리 툴로 보거나, 다음과 같은 **커맨드**를 많이 사용합니다. Windows라면 명령 프롬프트에서 입력합니다.

- **ping** (Windows, Linux 모두 동일) (그림 9-13, 그림 9-14)
  특정 IP 주소에 대해 접속을 확인할 수 있는 명령
- **ipconfig** (Windows에서는 ipconfig, Linux에서는 ifconfig 또는 ip 명령)
  IP 주소 등의 설정 정보를 표시
- **tracert** (Windows에서는 tracert, Linux에서는 traceroute)
  어떠한 경로로 대상의 IP 주소에 도달하는지 확인
- **arp** (Windows, Linux 모두 동일)
  같은 네트워크에 있는 컴퓨터의 MAC 주소를 확인(3-4~3-6절 참조)

그림 9-13 Windows의 ping 명령 표시 예

```
C:\>ping 10.20.121.32

Ping 10.20.121.32 32바이트 데이터 사용:
10.20.121.32 의 응답: 바이트=32 시간=14ms TTL=56
10.20.121.32 의 응답: 바이트=32 시간=14ms TTL=56
10.20.121.32 의 응답: 바이트=32 시간=15ms TTL=56
10.20.121.32 의 응답: 바이트=32 시간=35ms TTL=56

10.20.121.32 에 대한 Ping 통계:
    패킷: 보냄 = 4, 받음 = 4, 손실 = 0 (0% 손실),
왕복 시간(밀리초):
    최소 = 14ms, 최대 = 15ms, 평균 =14ms
```

그림 9-14 Linux의 ping 명령 표시 예

```
$ ping m01.darkstar.org

PING m01.darkstar.org (10.20.121.32) 56(84) bytes of data.
64 bytes from m01.darkstar.org (10.20.121.32): icmp_seq=1 ttl=64 time=0.184ms
64 bytes from m01.darkstar.org (10.20.121.32): icmp_seq=2 ttl=64 time=0.160ms
64 bytes from m01.darkstar.org (10.20.121.32): icmp_seq=3 ttl=64 time=0.231ms
64 bytes from m01.darkstar.org (10.20.121.32): icmp_seq=4 ttl=64 time=0.205ms
^C
--- m01.darkstar.org ping statistics ---
4 packets transmitted, 4 received, 0% packet loss,
time 3000ms rtt min/avg/max/mdev = 0.160/0.195/0.231/0.026 ms
```

※ 첫 줄에서 명령을 입력하고 Enter 키를 누른 예. 표시 내용은 거의 같고 Windows는 한글화해 주고 있다.

Point
- ✔ 장애와 성능 저하는 다른 현상으로, 장애는 시스템이 정지하거나 서버가 보이지 않는 등 정상으로 기능하지 않는 것을 의미한다.
- ✔ 네트워크 접속에 관해서는 명령을 사용해서 확인할 수도 있는데, 대표적인 것으로는 ping, ipconfig, tracert, arp 등을 들 수 있다.

9-8 시스템 엔지니어, 커스터머 엔지니어

시스템 보수와 하드웨어 보수의 차이

서버의 보수

시스템 보수는 시스템 전체의 안정적인 가동을 위해서, **시스템 엔지니어**(SE)가 가동 후의 시스템에 대해서 레벨 업이나 기능 추가 등을 실시합니다.

서버의 하드웨어 보수는 제조사와 판매사의 **커스터머 엔지니어**(SE와 대비해서 CE로 불리기도 한다)가 정기적으로 보수와 수리를 합니다.

커스터머 엔지니어의 업무는 정보 시스템 부문 사람이 아니면 가까이서 볼 일이 없을지도 모릅니다. 차량의 정기 점검이나 복합기의 정기 유지 보수를 상상하면 이해하기 쉽습니다. 그와 같은 일이 서버와 네트워크 기기 등에서도 이루어지고 있습니다(그림 9-15).

커스터머 엔지니어는 안정 가동과 장애 대응에서 빠뜨릴 수 없는 존재입니다.

시스템 가동 전과 가동 후의 인력

한마디로 시스템이라고 표현하면, 구축한 후에는 동작하는 게 당연하다고 생각할지도 모릅니다.

하지만, 소규모 시스템이라도 다양한 인력이 관계되어 있습니다. 등장인물은 사용자, 정보 시스템 부문, SE, 시스템 운용 관리자, CE 등입니다. SE와 시스템 운용 관리자는 정보 시스템 부문이 보유하고 있으면 그 안에서 해결하고, 그렇지 않은 경우는 협력사와 연계합니다. 대규모 시스템에서는 시스템을 개발하는 SE만으로도 1,000명을 훨씬 넘는 경우도 있습니다(그림 9-16).

소프트웨어 제품의 보수는 제조사와 판매사로부터 다양한 정보를 받아, 시스템 운용 관리자와 SE가 업데이트 작업을 하는 것이 일반적입니다.

덧붙여, SE와 CE처럼 시스템 운용 관리자의 영어 줄임말은 SM(Systems Operation Management Engineer)이나 ITSM(Information Technology Service Manager) 등 여러 가지가 있습니다.

그림 9-15 서버 점검과 보수는 커스터머 엔지니어의 업무

서버 설치 장소 사정상, 자동차나 복합기의 경우보다 커스터머 엔지니어의 업무를 가까이서 보는 사람은 적을지도 모른다.

그림 9-16 시스템 가동 전과 가동 후의 인력 차이

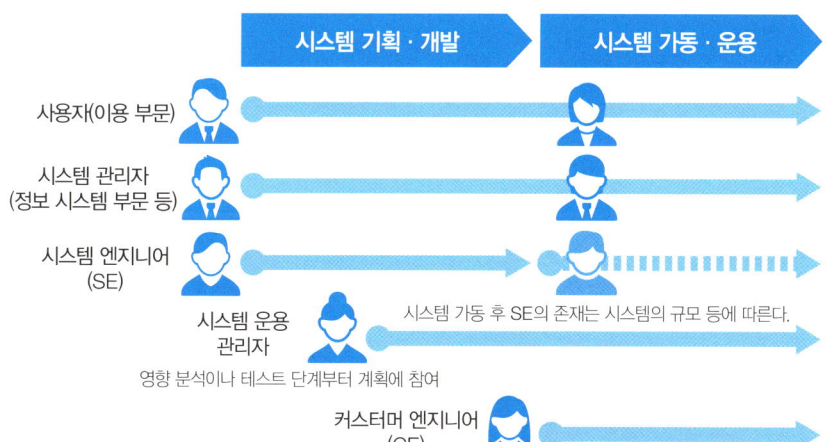

- 시스템 가동 전후로 관계자의 멤버가 바뀐다. 인원수는 시스템 규모에 따라 증감한다.
- 시스템 기획에 IT 컨설턴트, 가동 전 서버 설치 등 각종 공사에 전기나 건축 관련 인력이 들어가는 경우도 있다.
- 서버를 조작하는 인력 : 시스템 엔지니어, 시스템 운용 관리자, 커스터머 엔지니어

Point
- ✓ 서버의 물리적인 점검이나 보수는 커스터머 엔지니어(CE)가 한다.
- ✓ 시스템 규모에 상관없이 다양한 인력이 안정 가동을 뒷받침한다.

9-9 SLA

서비스 수준 체계

SLA란?

시스템 이용자를 고객으로 인식하고, 높은 품질의 서비스를 제공해야만 한다는 사고방식입니다. **SLA**(Service Level Agreement : 서비스 수준 협약)라고 불리며, 서비스 수준을 규정한 규약서라는 좁은 의미와 **서비스 수준을 체계적으로 보여 주는 활동**이라는 넓은 의미 두 가지로 사용됩니다.

SLA의 주요 지표

다음 두 가지가 주요 지표로 사용됩니다.

◆ **가용성, 시스템 가동 시간**

  시스템을 멈춰선 안 된다는 원칙 하에서의 사고방식이다. 예를 들어, 99%의 가동률을 보증한다면, 24시간 · 365일 가동하는 8,760시간 중 멈춰도 되는 것은 약 88시간으로 3일 반 정도이다. 99.9%라면 불과 9시간이므로, 상당히 어려운 목표 수치이다. 99.9%를 목표로 하는 사업자도 있다(그림 9-17).

◆ **복구 시간**

  MTTR(Mean Time To Repair : 평균 복구 시간)이라고도 불린다. 시스템에 고장이 발생하고 나서 일정 시간 이내로 복구하는 것을 목표로 한다. 예를 들어, 1시간 이내로 복구한다 등이다. MTTR은 매번 1시간 이내로 복구한다기보다는 여러 번의 고장에서 복구 시간의 평균이 1시간 이내면 된다는 개념이다. 복구 시간을 확실하게 앞당기기 위해서, 과거의 장애 문제 관리(인시던트 관리)와 원인 규명, 벤더를 포함한 체제, 복구 절차의 시각화, 활동 전체의 PDCA 등 평상시의 활동을 빼놓을 수 없다(그림 9-18).

그림 9-17 시스템의 가용성

24시간   ×   365일 = 8,760시간
8,760시간 ×   0.99 = 8,672시간 〈정지 허용 시간은 88시간(약 3일 반)〉
8,760시간 ×   0.999 = 8,752시간 〈정지 허용 시간은 약 9시간〉

99.99%인 0.9999(포나인)이라면, 정지 허용 시간은 1시간 이하가 된다!

$$\text{MTTR} \atop \text{(평균 복구 시간)} = \frac{\text{복구 시간 합계}}{\text{복구 횟수}}$$

그림 9-18 장애 복구를 위해서

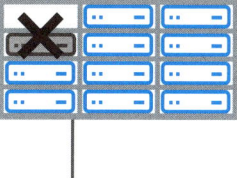

사실상 단시간에 복구하는 것은 어렵다

- 인시던트 관리와 원인 규명
- 벤더를 포함한 체제
- 복구 절차의 시각화
- 활동 전체의 PDCA

등으로 목표 달성을 위해서 노력한다.

> **관련 용어 : MTBF(Mean Time Between Failures : 평균 고장 간격)**
> 예를 들어, 처음에 1,000시간 가동하고 고장, 다음에 2,000시간 만에 고장, 계속해서 3,000시간 만에 고장이라면 평균 2,000시간이 MTBF가 된다. 수치가 클수록 신뢰성이 높은 시스템이라고 말할 수 있다.

Point
- ✔ SLA는 시스템 운용의 서비스 수준을 나타내는 용어로 사용된다.
- ✔ SLA의 지표로써 가용성과 복구 시간을 들 수 있다.

실습 코너

시스템 정보 수집

시스템 관리 대상이 사용자의 Windows 컴퓨터가 되든 접속 가능한 서버가 되든, 어떤 경우라도 기본적인 정보를 필수로 수집해야 합니다. 여기서는 기본 정보 수집을 간단히 해 주는 명령을 소개하겠습니다. 명령 프롬프트 화면을 열고 'systeminfo'를 입력합니다. systeminfo 명령은 컴퓨터 이름, OS, CPU, 메모리 용량, 업데이트 정보, 네트워크 카드 등의 기본 정보가 표시됩니다.

systeminfo 명령 표시 예

systeminfo 뒤에 /s나 /u 옵션으로 필요한 지정을 하면, 서버의 정보를 볼 수도 있습니다. 예를 들어, 서버의 호스트명이 server001이고 사용자명이 user9999라면 다음과 같이 입력합니다.

```
>systeminfo /s server001 /u user9999
```

10-1 클라우드화

기업에 서버는 얼마나 있을까? 사례 연구 ①

어떤 대기업의 서버와 시스템

지금까지 서버와 시스템에 관한 기본 지식과 동향을 설명해 왔습니다. 여기서는 실제로 서버의 도입 사례를 살펴보겠습니다. 어떤 제조업 대기업 그룹의 시스템과 서버의 용도, 수량 목록을 참고로 했습니다(그림 10-1).

- ◆ **기업 정보**
    - 그룹 연 매출 … 1,000억원
    - 그룹 종업원 수 … 5,000명
- ◆ **시스템과 서버**
    - 각종 업무 시스템 … 200 시스템 모두 클라우드
    - ERP … 1 시스템 온프레미스 (서버 여러 대)
    - 메일과 인터넷 … 클라우드
    - 부문과 부서의 파일 서버 및 프린트 서버 … 클라우드, 온프레미스 혼재
        (부문·부서의 수에 상응, 클라우드화를 진행)

클라우드화의 목적과 배경

이 기업은 **클라우드화**를 적극적으로 추진하고 있습니다. 현시점에서 파일 서버와 프린트 서버는 클라우드와 온프레미스가 혼재하고 있지만, 가능한 것부터 서서히 클라우드화를 하고 있습니다. 클라우드화의 목적은 운용이나 보수에 필요한 공수를 줄여 시스템 기획에 주력하고 싶다는 것이고, 그 배경으로는 인재 육성이나 일손 부족이라는 과제를 들 수 있습니다.

디지털 트랜스포메이션으로 불리는 것처럼 각 기업이나 단체에서 경쟁 우위 확립을 목표로 선진적인 대처가 진행되고 있습니다.

경영 전략의 실현을 위해서는 **낡은 서버나 시스템을 '버린다'거나 '바꾼다'는 사고방식이 필요**함을 보여 주는 사례입니다.

그림 10-1 시스템과 서버의 개요

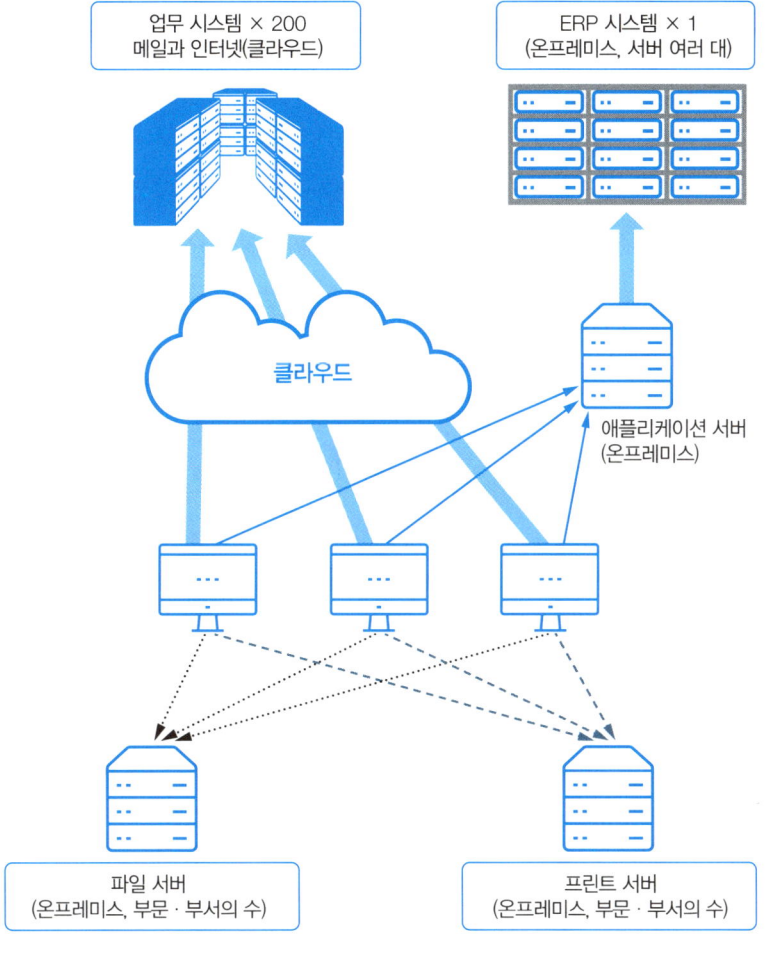

그룹의 연 매출 1,000억 원, 종업원 수 5,000명인 기업의 예
※ 단계를 거쳐 클라우드화가 진행된다.

> **Point**
> - ✔ 한 대기업의 예에서는 시스템이나 서버의 클라우드화를 추진하고 있다.
> - ✔ 지금 시대를 나타내는 것처럼 낡은 시스템을 '버린다'거나 '바꾼다'는 발상이 보이는 대처

10-2 오픈화

기업에 서버는 얼마나 있을까? 사례 연구 ②

어떤 준대기업의 서버와 시스템

여기서는 다른 기업의 사례를 소개합니다. 특정 상품을 제조하고 유통하는 준대기업의 예를 살펴보겠습니다(그림 10-2).

- ◆ 기업 정보
    - 연 매출 … 600억 원
    - 종업원 수 … 1,500명
- ◆ 시스템과 서버
    - 기간계 시스템 … 1 시스템 사무용 컴퓨터 여러 대
    - 생산계 시스템 … 4 시스템 온프레미스 PC 서버
    - 정보계 시스템 및 메일과 인터넷 … 5 시스템 온프레미스 PC 서버

      온프레미스 PC 서버 합계 20대
    - 부문과 부서의 파일 서버 및 프린트 서버 … 온프레미스(부문 · 부서의 수에 상응)

시스템을 오래 사용하는 이유

이 기업은 오랜 세월에 걸쳐 기존 시스템을 활용하고 있습니다. 생산계 시스템과도 연결된 기간 물류를 다루는 시스템 중에는 **사무용 컴퓨터**도 있습니다. 이와 같이 업무 자체에 큰 변경 없이, 계속해서 사무용 컴퓨터를 이용하는 기업이나 단체도 있습니다. 시스템을 변경하지 않아도 된다면, 오래 이용하는 것이 비용면에서 메리트가 있기 때문입니다.

다음에 시스템을 갱신할 때는 Windows나 Linux 등으로 교체할 예정이기에 **오픈화**를 검토하고 있다고 말할 수 있습니다.

지금까지 두 회사의 사례를 소개했습니다. 이처럼 선진적으로 클라우드화를 추진하는 기업도 있고, 가능한 한 오래 시스템을 사용하는 기업도 있습니다.

그림 10-2 시스템과 서버의 개요

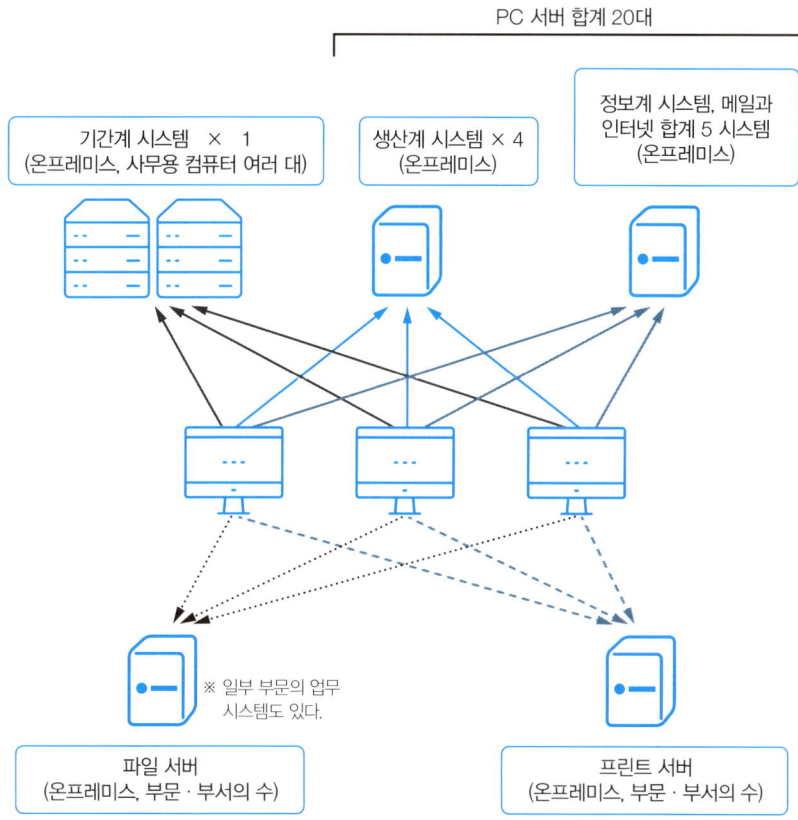

그룹의 연 매출 600억 원, 종업원 수 1,500명인 기업의 예
시스템을 오래 사용한다는 것을 알 수 있다.

> **관련 용어: 오픈화**
> 독자 규격 OS에서 UNIX 계열, Windows, Linux 등의 오픈 시스템으로 전환하는 것을 말한다. 메인프레임과 사무용 컴퓨터 등으로 동작하는 시스템에 사용되는 용어.

Point
- ✔ 어떤 준대기업의 사례에서는 가능한 한 시스템을 오래 사용하려고 한다.
- ✔ 숫자는 줄었지만 사무용 컴퓨터를 이용하는 기업이나 단체도 있다.

10-3

효율화, 생산성 향상, 전략적 활용, 자동화·무인화, 새로운 경험

경영과 사업에 공헌하는 IT

IT 도입의 목적

지금까지 서버를 중심으로 한 시스템과 기술적인 설명, 동향 등을 설명했습니다.

기업과 단체가 시스템이나 서버를 도입하는 목적은 경영과 사업 목표를 실현하는 데 있습니다.

크게 나누면 다음 세 가지입니다(그림 10-3).

- ◆ **효율화 / 비용 삭감**
  현행 사업과 업무 효율화, 비용 삭감을 위해 도입(30명이 하던 업무를 20명이 할 수 있게 하는 등)
- ◆ **생산성 향상 / 매출 확대**
  생산성 향상이나 매출을 늘리기 위해서 도입(2시간에 100건씩 처리하던 일을 200건으로 늘리는 등)
- ◆ **전략적 활동**
  경쟁 우위 확립을 목적으로 IT를 도입

위의 세 가지 목적은 기업이나 단체의 '과거' IT 도입 목적으로, 현재는 변화의 조짐을 보이고 있습니다.

자동화·무인화, 새로운 경험

효율화나 생산성을 더욱 높이려면, **자동화·무인화**를 목표로 해야 합니다.

타사보다 앞서 자동화·무인화를 실현함으로써, 고객에게 새로운 가치를 제공하거나 **새로운 경험**을 하게 하고 경쟁 우위도 확립합니다(그림 10-4).

기업 간 경쟁의 격화, IT 전체의 기술 혁신 등으로 개선 수준 이상의 변혁이 요구됩니다.

그림 10-3 기존 3가지 도입 목적

목적	개요	사례
효율화 / 비용 삭감	생산량 대비 노동량과 시간을 줄일 수 있다.	30명이 하는 업무 → 20명이 할 수 있도록 개선
생산성 향상 / 매출 확대	노동량과 시간은 그대로지만 생산량을 늘릴 수 있다.	2시간에 100건 처리 → 2시간에 200건 처리
전략적 활용	경쟁 우위 확립과 고객에 대한 아이덴티티 확립을 노린다.	경쟁에 앞서 새로운 시스템을 도입

그림 10-4 자동화 · 무인화, 새로운 경험

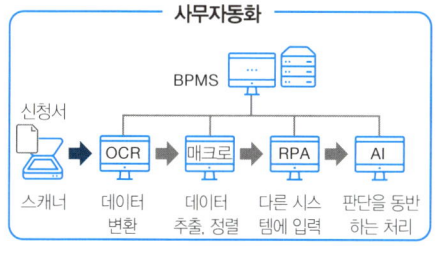

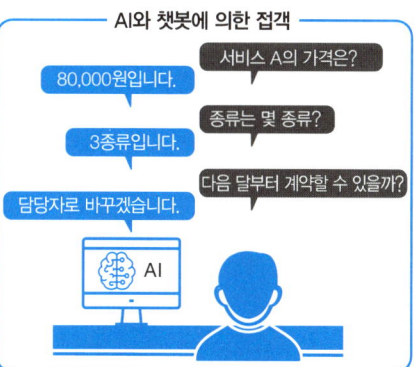

Point
- ✓ 종래의 IT 기술 도입 목표는 효율화, 생산성 향상, 전략적 활용의 셋 중 하나에 집약되어 있었다.
- ✓ 앞으로는 효율화와 생산성 향상을 더욱 발전시켜, 자동화 · 무인화, 나아가 고객의 새로운 경험을 지향하는 등 IT가 하는 역할이 한층 더 중요해지고 있다.

10-4 가상화, 다양화

가까운 미래의 서버와 시스템

현재 서버의 동향에서부터

2장에서는 현재 서버의 물리적인 형태, 규모와 종류, 클라우드를 포함한 다양한 운용 형태에 관하여 설명했습니다. 물리적으로는 소형화나 집적화 같은 경향이 있습니다. 또한, 클라우드의 활용은 확실하게 진행되고 있습니다.

3장에서는 서버 및 네트워크 등 주변 환경을 포함한 기술 동향을 설명했습니다. 서버를 포함한 기술 동향에서는 가상화, 분산화와 같은 키워드를 뺄 수 없겠지요.

6장에서는 AI, IoT, RPA, 빅데이터 등의 새로운 서버 및 시스템을 소개했습니다. 디지털 기술의 도입은 급속히 진행되고 있고, 취급하는 데이터도 다양해지고 있습니다. 가능한 한 시스템이나 서버를 오래 사용하려면, 가까운 미래를 내다보고 생각하는 것이 중요합니다. 앞 절의 자동화, 무인화 등의 관점도 필수입니다.

미래를 향해

다양한 하드웨어의 역사에서 소형화 혹은 집적화는 확실하게 진행되고 있습니다. 또한 **가상화**가 한층 더 진화함에 따라 서버와 네트워크 기기가 물리적으로 같이 있을 가능성도 높습니다(그림 10-5). 확실하게 파악해 둘 것은 가상화입니다.

서버, 데스크톱 PC, 네트워크 등의 가상화가 진행되고 있다는 것은 앞에서 설명했습니다. 이른바 하드웨어와 소프트웨어의 가상화라고 할 수 있습니다. 한편으로 AI가 인간 사고의 일부를 컴퓨터 내에서 가상으로 실행하거나, RPA가 사람이 하는 컴퓨터 조작의 일부를 가상으로 실행하는 것처럼 인간 행동의 가상화도 진행되고 있습니다. 무인점포에서는 사람의 동작도 포함한 대행 혹은 가상화가 연구되고 있습니다. 이러한 것들을 포함하여 데이터도 한층 복잡해지고 있습니다(그림 10-6). 가까운 미래의 서버나 시스템을 생각할 때, 소형화, 가상화, **데이터의 다양화**, 그리고 클라우드는 빼놓을 수 없는 키워드입니다.

그림 10-5 | 서버와 주변 환경을 포함한 기술 동향

소형화·집적화

가상화

데이터의 다양화

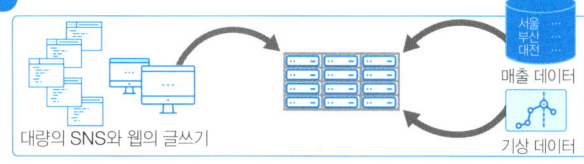

그림 10-6 | 가상화와 다양화

발전하는 가상화의 세계

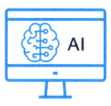

AI는 인간의 사고를 가상화   RPA는 인간의 조작을 가상화   무인점포는 인간의 행동을 대행·가상화

발전하는 다양화의 세계

IoT에 의한 다양한 데이터 수집

업무 데이터 외에도 다양한 데이터가 축적

사람에게도 비콘이나 액티브 태그로 IoT

가전제품도 무선으로 IoT

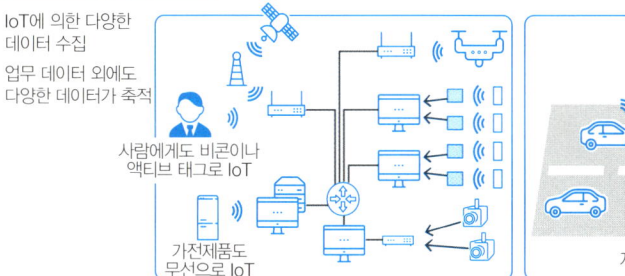

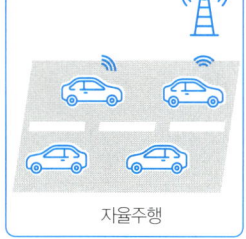

자율주행

> **Point**
> ✓ 가까운 미래의 서버와 시스템을 생각할 때, 소형화·집적화, 가상화, 다양화, 클라우드는 빼놓을 수 없는 키워드다.

실습 코너

차세대 서버를 생각하다

현재까지의 서버와 시스템 트렌드를 바탕으로, 차세대 서버와 시스템을 생각해 봅시다. 그 전에 한 가지 힌트를 드리겠습니다.

데이터의 소재와 서버

데이터의 소재와 서버의 변천을 살펴보면, 스탠드 얼론에서 시작되어 클라이언트-서버, 클라우드와 같이 사용자나 단말로부터 먼 곳으로 나아갔습니다.

한편 최근에는 단말 근처로 서버와 데이터를 가져오는 엣지 컴퓨팅이라는 사고방식도 주목받고 있습니다. 데이터 분석 결과를 얻는 데 매번 인터넷을 통하면 그만큼 처리 시간이 필요하기 때문입니다.

그럼, 앞으로 다가올 데이터 처리 시스템을 예상해 보겠습니다. 굳이 이름을 붙인다면, 클라우드 컴퓨팅, 엣지 컴퓨팅에 대비해서 '셀프 컴퓨팅'일까요?

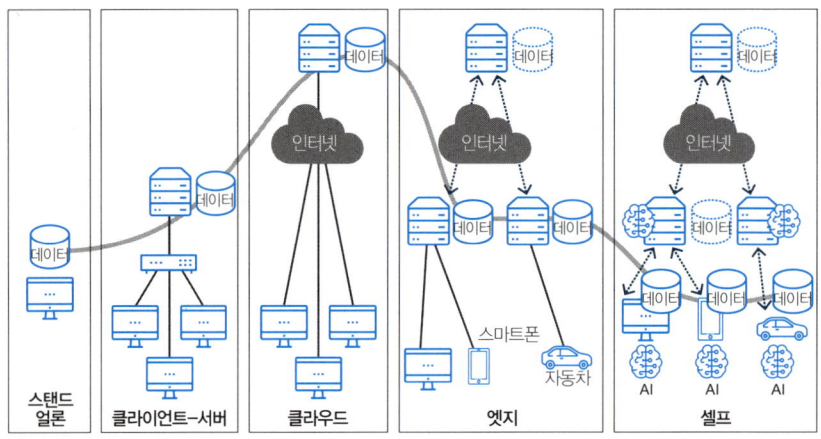

- '셀프'는 단말기 측에서 완전히 처리하는 게 아니라, 계산 처리가 요구되지 않는 빈 시간이나 네트워크의 부하가 가벼운 타이밍을 고려하여 엣지 서버나 클라우드로부터 필요한 데이터를 가져온다.
- AI가 자율적으로 연계하면서 최적의 데이터 이동을 실현한다.

당신이 생각하는 차세대 서버

이 힌트는 하나의 일례일 뿐이므로, 트렌드를 고려하여 차세대 서버를 생각해 봅시다. 가능한 한 구체적인 아이디어가 좋습니다. 이 책의 각 장이나 절을 기초로 생각해 보세요.

- ◆
- ◆
- ◆
- ◆
- ◆

필자가 생각한 차세대 서버는 다음과 같습니다.

- ◆ 셀프 컴퓨팅을 상정해, 자동차나 스마트폰 등 디바이스 자체가 서버 기능을 갖춘다('실습 코너'를 바탕으로)
- ◆ 서버나 라우터 등의 네트워크 기기가 동일한 케이스에 일체가 되어 고속 처리를 실현하는 서버, 각종 설정도 용이(3장 네트워크 가상화로부터)
- ◆ 드론에 서버 기능이 더해져, 대규모 이벤트에서 새로운 가치를 실현하는 하늘을 나는 서버 (자유로운 아이디어)

서버는 틀림없이 시스템의 핵심이지만, 일단 머리 밖에 두고 생각하면 필요한 기능이나 역할이 보이기 시작합니다. 더 이상 현재의 형태나 구조를 고집할 필요는 없습니다.

용어집

➡ 뒤의 숫자는 관련된 본문의 절
※가 붙어 있는 것은 본문에는 나오지 않지만 관련된 용어

서버 (➡ 1-1)
시스템에서 하드웨어의 중심적인 역할이며, 애플리케이션 소프트웨어를 동작시키는 주역이기도 하다.

클라이언트 (➡ 1-3)
서버에 수시로 요청을 보내는 컴퓨터나 디바이스, 또는 애플리케이션이나 프로세스.

※ 이벤트 드리븐 (➡ 1-3)
이벤트 발생에 따라 처리된다.

※ 서버 사이드 (➡ 1-4)
서버 측에서 처리하거나 데이터를 관리하는 것. 복수의 클라이언트가 입력한 데이터를 서버에서 일원화해 관리하는 데이터베이스. 프로그램은 서버에서 실행되고 클라이언트에서는 HTML로 표시되는 웹 서비스 등이 대표적인 예.

※ 배치 처리 (➡ 1-5)
대규모 데이터 처리 등을 사용자가 시스템을 이용하는 낮 시간대를 피해 야간이나 휴일에 실시하는 것.

클라이언트 PC (➡ 1-6)
데스크톱 PC, 노트북 PC, 태블릿, 스마트폰 등 다양한 형태가 있다.

다중화 (➡ 2-1)
메인 시스템과 대기 시스템처럼, 이용하는 활성 상태의 기기와 무슨 일이 있을 때를 대비해 대기하는 기기를 미리 준비해 두고, 만일의 경우에 대기 시스템으로 전환한다는 사고방식.

※ RASIS (➡ 2-1)
컴퓨터 시스템이 안정된 성능을 발휘하기 위한 평가 항목. 신뢰성(Reliability), 가용성(Availability), 보수성(Serviceability), 무결성(Integrity), 안전성(Security)의 5가지 요소로 말할 때 쓰인다.

RAS (➡ 2-1)
컴퓨터 시스템이 안정된 성능을 발휘하기 위한 평가 항목. 3가지 요소로 말할 때 쓰인다.

오픈소스 소프트웨어 (➡ 2-3)
일반적으로 이해할 수 있는 프로그래밍 언어로 개발된 소프트웨어로, 누구나 자유롭게 이용할 수 있다. 수정이나 복제, 배포도 가능하다.

사무용 컴퓨터 (➡ 2-3)
업무에 사용하는 컴퓨터를 말한다. 이전에는 회계나 급여 계산, 판매 관리 등 사무 처리 등을 전문으로 하기 위해 많이 사용됐다. 기업이나 단체에 개별 애플리케이션을 개발해 주고 하드웨어와 소프트웨어웨어를 일괄적으로 납품하는 경우가 많다.

Windows Server (➡ 2-3)
마이크로소프트에서 제공하는 서버 OS.

Linux (➡ 2-3)
오픈소스 OS의 대표 격. 상용 OS로는 RedHat 등이 제공되고 있다.

UNIX계 (➡ 2-3)
서버 제조사들이 제공하는 가장 오랜 역사를 가진 서버 OS.

다중화 · 용장성 (➡ 2-4)
시스템에 장애가 발생했을 때를 상정해 예비 장치를 배치해 두는 것. Redundancy라고도 한다. 다중화 등으로 예비 장치를 갖추고, 다른 장소에 같은 데이터를 가질 수 있도록 하는 구조 등 용장성을 구체화하는 장치나 구조를 말한다.

타워 (➡ 2-5)
데스크톱 PC처럼 직사각형 모양의 서버. PC를 크게 만든 것 같은 형태.

랙 마운트 (➡ 2-5)
전용 랙에 1대씩 설치하는 타입. 확장성과 내장애성이 우수하다. 랙 안에서 대수를 늘려 확장할 수 있으며 전용 랙으로 보호되므로 장애에 강하다.

블레이드 (➡ 2-5)
랙 마운트의 파생형으로 주로 대량으로 서버를 이용하는 데이터 센터의 유형.

슈퍼컴퓨터 (➡ 2-5)
컴퓨터의 정점. 최고의 성능을 발휘하기 위해 유닛뿐만 아니라 기능에 따라 세분화되어 있다.

PC 서버 (➡ 2-6)
PC와 같은 구조로 PC가 대형화된 것 같은 서버. IA(Intel Architecture) 서버라고도 한다. Intel의 x86 CPU나 호환 CPU를 내장했다는 점에서 x86 서버라고 불리기도 한다.

RISC (➡ 2-6)
Reduced Instruction Set Computer의 줄임말. 명령을 줄여 단순하게 처리 속도를 높이는 CPU 아키텍처 중 하나.

LAN (➡ 2-8)
Local Area Network의 줄임말. TCP/IP로 불리는 네트워크의 공통 언어(프로토콜)로 통신한다.

WAN (➡ 2-8)
Wide Area Network의 줄임말. LAN이 같은 건물 안 등으로 한정된 네트워크인 데 반해 WAN은 멀리 떨어진 장소나 광역에 이르는 네트워크를 말한다.

Bluetooth (➡ 2-8)
근거리 무선 통신 규격 중 하나. 블루투스가 탑재된 기기끼리 접속 설정을 해서 이용한다.

온프레미스 (➡ 2-9)
자사에 서버를 설치하는 것.

데이터 센터 (➡ 2-9)
서버나 네트워크 기기 등의 IT 기기를 집약해 대량으로 설치하고, 효율적으로 운용할 수 있게 만든 시설의 총칭.

SaaS (➡ 2-10)
Software as a Service의 줄임말. 사용자는 필요한 시스템을 통째로 제공받는다.

IaaS (➡ 2-10)
Infrastructure as a Service의 줄임말. OS 이외에는 아무 것도 설치되어 있지 않은 서버를 계약한다.

PaaS (➡ 2-10)
Platform as a Service의 줄임말. IaaS와 SaaS의 중간에 해당하는 것으로 데이터베이스 등의 미들웨어와 개발 환경 등을 포함한다.

※ 프라이빗 클라우드 (➡ 2-11)
기업이나 단체가 사내에 클라우드 컴퓨팅 환경을 보유하는 것. 주로 인트라넷을 경유해 자사의 데이터 센터에 접속하지만, 원격 환경이나 기타 이유로 인터넷을 경유하는 경우도 있다.

캐비닛 (➡ 2-12)
하드웨어 전용 외부 상자.

메인프레임 (➡ 2-12)
범용기 혹은 범용 컴퓨터라고도 불리는 대형 컴퓨터로, 상업 통계상 서버의 일부이기도 하다.

미들웨어 (➡ 2-13)
OS와 애플리케이션 사이에서, OS의 확장 기능이나 애플리케이션에 공통되는 기능을 제공하는 역할을 한다.

DBMS (➡ 2-13)
DataBase Management System의 줄임말. 데이터를 보관하는 그릇으로써 데이터 교환부터 보관까지 효율화하는 역할을 한다.

※ 배타 제어 (➡ 2-13)
데이터에 어떤 처리가 실행되고 있을 때는 다른 처리가 불가능한 제어. 특히 데이터베이스에서 사용되는 용어로 테이블이나 레코드 단위로 제어된다.

성능 견적 (➡ 3-2)
도입 전에 요건을 보고 이 정도의 서버 성능이 필요할 것으로 가정해 수치로 산출하는 것.

동시 접속 수(동시 액세스 수) (➡ 3-2)
어느 타이밍에 어느 정도 사용자 접속이 집중되는지를 나타낸다. 웹 서비스나 사용자 수가 많은 업무 시스템에서는 서버의 성능을 가늠하는 중요한 수치.

사이징 (➡ 3-2)
성능 견적을 받아 CPU, 메모리, 디스크, I/O 성능 등으로 서버를 선정하는 일.

초상류 공정 (➡ 3-3)
시스템 개발 공정에서 시스템 설계 이전의 시스템화 방향성, 시스템화 계획, 요건 정의 공정을 말한다.

IP 주소 (➡ 3-4)
네트워크에서 통신 상대를 식별하기 위한 번호로, 0에서 255까지의 숫자를 점으로 나누어 4개로 구분해 표기한다.

MAC 주소 (➡ 3-4)
네트워크 내에서 기기를 특정하기 위한 번호로 두 자리로 된 영숫자 6개를 5개의 콜론과 하이픈으로 연결한다.

TCP/IP (➡ 3-5)
인터넷이나 컴퓨터의 네트워크에서 표준으로 이용되는 프로토콜(통신 절차).

라우터 (➡ 3-6)
서로 다른 네트워크를 중계하는 네트워크 전용 장치.

가상 서버 (➡ 3-7)
물리적으로 하나의 서버 안에 복수의 서버 기능을 논리적으로 갖게 하는 것.

VDI (➡ 3-7)
Virtual Desktop Infrastructure의 줄임말. 클라이언트 PC의 가상화를 말한다.

씬 클라이언트 (➡ 3-8)
하드디스크 등을 탑재하지 않은 제한된 성능을 발휘하는 PC.

패브릭 네트워크 (➡ 3-9)
여러 네트워크 기기를 하나의 기기처럼 보이게 하는 것으로, 종래는 일대일로 라우팅하고 있던 것을 멀티로 대응해 라우팅한다.

어플라이언스 서버 (➡ 3-10)
특정 기능을 위해 세팅된 서버로, 하드웨어, OS에 더해 필요한 소프트웨어가 설치되어 있다.

가상 어플라이언스 서버 (➡ 3-10)
가상화 소프트웨어로 래핑한 가상 어플라이언스가 설치된 서버를 말한다.

RAID (➡ 3-11)
Redundant Array of Independent Disks의 줄임말. 물리적으로 다수 나열된 디스크를 가상으로 하나로 간주해 적절한 위치에 데이터를 기록한다.

SAS (➡ 3-11)
Serial Attached SCSI의 줄임말. 2개의 포트가 있다. CPU와 2개의 길이 있어 성능, 신뢰성이 높아진다.

FC (➡ 3-11)
Fiber Channel의 줄임말. SAS, SATA와는 별개의 구조로 메인프레임 등에서 사용된다. 광섬유 등을 사용해 고가이지만 고속 전송이 가능하다.

파일 서버 (➡ 4-2)
서버 중에서도 가장 친근한 서버로, 서버와 산하 컴퓨터 사이에서 파일 작성, 공유, 갱신 등을 할 수 있다.

프린트 서버 (➡ 4-3)
서버와 산하의 컴퓨터가 프린터를 공유하는 서버.

NTP 서버 (→ 4-4)

Network Time Protocol의 줄임말. 서버와 산하의 컴퓨터를 포함한 네트워크 내에서 시각을 동기화하기 위한 서버.

자산 관리 서버 (→ 4-5)

서버와 클라이언트 모두에 전용 소프트웨어를 설치해, PC가 동작하는지, 애플리케이션 소프트웨어를 사용하는지 등을 시각화하는 서버.

DHCP (→ 4-6)

Dynamic Host Configuration Protocol의 줄임말. 네트워크에 새로운 컴퓨터가 접속할 때 IP 주소를 부여하는 역할을 한다.

SIP 서버 (→ 4-7)

Session Initiative Protocol의 줄임말. IP 전화를 제어하는 서버로 IP 전화를 이용하는 기업이나 단체에 도입되고 있다.

VoIP (→ 4-7)

Voice over Internet Protocol의 줄임말. 인터넷상에서 음성 데이터를 제어하는 기술.

SSO 서버 (→ 4-8)

Single Sign On의 줄임말. 한 시스템에 입력하면 여러 시스템에 들어갈 수 있는 기능을 담당한다.

리버스 프록시 (→ 4-8)

사용자와 각 시스템 사이에 개입해 사용자 로그인을 대행한다.

에이전트 (→ 4-8)

각 시스템의 서버와 SSO가 긴밀히 연계하여 사용자가 간편하게 로그인할 수 있도록 한다.

애플리케이션 서버 (→ 4-9)

사용자 수가 많고 데이터 입출 빈도가 높은 시스템 등에서, 부하 분산을 위해서 사용자 조작 화면이나 처리에 특화된 서버로써 도입된다.

ERP (→ 4-10)

Enterprise Resource Planning의 줄임말. 생산, 경리, 물류 등의 다양한 업무를 통합하는 시스템. 기간계 시스템으로써 주로 제조업, 유통업, 에너지 기업 등에서 도입된다.

IoT (→ 4-11)

Internet of Things의 줄임말. 인터넷으로 여러 가지 물건이 연결되어 데이터를 주고받는 것을 가리킨다.

Linux 디스트리뷰터 (→ 4-12)

Linux를 기업, 단체, 개인이 이용할 수 있도록 OS와 필요한 애플리케이션 소프트웨어를 함께 제공해 주는 기업이나 단체를 말한다. 유료인 Red Hat Enterprise Linux(RHEL), SUSE Linux Enterprise Server(SUSE), 무료인 Debian, Ubuntu, CentOS 등이 대표적이다.

SMTP 서버 (→ 5-2)

Simple Mail Transfer Protocol의 줄임말. 메일을 보내는 서버로, 수신 창구가 되기도 한다.

POP3 서버 (→ 5-3)

Post Office Protocol Version 3의 줄임말. 메일을 받는 서버로, 클라이언트가 수신할 수 있게 한다.

웹 서버 (→ 5-4)

웹 사이트의 콘텐츠를 웹 브라우저에 제공한다.

HTTP (→ 5-4)

HyperText Tranfer Protocol의 줄임말. 인터넷에서 데이터를 전송하기 위한 프로토콜.

DNS (→ 5-5)

Domain Name System의 줄임말. 도메인 이름과 IP 주소를 연결해 주는 기능을 제공한다.

SSL (→ 5-6)

Secure Sockets Layer의 줄임말. 인터넷 통신을 암호화하는 프로토콜. 인터넷에서 통신을 암호화하여 악의를 가진 제삼자로부터의 도청이나 변조를 막는 것을 목적으로 한다. 공개키 및 공통키 암호 방식을 조합한다.

공통키 암호 방식 (➡ 5-6)
암호화할 때의 키와 복호화할 때의 키가 동일한 암호화 방식. 비교적 처리가 빠른 특징이 있다.

공개키 암호 방식 (➡ 5-6)
공개키, 비밀키 2개를 사용하는 암호화 방식으로, 어느 하나의 키로 암호화한 데이터는 다른 키를 사용하여 복호화한다.

FTP (➡ 5-7)
File Transfer Protocol의 줄임말. 외부와 파일을 공유하고, 인터넷상에서 웹 서버에 파일을 업로드하기 위한 프로토콜.

IMAP 서버 (➡ 5-8)
Internet Messaging Access Protocol의 줄임말. 외부에서 이메일을 참조하는 기능을 제공한다.

Proxy 서버 (➡ 5-9)
내부 네트워크와 인터넷 간의 접속 중계를 담당해 클라이언트의 인터넷 통신을 대행한다.

운용 감시 서버 (➡ 6-2)
시스템이 정상 작동하는지 감시하는 서버로, 리소스 감시와 헬스 체크라는 두 가지 역할이 있다.

RPA (➡ 6-4)
Robotic Process Automation의 줄임말. 자신 이외의 소프트웨어를 대상으로 정의된 처리를 자동으로 실행하는 도구.

BPMS (➡ 6-5)
Business Process Management System의 줄임말. 업무 프로세스를 분석하고 개선하는 단계를 반복하여 업무 개선을 지속적으로 추진해 나가는 개념.

Hadoop (➡ 6-8)
오픈소스 미들웨어로, 대량의 방대한 데이터를 고속으로 처리하는 기술.

정보 보안 정책 (➡ 7-3)
기업이나 단체 등의 조직에서의 정보 보안 대책과 방침, 행동 지침 등을 정리한 것.

방화벽 (➡ 7-4)
기업이나 단체의 내부 네트워크와 인터넷 경계에서 통신 상태를 관리해 보안을 유지하는 기술의 총칭.

DMZ (➡ 7-5)
DeMilitarized Zone의 줄임말. 방화벽과 내부 네트워크 사이에 완충 지대를 설치해 내부 네트워크로의 침입을 막는 사고방식.

디렉터리 서비스 서버 (➡ 7-6)
사용자 인증부터 접속까지 보안 정책에 따라 이루어지고 있는지 관리하는 서버.

폴트 톨러런스 시스템 (➡ 7-8)
장애가 발생해도 계속 가동하는 시스템.

부하 분산 (➡ 7-8)
복수의 하드웨어를 준비해 두고, 부하에 따라 분산시키는 사고방식.

핫 스탠바이 (➡ 7-9)
메인 시스템, 대기 시스템을 준비하여 시스템의 신뢰성을 향상하는 방법. 메인 시스템의 데이터를 상시 대기 시스템에 복제하고 있어, 장애 발생 시에 즉시 전환된다.

콜드 스탠바이 (➡ 7-9)
메인 시스템, 대기 시스템을 준비하여 시스템의 신뢰성을 향상하는 방법. 메인 시스템에 장애가 발생하면 대기 시스템을 기동하기 때문에, 전환에 시간이 걸린다.

클러스터링 (➡ 7-9)
여러 서버를 하나의 서버로 보이게 하는 기술.

로드 밸런싱 (➡ 7-9)
부하 분산이라고도 하며 문자 그대로 여러 대의 서버로 작업 부하를 분산시켜 처리 성능과 효율을 높이는 방법.

티밍 (→ 7-10)
서버의 출입구가 되는 네트워크 카드(Network Interface Card, NIC)에 장애가 발생하여 통신할 수 없게 되는 것을 막기 위한 기술.

풀 백업 (→ 7-11)
모든 데이터를 정기적으로 백업하는 것.

차등 백업 (→ 7-11)
풀 백업을 바탕으로 변경된 데이터를 백업하는 것.

UPS (→ 7-12)
Uninterruptible Power Supply의 줄임말로, 갑작스러운 정전이나 급격한 전압의 변화로부터 서버나 네트워크 기기 등을 지키는 장비.

스케일 아웃 (→ 8-1)
시스템의 처리 능력을 향상하기 위해 서버의 대수를 늘리는 것.

스케일 업 (→ 8-1)
CPU 등의 유닛의 성능을 올려서 처리 능력을 높이는 것.

디지털 트랜스포메이션 (→ 8-2)
디지털 기술을 활용해 비즈니스를 변혁하는 것.

IT 정책 (→ 8-7)
기업이나 단체에서의 정보 기술이나 시스템 활용에 대해 종합적으로 정리되어 있는 규정.

어드미니스트레이터 (→ 8-8)
시스템 및 서버를 도입했을 때의 관리자.

워터폴 (→ 8-10)
폭포가 흐르듯이 요건 정의, 개요 설계, 상세 설계, 개발 · 제조, 통합 테스트, 시스템 테스트, 운용 테스트의 각 공정에 개발을 진행하는 기법.

애자일 (→ 8-10)
애플리케이션이나 프로그램 단위로 요구 · 개발 · 테스트 · 릴리즈를 반복하는 개발 기법.

CFIA (→ 9-2)
Component Failure Impact Analysis의 줄임말. 장애의 영향 분석을 상세하게 밝혀내 정의하는 기법.

ITIL (→ 9-4)
Information Technology Infrastructure Library의 줄임말. 1980년대 후반 영국 정부 기관에 의해 작성되기 시작했다. IT 운용의 가이드라인으로 기업이나 단체 시스템의 운용 관리 모범이나 기준이 됐다.

WSUS 서버 (→ 9-6)
Windows Server Update Service의 줄임말. 마이크로소프트가 Windows 업데이트 프로그램을 배포하는 서버.

ping 커맨드 (→ 9-7)
특정 IP 주소에 대해 접속을 확인할 수 있는 명령어.

ipconfig 커맨드 (→ 9-7)
Windows에서 IP 주소 등의 설정 정보를 표시하는 명령어.

커스터머 엔지니어 (→ 9-8)
서버 등의 하드웨어를 보수하는 사람.

SLA (→ 9-9)
Service Level Agreement의 줄임말. 서비스 수준을 규정한 계약서라는 협의의 뜻과 서비스 수준을 체계적으로 보여 주는 활동이라는 광의의 뜻 두 가지로 사용된다.

MTTR (→ 9-9)
Mean Time To Repair의 줄임말. 평균 복구 시간.

MTBF (→ 9-9)
Mean Time Between Failures의 줄임말. 평균 고장 간격.

오픈화 (→ 10-2)
독자 규격의 OS에서 UNIX 계열, Windows, Linux 등의 개방적인 시스템으로 전환하는 것을 말한다. 메인프레임이나 사무용 컴퓨터 등에서 동작하는 시스템에 대해 사용된다.

찾아보기

A~Z

AI	22, 142, 148, 174
arp	210
Bluetooth	48
BPMS	140
CFIA	200
CPU 아키텍처	44
DBMS	58
DHCP	96
DMZ	158
DNS	112, 120, 130
ERP	104
FC	82
FTP	112, 124
HTTP	118
I/O 성능	36
IaaS	52
IMAP 서버	126
IoT	106, 136
ipconfig	210
IP 주소	68, 120
IP 주소 할당	96
ITIL	204
IT 정책	188
LAN	48
Linux	38, 108
MAC 주소	68
MTBF	215
MTTR	214
NAS	89
NTP 서버	92, 110
OS	38
PaaS	52
patch	209
PC 서버	44
ping	210
POP3	112, 116
Proxy	112, 128
PTF	209
PUF	209
RAID	82, 168
RISC	44
RPA	138
SaaS	52
SAS	82
SATA	82
SIP 서버	98
SLA	214
SMTP	112, 114
SSL	112, 116, 122
SSO 서버	100
TCP/IP	48, 70
tracert	210
UDP	70
UNIX	38
UPS	172
VDI	74
VoIP	98
WAN	48
Web	112, 118

Windows	38, 108
WSUS	208
x86 서버	44

ㄱ

가동계	104
가상 서버	74
가상 어플라이언스	80
가상화 환경에서의 견적	184
가상화	224
개발계	104
개인 인증	100
고가용성	34
고밀도	42
고신뢰성	34
공개 정보	150
구조화 데이터	144
권한 설정	88
근로 방식 개혁	76
기능 추가	108, 208
긴급 수정	209

ㄴ

네트워크 가상화	78
네트워크 접속형 스토리지	89

ㄷ

다양화	224
다중화	40, 164
데이터 센터	50
데이터 유출	152
도메인	120
도입	176, 178

동시 액세스 수	65
동시 접속 수	65
디렉터리 서비스 서버	160
디바이스	24
디지털 기술	178
디지털 트랜스포메이션	178

ㄹ

라우터	72
랙 마운트	42
로드 밸런싱	166, 168
리버스 프록시	100
리소스 감시	134

ㅁ

메인프레임	42, 56
메일	112
모델화	28
무선 LAN	30, 48, 90
미들웨어	58

ㅂ

바이러스 감염	162
바이러스 대책	162
방화벽	156
버그 수정	208
보수	176, 212
복구 시간	214
부정 액세스	152
부하 분산	102, 164
블레이드	42
비구조화 데이터	144

235

비밀 정보	54, 150
비용	54
빅데이터	22, 144, 146

ㅅ

사무용 컴퓨터	220
사용자 관리	190, 192
사용자 권한	192
사용자의 시선	86
사이징	64
상위 기종	46
새로운 경험	222
생산성 향상	222
서버 관리자	190
서버	14, 62
서버로부터의 처리	132
서버의 사양	40
서버의 설치 장소	50, 186
서버의 수납	186
서버의 역할	14, 108
서버의 이용 형태	16, 18, 20
성능 견적	64, 182, 184
성능 관리	206
성능	206
소프트웨어 업데이트	208
순발력	26
슈퍼컴퓨터	42, 56
스케일 아웃	177
스케일 업	177
스텝 수	63
시각의 동기화	92
시스템 개발 공정	194
시스템 구성	30, 180
시스템 보수	198

시스템 엔지니어	212
시스템	14, 62
씬클라이언트	76

ㅇ

안정 가동	198, 202
애자일	194
애플리케이션 서버	102, 104
액세스 제어	160
어드미니스트레이터	190
어플라이언스 서버	80
업무 개선	140
업무 시스템	102
에이전트	100
역할 기반 접근 제어	89
영향 범위	200
영향 분석	200
영향도	200
오픈화	220
온프레미스	50, 176
운용 감시 서버	134
운용 관리	190, 198
워크그룹	192
워터폴	194
유닛의 성능 차이	36
유지 보수	54
인월	63
인터넷	112
일괄 수정	209

ㅈ

자가발전	172
자동화·무인화	222
자산 관리 서버	94

자산 관리 190
장애 대응 198, 210
장애 복구 202
전략적 활용 222
전원 40
정보 보안 정책 154
정보 자산 150
정전 대책 172
지구력 26

ㅊ

차등 백업 170
초상류 공정 67

ㅋ

캐비닛 57
캡슐화 70
커맨드 210
커스터머 엔지니어 212
콜드 스탠바이 167
클라우드 52, 54, 176, 218
클라이언트-서버 애플리케이션 32, 60, 84
클라이언트-서버 86
클라이언트 PC 24
클라이언트 관리 94
클라이언트 18
클러스터링 166

ㅌ

타워 42
텔레워크 76
투자 대비 효과 66

티밍 168

ㅍ

파일 공유 124
파일 서버 88
파일 전송 124
패브릭 네트워크 78
평균 고장 간격 215
폴트 톨러런스 164, 168
표시 성능 36
표준 46
풀 백업 170
프린트 서버 90

ㅎ

하둡 146
하드디스크 82
핫 스탠바이 167
헬스 체크 134
효율화 222

그림으로 배우는 서버 구조

1판 1쇄 발행 2020년 11월 20일
1판 5쇄 발행 2025년 9월 15일

저　　자　니시무라 야스히로
역　　자　김성훈
발 행 인　김길수
발 행 처　(주)영진닷컴
주　　소　서울특별시 금천구 디지털로9길 32 갑을그레이트밸리 B동
　　　　　10층 (우)08512
등　　록　2007. 4. 27. 제16-4189호

ⓒ2020. (주)영진닷컴

ISBN 978-89-314-6327-9

이 책에 실린 내용의 무단 전재 및 무단 복제를 금합니다.
파본이나 잘못된 도서는 구입하신 곳에서 교환해 드립니다.

'그림으로 배우는' 시리즈

"그림으로 배우는" 시리즈는 다양한 그림과 자세한 설명으로
쉽게 배울 수 있는 IT 입문서 시리즈 입니다.

그림으로 배우는
C++ 프로그래밍
Mana Takahashi 저 | 592쪽 | 18,000원

그림으로 배우는
C 프로그래밍
Mana Takahashi 저 | 504쪽 | 18,000원

그림으로 배우는
자바 프로그래밍
2nd Edition
Mana Takahashi 저 | 600쪽 | 18,000원

그림으로 배우는
데이터 과학
히사노 료헤이, 키와키 타이치 저
240쪽 | 16,000원

그림으로 배우는
HTTP&Network
우에노 센 저 | 320쪽 | 15,000원

그림으로 배우는
클라우드 2nd Edition
하야시 마사유키 저 | 192쪽 | 16,000원

그림으로 배우는
알고리즘
스기우라 켄 저 | 176쪽 | 15,000원

그림으로 배우는
네트워크 원리
Gene 저 | 224쪽 | 16,000원

그림으로 배우는
보안 구조
마스이 토시카츠 저 | 208쪽 | 16,000원